ESTÁGIO
com
PESQUISA

EDITORA AFILIADA

Coordenador do Conselho Editorial de Educação
Marcos Cezar de Freitas

Conselho Editorial de Educação
José Cerchi Fusari
Marcos Antonio Lorieri
Marli André
Pedro Goergen
Terezinha Azerêdo Rios
Valdemar Sguissardi
Vitor Henrique Paro

Dados Internacionais de Catalogação na Publicação (CIP)
(Câmara Brasileira do Livro, SP, Brasil)

Ghedin, Evandro
  Estágio com pesquisa / Evandro Ghedin, Elisangela Silva de
Oliveira, Whasgthon Aguiar de Almeida. – São Paulo : Cortez, 2015.

  Bibliografia.
  ISBN 978-85-249-2342-5

  1. Professores – Estágio 2. Professores – Formação profissional
I. Oliveira, Elisangela Silva de. II. Almeida, Whasgthon Aguiar de.
III. Título.

15-02063

CDD-370.71

Índices para catálogo sistemático:
1. Estágios : Professores : Formação profissional :
    Educação   370.71

Evandro Ghedin
Elisangela S. de Oliveira
Whasgthon A. de Almeida

ESTÁGIO
com
PESQUISA

Revisão técnica:
Selma Garrido Pimenta

ESTÁGIO COM PESQUISA
Evandro Ghedin • Elisangela Silva de Oliveira • Whasgthon Aguiar de Almeida

Capa: Cia. de Desenho
Preparação de originais: Jaci Dantas de Oliveira
Revisão: Maria de Lourdes de Almeida
Composição: Linea Editora Ltda.
Coordenação editorial: Danilo A. Q. Morales

Nenhuma parte desta obra pode ser reproduzida ou duplicada sem autorização expressa dos autores e do editor.

© 2015 by Autores

Direitos para esta edição
CORTEZ EDITORA
Rua Monte Alegre, 1074 – Perdizes
05014-001 – São Paulo – SP
Tel.: (11) 3864 0111   Fax: (11) 3864 4290
e-mail: cortez@cortezeditora.com.br
www.cortezeditora.com.br

Impresso no Brasil – maio de 2015

À Selma Garrido Pimenta, por tudo que ela
é e representa à educação brasileira.

Agradecimentos

À Professora Doutora Selma Garrido Pimenta, por ter me acolhido no Grupo de Pesquisa em Formação do Educador (GEPEFE/USP) e por ter aceitado o desafio de acompanhar, orientar e partilhar seu saber em prol da minha formação docente.

À Faculdade de Educação da Universidade de São Paulo por desenvolver um Programa de Pós-Doutoramento e à Comissão de Pesquisa que procura articular ações que criam novas possibilidades formativas.

Ao CNPq pelo apoio na concessão de uma bolsa de estudo por 18 meses no seu Programa de Pós-Doutorado Júnior. Sem esse apoio, este trabalho teria sérios comprometimentos no seu desenvolvimento.

A José Cerchi Fusari, Maria Socorro Lucena Lima, Maria Isabel de Almeida, Yoshie Ussami Ferrari Leite, Terezinha Rios e aos demais colegas do GEPEFE pelo apoio, críticas, consideração e parceria na construção coletiva do conhecimento. Posso dizer que o que tenho feito em minha carreira profissional decorre do trabalho desenvolvido neste grupo de pesquisa que tem contribuído para formar pesquisadores para instituições em diversos lugares deste país.

À Antonio Joaquim Severino e Lucíola Inês Pessoa Cavalcante, sempre orientadores de minha (Evandro) formação docente.

À Maria Roseane Rodrigues (*in memoriam*) pela contribuição de seu trabalho ao desenvolvimento da pesquisa que, em parte, deu origem a este livro.

A Elisângela e ao Whasgthon por partilharem comigo seu trabalho, saber e esforço pela nossa formação coletiva e colaborativa.

Esse tema vem sendo desenvolvido, estudado e proposto por nós desde 2004. Nesse transcurso essa temática evoluiu muito e contou com a contribuição de muitos professores, colegas e profissionais da área os quais seria impossível nomear a todos e todas nesse momento. A todos e todas aquelas pessoas que de alguma forma contribuíram com esse debate agradecemos imensamente. Nesse caso, não poderíamos deixar de nos furtar da contribuição significativa dos seguintes eventos que acolheram esse debate:

I Seminário Nacional de Programas Especiais de Formação de Professores em Exercício, Unicamp, 2004;

X World Year of Fhysics — Reunião Internacional sobre la Enseñanza de la Física e la Especialización de Profesores, Matanzas, 2005;

III Fórum Nacional de Pedagogia, Águas de Lindoia, 2006;

VIII, IX e XI Congresso Estadual Paulista sobre Formação de Educadores, UNESP, 2005 e 2007, 2011;

59º Reunião Anual da SBPC, 2007;

V Semana de Pesquisa da Escola Normal Superior da UEA, 2007;

II Encontro de Didática e Prática de Ensino, Goiás, 2007;

XV Congrès AMSE-AMCE WAER, Marrakech, 2008;

Jornada das Licenciaturas da USP, 2008;

I Seminário de Graduação do Campo de Jataí, UFG, 2008;

XIII IOSTE Symposium, Turquia, 2008;

III Mostra de Pesquisa do Mestrado em Educação da UNISANTOS, 2008;

X Seminário Interdisciplinar de Pesquisa e Pós-Graduação em Educação, UFAM, 2008;

Programa Formação para a Docência no Ensino Superior da Pró-Reitoria de Graduação da Universidade Federal de Goiás, 2008.

XII, XIII, XIV e XVII ENDIPE, 2004, 2006, 2008, 2014;

XIII Encontro Nacional de Educação em Ciências, Castelo Branco (Portugal), 2009;

II FEPEC, Universidade Federal de Tocantins, 2009;

IV Congresso Norte-Paranaense de Educação Física Escolar, UEL, 2009;

VIII Congresso Norte-Nordeste de Educação em Ciências e Matemática, UERR, 2009;

Seminário Formação de Professores e Problemáticas Transversais, Cortez Editora, 2010;

Seminário Nacional de Formação Docente, Parintins, UEA, 2011;

XX EPENN, UFAM, 2011;

X Jornada de Pedagogia, III Colóquio de Educação do Campo, II Seminário de Estudos e Pesquisa em Educação, Cáceres, UNEMAT, 2011;

III Seminário sobre Estágio Supervisionado nos Cursos de Licenciaturas, Benjamin Constant, UFAM, 2011;

V Seminário de Integração de Práticas Docentes e II Colóquio Internacional de Práticas Pedagógicas, UFRR, 2012;

II e IV Seminário de Estágio do Curso de Pedagogia, Faculdade de Educação da UFG, 2011 e 2013;

VII e IX ENPEC, Florianópolis, 2009 e Águas de Lindoia, 2013.

I Encontro das Licenciaturas, São Luís, IFMA, 2013.

Sumário

Introdução 17

1. Contextualização do problema da formação docente na perspectiva do estágio com pesquisa 35

2. Por uma pedagogia do conhecimento na formação do professor-pesquisador 51
   2.1 O conceito de *pesquisa* e seu processo formativo 52
   2.2 Pesquisa, reflexão, registro docente e produção do conhecimento 59
   2.3 O professor-pesquisador como intelectual crítico e a escola como espaço de construção do conhecimento que se dá pela pesquisa 67

3. As origens do conceito de professor-pesquisador 73
   3.1 O professor como pesquisador de sua prática: gênese de um conceito 73
   3.2 Lawrence Stenhouse: um jogador de xadrez em um mundo de dragões 78
   3.3 O professor-pesquisador na visão de John Elliott 83
   3.4 Zeichner e a articulação do pensamento reflexivo como base para o conceito de professor-pesquisador 91

4. Desdobramentos do conceito de professor-pesquisador
no Brasil... 97

   4.1 A necessidade da educação científica na formação
de professores.. 97

   4.2 A formação de professores e sua relação com
a pesquisa 99

   4.3 A fertilidade do conceito de professor-pesquisador......... 107

   4.4 O sentido do estágio na formação
do professor-pesquisador 124

5. Epistemologia do conceito de professor reflexivo 129

   5.1 A formação de professores reflexivos 129

   5.2 Professor reflexivo no Brasil... 135

   5.3 A formação inicial e o professor como intelectual............ 140

   5.4 O professor e sua formação.. 149

   5.5 As pesquisas em educação sobre a formação
da prática reflexiva de professores..................................... 161

6. Estágio, pesquisa e a produção do conhecimento na
formação de professores 165

   6.1 A pesquisa como eixo interdisciplinar entre o estágio
e a formação do professor-pesquisador reflexivo............. 166

   6.2 Fundamentos epistemológicos para o estágio
profissional centrado na prática da pesquisa 172

   6.3 Enfoque metodológico para a formação
do professor-pesquisador reflexivo no processo
de estágio... 177

   6.4 Questões que orientam a prática do estágio como
processo de pesquisa 181

7. O estágio com pesquisa na formação inicial de professores de ciências como desenvolvimento da educação científica 187

7.1 O estágio como campo privilegiado da formação e a pesquisa como eixo articulador entre a teoria e a prática.. 188

7.2 O projeto de estágio com pesquisa: desafios e possibilidades da prática na perspectiva dos docentes de um curso 199

7.3 Estágio com pesquisa como educação científica na formação inicial.. 210

8. O estágio com pesquisa: a experiência dos estagiários............ 215

8.1 O método na investigação do estágio com pesquisa........ 216

8.2 O processo de estágio e a retroalimentação do conhecimento a partir da Educação Científica.................. 219

8.3 A interface estágio-pesquisa no processo de pesquisa-formação... 220

8.4 Resultados oriundos desta prática 226

9. O estágio com pesquisa: a experiência dos egressos............... 229

Conclusão.. 239

Referências... 255

Lista de Figuras

FIGURA 1. A integração dos conceitos no texto da investigação 19

FIGURA 2. Representação do processo investigativo 20

FIGURA 3. Representação da inter-relação dos elementos que compõem o processo de pesquisa 25

FIGURA 4. Dimensões e relações presentes no processo de produção do conhecimento 26

FIGURA 5. Círculo de Pesquisa e suas relações técnicas, estratégicas, procedimentais e filosóficas 28

FIGURA 6. Momentos do educar pela pesquisa 61

FIGURA 7. Esquema de um ciclo de pesquisa 64

FIGURA 8. Desenho do processo interdisciplinar do Estágio com Pesquisa 185

Introdução

Este livro origina-se da pesquisa que nasceu de uma experiência positiva desenhada e executada em um curso de licenciatura. A necessidade de documentar e avaliar adequadamente essa e outras práticas semelhantes, para entender seu potencial na formação inicial de professores, é a principal razão deste trabalho investigativo. Parte-se da compreensão de que as boas práticas são constitutivas de outros processos de formação que possibilitam mudanças estruturais na educação escolar.

Dessa forma, pretende-se estimular a iniciativa e projetos dos professores e dos estudantes que procurarão relatar com maior consciência sua prática a partir do trabalho com a pesquisa, sistematizando mais suas aulas, o que será considerado o embrião de um resultado de maior reflexão sobre a prática docente articulada pelos processos investigativos.

O objetivo geral da pesquisa desenhava o estudo de uma proposta de formação inicial de professores centrada na articulação do estágio com pesquisa como condição de desenvolvimento da autonomia intelectual, profissional e da identidade docente, tendo em vista a formação de um professor-pesquisador da própria prática como condição da construção de sua autonomia de intelectual crítico.

O projeto assumiu como objetivos específicos da investigação: (I) *sintetizar* as perspectivas teórico-epistemológicas apresentadas na literatura da área que discute a formação do professor reflexivo-pesquisador como fundamentação articuladora do *estágio* com *pesquisa* na formação inicial de professores; (II) *estudar* os procedimentos adotados e propostas de cursos de formação inicial de professores em instituições que já desenvolvam esse processo, tendo em vista sua avaliação, compreensão da prática instituída e aprofundamento deste modelo formativo; (III) *desenvolver* um "modelo" de formação inicial de professores que articule estágio com pesquisa, tendo como referência a literatura da área e propostas em desenvolvimento para a formação do professor-pesquisador.

Esses objetivos foram sendo atingidos à medida que a pesquisa avançou na busca das informações que permitiram responder as questões centrais deste processo investigativo: (I) quais as perspectivas teórico-epistemológicas que se apresentam na literatura da área que discutem a formação do professor reflexivo-pesquisador que se constitua como fundamentação articuladora do *estágio* com *pesquisa* na formação inicial de professores capazes de sustentar uma proposta pedagógica na direção aqui proposta? Quais são os procedimentos adotados pelos cursos de formação inicial de professores em instituições que já desenvolveram/desenvolvem o processo de formação inicial articulando *estágio* com *pesquisa*? Quais os resultados obtidos até o momento? Como é possível, a partir das propostas existentes, desenhar uma perspectiva comum tendo em vista a avaliação, a compreensão da prática instituída e o aprofundamento deste modelo formativo? Como desenvolver um "projeto" de formação inicial de professores articulador do *estágio* com *pesquisa*, tendo como referência a literatura da área e as propostas em desenvolvimento para a formação do professor-pesquisador em instituições brasileiras, como resposta às necessidades formativas inovadoras desta prática?

Na direção do que está exposto, esta pesquisa propõe e defende a seguinte tese/hipótese: "A articulação do estágio com pesquisa constitui instrumento epistemológico-teórico-metodológico fundante de um modelo alternativo/inovador da formação inicial como condição de desenvolvimento da autonomia intelectual, profissional e da identidade docente, tendo em vista a formação de um professor-pesquisador crítico-reflexivo".

O texto aqui apresentado, como resultado de um processo de investigação, é decorrente da leitura, análise, sistematização e síntese da produção sobre a formação de professores a partir de determinados conceitos previamente definidos como centrais para a teorização da prática e desta a teoria: a construção do conhecimento na escola/universidade/curso, a organização do trabalho com o conhecimento, os professores diante do conhecimento. Essas categorias desdobradas em duas: saberes da docência e identidade do professor. Decorrente desse mapeamento, assumindo-se como metodologia da formação, tem-se os conceitos de *professor-pesquisador*, *professor reflexivo*, *ensino de estágio* e *estágio com pesquisa* como elementos centrais e fundamentais a essa investigação. Numa elaboração ainda inicial, a Figura 1 procura representar a articulação entre estes conceitos:

FIGURA 1 A integração dos conceitos no texto da investigação

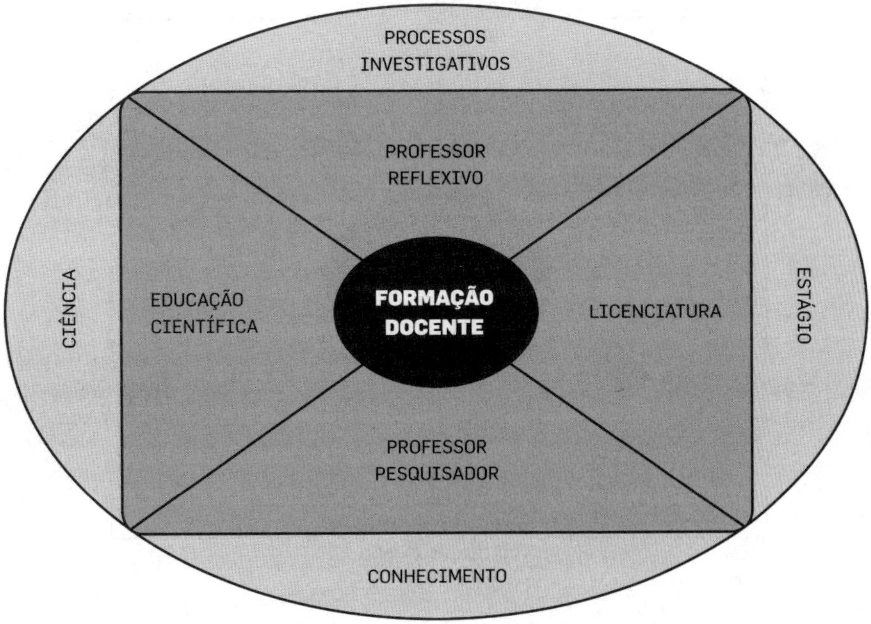

Fonte: Elaboração Ghedin (2010).

Iniciou-se o trabalho com o levantamento de uma extensa bibliografia, decorrente das pesquisas na área que discutem o tema e os conceitos aqui apontados como chaves de leitura para interpretar e propor alternativas à formação. Para isso, lançou-se mão de uma vasta base de dados disponíveis para conhecimento, compreensão e aprofundamento do conhecimento que decorre da investigação deste objeto. Procurou-se avaliar e sintetizar a origem do conceito de professor-pesquisador e seus desdobramentos na literatura brasileira. O mesmo processo foi adotado para compreensão e apreensão dos outros conceitos aqui estudados. Esse processo pode ser representado pela Figura 2:

FIGURA 2 Representação do processo investigativo

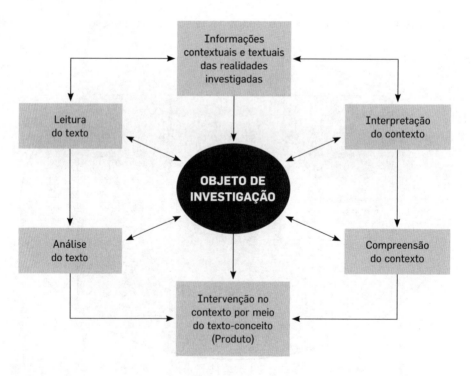

Fonte: Elaboração Ghedin (2010).

Na opção desta estratégia metodológica, realizou-se uma investigação que se deu a partir da produção científica sobre *estágio* com *pesquisa* que se apresentou, nos últimos dez anos, em eventos da área: o ENDIPE (Encontro Nacional de Didática e Prática de Ensino); a ANPED (Associação Nacional de Pós-Graduação em Educação), sendo que nesta deu-se nos *Grupos de Trabalho de Didática* e *Formação de Professores*; o ENPEC (Encontro Nacional de Pesquisa em Educação em Ciências), promovido pela ABRAPEC (Associação Brasileira de Pesquisa em Educação em Ciências) — neste concentrou-se, também, no levantamento da produção que discute o *Estágio nas Licenciaturas*, pois, para além dos problemas que estas enfrentam, há uma riqueza de pesquisas que podem colaborar na sustentação teórica da proposta aqui desenhada.

Fez-se um extenso levantamento da produção de pesquisas publicadas em livros da área sem uma delimitação temporal. Além disso, fez-se um mapeamento da produção de teses e dissertações de programas de pós-graduação na área da educação, disponíveis nas bibliotecas virtuais dos programas de pós-graduação. Do mesmo modo, fez-se uma intensa busca da produção em periódicos científicos da área, além de uma busca detalhada no *Google Acadêmico*. Esse procedimento permitiu um mapeamento da rica produção do conhecimento sobre os conceitos-chave aqui apresentados.

O trabalho de campo, proposto no projeto original, para uma investigação a ser desenvolvida em quatro instituições, só foi possível de ser realizada em uma delas. No decorrer da investigação novos elementos emergiram do processo. O cronograma previa visitas nas instituições no período final do segundo semestre de 2009. Isso se tornou problemático por conta do calendário acadêmico das instituições, além de que os professores, neste momento do ano, estão com uma sobrecarga de trabalho e um acúmulo de estresse, tornando difícil o agendamento e a realização de entrevistas. Essa situação trouxe uma dificuldade à parte, não prevista no desenho do projeto. O momento ideal para estas visitas às instituições é na metade do primeiro semestre letivo do ano, de acordo com as informações dos sujeitos da pesquisa.

Além disso, enfrentamos um dilema: aprofundar o conhecimento de uma prática significativa ou fazer um mapeamento das práticas existentes? Na medida em que o projeto foi avançando no desenho de atividades que procuravam dar conta da complexidade do fenômeno envolvido, a situação dilemática ia angustiando os pesquisadores. Somente uma opção, resultante de uma escolha epistemológica, poderia pôr fim ao dilema. Para resolvê-lo, decidiu-se por investigar mais profundamente uma prática instituída, atacando-a a partir de uma abordagem com diferentes procedimentos metodológicos.

No transcurso do processo, acabou-se por concluir que o melhor seria permanecer mais tempo em uma única instituição para garantir profundidade epistêmica e clareza metodológica. Essa não foi uma decisão fácil de ser tomada, especialmente porque se pretendia estabelecer um olhar mais panorâmico a respeito de práticas que pudessem oferecer elementos comuns que tendessem, de certo modo, a uma perspectiva generalizadora, resguardadas todas as necessárias restrições a essa perspectiva.

Nesse caso, abriu-se mão da comparação dos projetos de cursos, desenvolvidos no âmbito de determinadas escolas e/ou cursos para se concentrar em diferentes olhares sobre um mesmo problema. Essa opção possibilitou testar metodologias diferentes na abordagem de um mesmo objeto. O resultado desta decisão tornou possível verificar que metodologias diferentes, no processo da pesquisa educacional, levam a resultados muito próximos quando são desenvolvidas adequadamente. Para além da validação da dimensão metodológica do processo investigativo, o resultado do trabalho possibilita sustentar e defender que os processos de autonomia intelectual e a identidade profissional do professor estão intimamente relacionados quando a formação conduz práticas de investigação que possibilitam processos reflexivos estruturantes de outros processos perceptivos e cognitivos.

Decorrente disso, pode-se pensar que a identidade docente e sua autonomia estão intimamente ligadas aos processos de percepção e cognição, compreendendo-se que isso só se realiza num determinado contexto social, ideológico e cultural.

A inter-relação entre percepção e cognição é um constructo humano que funciona como mecanismo de leitura e interpretação do mundo. Quanto mais se desenvolvem mais aprofundam a leitura e mais completa é a interpretação. A interseção entre mecanismos perceptivos e cognitivos, desenvolvidos pelos processos de reflexão, desencadeados pelos procedimentos de investigação, constituem os elementos centrais da identidade e da autonomia docente no espaço da atuação profissional. Essa conclusão "parece" ser o ganho mais significativo deste trabalho, pois tudo leva a crer que os processos de investigação constituem instrumentos capazes de proporcionar, ao professor em formação, relações neurológicas duradouras, isto é, uma estrutura de pensamento e ação que lhe permite agir no cotidiano da escola, orientado por uma forma de percepção de si que lhe garante mais segurança no trato dos problemas pedagógicos que precisa dar conta no cotidiano escolar.

Ao defender a ideia de que a educação científica do professor passa pela necessidade que este possui de dominar os procedimentos da produção do conhecimento científico, sustenta-se que o estágio com pesquisa constitui-se no instrumento de formação que possibilitará, ao final do processo e ao longo do desenvolvimento profissional, uma nova identidade para a docência. Nesse caso, a identidade docente não está exclusivamente no exercício profissional, mas no modo como o docente pensa a si mesmo e o sentido que constrói sobre o seu trabalho pedagógico.

Isso implica colocar o ser do professor em outra condição. Aquela de que é fundamental, diante de todas as mudanças e alterações no mundo contemporâneo, ensiná-lo a trabalhar com os processos e não com os produtos educacionais, isto é, apreender a produzir conhecimento a partir de seu contexto, de suas condições, de seus problemas, de suas dificuldades, de seus dilemas. Trata-se de possibilitar ao professor, na formação inicial, uma formação científica de tal modo que esta possa fazer com que compreenda seu trabalho como parte da construção de uma cultura científica, pois age como investigador de sua prática, como construtor das ciências da educação. Isso por si só tornaria possível a superação do fosso existente entre escola e universidade.

Este trabalho demonstra as razões e os procedimentos que tornam possível uma educação científica do professor, capaz de fazer dele um sujeito de identidade e autonomia no modo de pensar e fazer ciência. Os instrumentos para tal, dentre tantos outros, encontram-se na articulação de um conjunto de mecanismos pensados e organizados inter-transdisciplinarmente na formação inicial de professores.

O trabalho não esgota as possibilidades de se pensar a formação. O que faz é oferecer uma alternativa centrada numa epistemologia diferente daquela que forma o professor para cumprir uma tarefa meramente operacional no conjunto da educação escolar. Do mesmo modo que não se quer formar um especialista em pesquisas educacionais, pois esse não é um trabalho da formação inicial. O que se espera é que esse professor, egresso das licenciaturas, seja capaz de operar, em seu trabalho pedagógico, com os mecanismos das ciências da educação como condição do trabalho docente.

Para efeito desse trabalho de pesquisa, além do que já foi mencionado, lançou-se mão de processos metodológicos específicos. Em primeiro plano, é importante destacar que o *objeto* de pesquisa dessa investigação foi pensado, articulado, analisado e desenhado a partir de uma íntima relação entre *epistemologia, metodologia* e *ontologia*. O ser, o conhecer e a trajetória do processo constituíram elementos articulados de um complexo processo de constituição da produção do conhecimento. Poderíamos representar isso do seguinte modo:

FIGURA 3 Representação da inter-relação dos elementos que compõem o processo de pesquisa

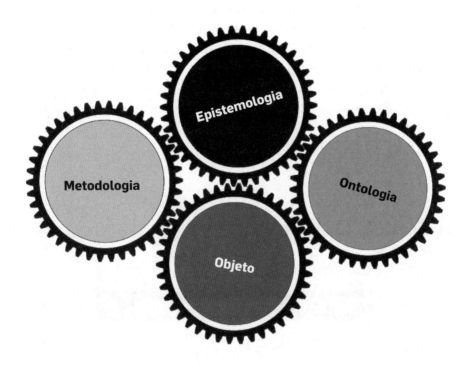

Fonte: Elaboração: Ghedin (2010).

Esse horizonte nos conduz à organização do conhecimento a partir das práticas dos sujeitos pesquisados. O ponto central da articulação do processo não está no método que sustenta a organização e acesso às informações, mas no próprio objeto-sujeito da ação investigativa. Embora, no atual contexto da pesquisa em educação, não seja mais possível separar o sujeito do objeto e nem o método do conceito. No caso específico deste trabalho, situado na perspectiva de uma *hermenêutica crítica*, a dimensão do conceito constituiu o eixo articulador do trabalho de mapeamento do conteúdo produzido sobre o objeto, antecedendo o processo próprio de inserção na realidade pesquisada.

Nesse caso, há um embricamento entre objeto, método e conceito articulado pelo sujeito da investigação. O trabalho do sujeito consistiu em organizar uma visão mais ou menos integrada desses elementos em íntima e complexa relação como condição de compreensão da realidade. Essa relação das diferentes dimensões que possui o processo de produção da pesquisa pode ser representada do seguinte modo:

FIGURA 4 Dimensões e relações presentes no processo de produção do conhecimento

Fonte: Ghedin (2009).

Na pesquisa, desenvolveu-se, como ponto de partida, acentuada relação entre objeto e conceito como desencadeadora do processo. Mas a mediação do método na relação entre sujeito e objeto marcou radicalmente os resultados da pesquisa. Especialmente porque se lançou mão de uma abordagem de pesquisa qualitativa centrada na pesquisa ação, especialmente no que concerne aos processos daquilo que comumente é chamado de "trabalho de campo".

Na compreensão de que o método constitui-se no instrumento que possibilita ter acesso, reunir e organizar as informações que sustentam a interpretação do objeto em seus múltiplos significados, procedeu-se de tal modo que fosse possível construir sentidos para as práticas do mesmo modo que interpretá-los no conjunto de seus significados.

No contexto da pesquisa, procurou-se organizar os sentidos do objeto por meio do discurso dos sujeitos que, na interpretação destes, tornou possível dizer-se o que é aquela realidade do *estágio* com *pesquisa*. Nesse caso, o discurso constitui o elemento que estrutura a prática em seu fundamento teórico e revela o que ela é para além de sua mera falsificação.

Nisso há uma íntima relação entre interpretação e compreensão decorrente das explicações assumidas nos discursos dos sujeitos. A mediação entre esses diferentes momentos do processo articula-se pela reflexão do sujeito que procede sistematicamente. Assim, o objeto reveste-se de um fundamento filosófico que lhe é estruturante. Essa estrutura é capturada pela operatividade instituída pelas práticas e ações que permitem o acesso da pesquisa e do pesquisador ao objeto de estudo. Isso se operou nesta investigação pela *pesquisa-ação*.

No contexto geral da abordagem da pesquisa qualitativa, pode-se situá-la no seguinte esquema sobre o método:

FIGURA 5 Círculo de Pesquisa e suas relações técnicas, estratégicas, procedimentais e filosóficas

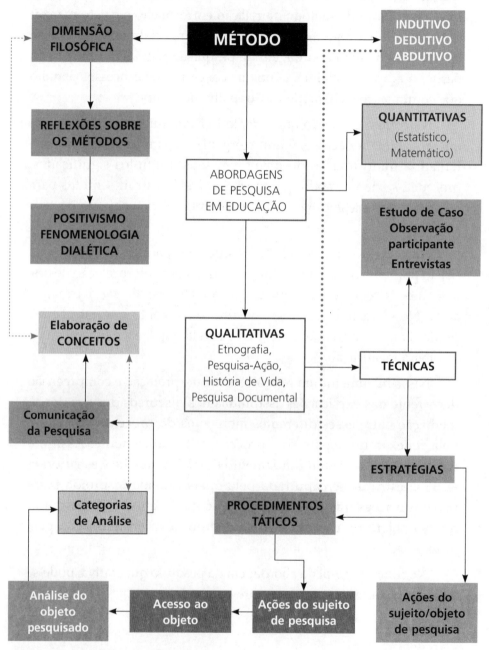

Fonte: Elaboração de Ghedin e Franco (2008).

No desenvolvimento da pesquisa ação operou-se tecnicamente com três grupos de sujeitos no processo investigativo: (1) acompanhamento e orientação do estágio com pesquisa com um grupo de 28 estudantes em formação durante quatro semestres letivos; (2) desenvolvimento de um curso de formação continuada feito com quinze egressos do curso e que trabalham como professores concursados do sistema público de educação; (3) solicitou-se aos professores que trabalharam no estágio com pesquisa por mais de três anos que elaborassem um relato escrito sobre a experiência realizada. Dez professores aceitaram o desafio e elaboraram textos que constituem os relatos da sua experiência do estágio com pesquisa. Esses textos foram lidos, estudados e analisados à luz das práticas instituídas e das teorias que os engendraram.

Pensa-se que este conjunto de ações de pesquisa constitui volume suficiente para tornar possível o mapeamento do objeto de pesquisa em questão. Ao todo foram 98 sujeitos pesquisados ao longo do processo. Reuniu-se um volume significativo de informações mobilizadas para a composição deste livro. Considerando as questões de espaço e tempo da pesquisa, nem tudo que constitui objeto de análise encontra-se neste trabalho. Por outro lado, considerando a complexidade do real, a lógica de apresentação da pesquisa em formato de texto nem sempre vai aparecer numa perspectiva linear. Há idas e vindas, avanços e retomadas que se assumem como próprios desse processo de reconstrução do objeto agora transposto no formato de conceito. No processo de abstração do concreto, muitos elementos ficam de fora, do mesmo modo que na recomposição da abstração para o concreto muitas questões nos escapam.

O desenho inicial da pesquisa foi se alterando para garantir a sistematização do objeto em sua recomposição conceitual. Tão trabalhoso quanto empreender o processo de investigação é o trabalho de sua composição conceitual. É esse trabalho de recomposição do objeto em forma de conceito que constitui a teoria. É isso que torna a pesquisa e o conhecimento científico possíveis. Nesse sentido, o método é o fundamento de toda e qualquer teoria. A teoria é resultante de um método que tornou sua elaboração possível. Obviamente que a mudança de perspectiva metodológica interfere no processo e no resultado da investigação.

Neste livro é apresentado o produto do processo investigativo, organizado em capítulos que decorrem do estudo realizado. Para recompor o objeto na condição de conceito, apresentamos nove capítulos.

No primeiro capítulo apresentamos a *contextualização do problema da formação docente na perspectiva do* estágio *com* pesquisa. Esse capítulo desenha o problema da pesquisa a partir da pergunta que nos fazemos e que se torna orientadora de nossas ações, e, à medida que é problematizada, pode ser formulada nos seguintes termos: como a disciplina de estágio poderá contribuir para a formação do professor reflexivo-pesquisador, como intelectual crítico?

No segundo capítulo, a reflexão que se desenha apresenta, inicialmente, o conceito de pesquisa e seu processo formativo. O que se busca nesse capítulo é afirmar e fundamentar, em parte, o processo pedagógico da pesquisa que se deseja componente fundante do trabalho docente. A perspectiva desenhada anuncia o significado formativo atribuído às ações pedagógicas que incorporam a pesquisa como fundamentação dos processos de formação de professores. Nele se busca propor uma forma de inovar e encharcar o trabalho pedagógico do professor que forma professores.

No terceiro capítulo deste texto, desenvolvido em quatro momentos articulados, procura-se aprofundar a compreensão do conceito de *professor-pesquisador* em seu aspecto epistemológico. No seu todo, faz-se uma discussão sobre a epistemologia do conceito de professor-pesquisador e se abordam as diferentes visões do conceito, tendo como referência seus autores originários. Com base nisso, procura pensar as bases onde se fundamentam as práticas pedagógicas da formação inicial de professores que tem como princípio norteador a atitude investigativa.

No quarto capítulo, ao refletirmos sobre a evolução da ciência e a construção do conhecimento científico no ocidente, evidencia-se o significado da pesquisa no transcorrer desse processo, pois todos os conhecimentos produzidos foram desenvolvidos a partir da utilização de inúmeros métodos e técnicas de pesquisa. No que se refere à educação, principalmente a formação de professores, consideramos importante que o docente passe por um processo de Educação Científica, numa perspectiva voltada para a pesquisa, durante o transcorrer do seu processo de estágio na graduação. Defende-se que, neste processo, os elementos constituidores da formação do professor sejam tratados como conceitos sustentadores de sua prática; entretanto, estes devem estar presentes, tanto de maneira teórica como prática no transcorrer de todo o período de estágio.

No quinto capítulo, trata-se, de maneira geral, da formação de professores, descrevendo as concepções que lhe constituem articuladamente. Entre essas concepções existentes, na atualidade, trata-se aqui da formação de professores reflexivos e contextualiza-se a perspectiva deste conceito no Brasil. Aborda-se a questão do professor como intelectual, compreendendo-se que isso se dá na sua formação inicial. Finaliza-se o capítulo com uma visão das pesquisas em educação, sobre a formação da prática reflexiva de professores, localizando o interesse nos estudos realizados, na formação inicial e propostas de processo para a formação de professores.

No sexto capítulo, relata-se a experiência de estágio na formação de professores que representa uma primeira aproximação de seu campo de atuação profissional. Tal experiência o obriga a realizar um trabalho de síntese entre teoria e prática educativa. Acredita-se que tanto o desenvolvimento profissional quanto o curricular só poderão dar-se no contexto de um processo que articule intimamente teoria e prática educativa. Entende-se que o eixo que articula estes dois espaços da formação é o conceito de pesquisa, enquanto instrumento epistemológico e metodológico do processo de construção do conhecimento do professor em formação.

Compreende-se que o processo formativo fundado sobre a reflexão na ação e sobre a ação, ao mesmo tempo em que valoriza a prática docente como fonte de pesquisa e de autonomia do professor, dá-lhe a responsabilidade por seu desenvolvimento profissional. Esse capítulo, em sintonia com o debate sobre a articulação teoria e prática, levanta a discussão sobre o significado da pesquisa na formação de professores, enfatizando-a como princípio formativo e científico. Destacam-se propostas que estimulam a revisão na formação dos professores: o professor *investigador em aula* e o professor-*pesquisador*.

No sétimo capítulo assume-se como objetivo mostrar o contexto em que se desenvolve um exame do *estágio* com *pesquisa* numa prática instituída numa licenciatura. Trata-se do relato da experiência realizada em um curso de uma universidade pública que privilegiou o processo de *estágio* com *pesquisa*, visando à formação do professor reflexivo pesquisador. Na estrutura do capítulo, essa discussão insere-se, primeiramente, nas ideias sobre o estágio com pesquisa delineadas na proposta pedagógica do curso; em seguida, apresenta-se a visão de dez docentes sobre a experiência realizada e, por último, faz-se uma análise sobre o conceito de educação científica a fim de melhor compreender em que medida a proposta de estágio com pesquisa dá conta ou responde às necessidades de uma educação científica na formação inicial de professores.

No oitavo e nono capítulos apresentam-se duas experiências concretas de *Estágio com Pesquisa* na formação inicial de professores. A primeira experiência parte da contextualização dos sujeitos da pesquisa e discute a questão do processo de estágio e a retroalimentação do conhecimento a partir da Educação Científica, isto é, demonstra-se como a relação *estágio-pesquisa* constitui-se instrumento de educação científica dos professores em formação. A segunda experiência trata sobre como foi organizado o curso de aperfeiçoamento, "A dimensão prática da formação do professor de Ciências no Ensino Fundamental", que foi elaborado como produto da pesquisa servindo também como estratégia de pesquisa-ação em que se estuda a prática dos sujeitos no Ensino de Ciências. A terceira experiência foi desenvolvida centrada na seguinte questão: qual a contribuição para a consolidação da Educação Científica e que impactos um *Plano de Ação* pode gerar na formação de professores para os anos iniciais, considerando-se prioritariamente as possibilidades de ressignificação da concepção de professor-pesquisador centrada na articulação entre estágio-pesquisa? Resultante da análise originam-se considerações sobre a proposta de formação de professores-pesquisadores articulando estágio com pesquisa como elementos norteadores na legitimação da Educação Científica de professores em formação inicial.

Para finalizar, importa sustentar que é inegável a necessidade de novas práticas teóricas no contexto da formação de professores, especialmente as que se mostram profícuas no desenvolvimento profissional de docentes, por articular diferentes processos pedagógicos que instituem fundamentos e princípios ao professor de novos tempos/espaços de ser e atuar como profissional ao qual se exigem outros saberes além dos acumulados historicamente.

Espera-se que o(a) leitor(a), em seu próprio contexto, constitua-se sujeito de análise do desenho aqui apresentado, brinde-nos com sua crítica e com novos processos que desta decorrem, sem a qual as ciências pedagógicas não avançam.

Contextualização do problema da formação docente na perspectiva do estágio com pesquisa

O ponto de partida deste processo que discute a formação do professor por meio dos processos de pesquisa centra-se na ideia de que não há como construir uma ciência "forte" sem que os profissionais formados por esta não operem, no campo da prática, com os seus instrumentais.

Quanto mais os profissionais de uma área do conhecimento continuem agindo com os referenciais do *senso comum*, menos aquele conhecimento é considerado científico.

Pouco vale o esforço monumental para formar professores em nível superior se as escolas e estes docentes, na sua prática pedagógica, continuam agindo do mesmo modo que antes de sua formação.

Não ignoramos aqui as condições objetivas de trabalho, de remuneração, da cultura da escola e todos os problemas que estão postos na vasta literatura que trata deste tema.

O que queremos chamar a atenção é que, apesar do investimento em recursos humanos altamente qualificados, esse processo não tem repercutido com mudanças mais visíveis nos processos de aprendizagem escolar. Para além de um discurso populista, estamos querendo chamar a atenção para o fato de que, apesar dos processos inovadores no campo da formação, estes não aparecem como qualificadores das mudanças no campo da Educação Básica.

O presente trabalho concentra-se no recorte e na aposta de que os processos formativos, desencadeados nos últimos anos, com foco na formação inicial e continuada (em serviço e fora dele) não tem conseguido operar mudanças neurológicas duradouras, de modo tal que interfira no pensamento, ação e emoção dos professores da Educação Básica.

As pesquisas recentes têm demonstrado que os professores recém-formados (pelas universidades, centros universitários e faculdades isoladas) rendem-se facilmente à *cultura da escola*, na maioria das vezes abandonando os referenciais da ciência que os formou. Supõe-se que isso seja consequência do fato de que os processos formativos não conseguem ser estruturantes dos processos cognitivos e perceptivos dos docentes.

Não ignoramos que os processos práticos são portadores de teorias e ideologias, sejam elas nascidas nas mais diversas ciências que têm a educação como objeto ou do *senso comum* educacional. Apenas estamos relembrando, para efeito da evidência do problema, que estes não constituem o referencial básico para operar a prática pedagógica cotidiana no contexto da escola.

Caso esta constatação tenha um mínimo de credibilidade, cabe-nos perguntar o óbvio: onde está o problema que incide diretamente neste processo?

Não há uma explicação unívoca para esse processo, mas a interpretação corrente é que a formação, apesar de inovar em alguns processos, não tem conseguido superar as tradições instituídas no espaço escolar brasileiro.

A perspectiva da pesquisa que aqui se apresenta parte da problematização da formação e procura responder a esta com uma proposta de formação articulada interdisciplinarmente. Faz um recorte do processo formativo, especialmente aquele que, segundo a legislação, dá-se a partir da segunda metade do curso, embora nossa posição seja que ele se desenhe no projeto de curso desde o seu início. O que se busca articular neste texto é a síntese da produção sobre formação docente a partir de conceitos fundantes de prática alternativa de formação.

A relação que aqui se busca é a que articula *estágio* como processo de *pesquisa*, que exigem um aprofundamento conceitual, especialmente para se compreender o modo próprio de apropriação do objeto investigado.

Nesse sentido, pergunta-se: em que medida o *estágio curricular* contribui para a constituição da identidade de docente do professor em formação? Este articulado interdisciplinarmente aos processos investigativos poderia constituir-se como alternativa capaz de superar a fraqueza das relações neurológicas do processo formativo?

O problema de pesquisa evidencia-se no contexto determinado pela formação, especificamente da formação que articula, no espaço da prática, a teoria pedagógica e científica. De certo modo, o estágio enquanto momento de articulação teoria-prática é formador da dimensão científica/técnica, política, ética e estética do futuro professor. Compreende-se que é nesse tempo/espaço que o professor em formação constrói sua identidade profissional. Nesse sentido, o estágio constitui-se numa formação que é de natureza ontológica, isto é, compõe o que será o professor enquanto identidade profissional. Numa perspectiva dialética institui o que será, juntamente com o exercício profissional iniciante nos primeiros anos de atuação profissional, ao longo de sua existência. Pois isso radicaliza sua condição de ser que se faz no confronto e no contexto do trabalho.

Nesse sentido, é o movimento em torno do qual há de organizar-se todo processo formativo do docente. O Estágio nos cursos de formação de professores tem sido desenvolvido como o momento de operacionalização do exercício da unidade prática-teoria-prática, numa busca para atingir a práxis, como possibilidade de interferência radical no processo educativo por meio do ensino.

O ensino que se dá pela prática, tão importante para o aprendizado da profissão no processo de seu contato com a realidade imediata dos problemas cotidianos que enfrenta o profissional, pela cultura das escolas e pelo contexto mundial em que nos encontramos, tem se mostrado instrumento insuficiente para que o professor dê conta da complexidade dos problemas que ele precisa enfrentar no espaço escolar. O próprio contexto tem demonstrado que um profissional apenas tecnicamente competente não tem dado conta de pensar significativamente os problemas próprios da profissão do professor. Por isso, é necessário pensar novos modelos que nos ajudem a ampliar as dimensões que compõem os aspectos da formação do professor.

O que buscamos aqui é uma tentativa de resposta, a partir da análise de experiências realizadas em cursos de formação que assumem propostas inovadoras que procuram responder a esse desafio. Propostas onde a formação dos profissionais não mais se dá nos moldes de um currículo normativo, que primeiro apresenta a ciência, depois a sua aplicação e por último um estágio que supõe a aplicação, pelo estudante, dos conhecimentos técnicos e profissionais adquiridos ao longo de sua formação universitária. O que a pesquisa demonstra é a necessidade de uma inversão epistemológica desse modelo: que o profissional em formação, ao mesmo tempo em que entra em contato com os conteúdos conceituais dos saberes que compõem as Ciências da Educação, possa também fazer um exercício dos procedimentos próprios que estas ciências utilizam para se autoproduzirem.

O Estágio ocorrido nos cursos, objeto de nosso trabalho de pesquisa e análise, toma por base e assume como princípio formativo a reflexão na ação e sobre a reflexão na ação, onde o conhecimento faz parte da ação, numa apropriação de teorias que possam oferecer uma perspectiva de análise e compreensão de contextos históricos, sociais, culturais, éticos, políticos, estéticos, técnicos, organizacionais e dos próprios sujeitos como profissionais, para apresentar novas propostas de transformação da escola como espaço de construção da identidade profissional vinculada à produção do conhecimento com autonomia do professor. Compreende-se que o processo investigativo é constitutivo de um processo de formação particular que termina por criar estruturas neurológicas que possibilitam ao sujeito mover-se no seu contexto com uma visão mais ampla deste. Nesse sentido, a pesquisa compreende que a ação de investigar sistemática e metodicamente constitui como necessário recurso reflexivo capaz de interferir na estrutura cognitiva do professor em formação. Assim, o conceito de *professor reflexivo* é interdependente do conceito *professor-pesquisador*.

A pergunta que nos fazemos e se torna orientadora de nossas ações, à medida que é problematizada, pode ser formulada nos seguintes termos: como a disciplina de estágio poderá contribuir para a formação do professor reflexivo-pesquisador, como intelectual crítico?

Partimos da constatação de que o estágio, nos moldes tradicionalmente assumidos na formação universitária, não tem deixado contribuições para a análise da prática docente, nem mesmo de novas propostas curriculares para os cursos de formação de professores e não tem conseguido formar uma cultura docente que consiga superar aquela cultura escolar que ainda carrega muitos vícios de uma perspectiva tecnicista da educação.

Parece-nos que um dos problemas que impedem as mudanças significativas na educação têm sido uma prática, uma cultura e um *habitus* assumido pelos professores. Quando o novo professor chega à escola como estagiário ou como profissional recém-concursado e/ou formado, não consegue instituir as práticas inovadoras na escola e logo se rende a essa cultura escolar. Pensa-se neste trabalho que, em parte, a falta de insistência do professor neófito nas práticas inovadoras seja pela falta de consistência epistemológica que lhe dê suporte para resistir a um modelo cultural que a escola, nas práticas docentes, assume como sua. Também somos levados a pensar que o modelo de gestão que está na cultura da gestão escolar seja outro fator que dificulta os processos inovadores e criativos na escola.

Pode-se dizer que a modalidade de estágio que aqui se apresenta, decorrente desta pesquisa, compreende que o exercício da docência, os processos de construção da identidade docente, a valorização e o desenvolvimento dos saberes dos professores como sujeitos e intelectuais capazes de produzir conhecimento, de participar de decisões e da gestão da escola e dos sistemas educativos é ontologicamente intrínseco ao seu modo de constituir-se sujeito humano do processo de formação da própria humanidade. É através da prática de ensino em classes de Educação Infantil, Ensino Fundamental (séries iniciais e finais), Educação de Adultos e outras modalidades de ensino, que se desenvolve a docência, preparando o estagiário para efetivar as práticas de *ser* e *estar* fazendo-se professor.

O desenvolvimento desta modalidade de estágio só pode ser assumido por uma Universidade comprometida com a formação e o desenvolvimento profissional de professores, capazes de *aliar a pesquisa aos processos formativos*, em projetos emancipatórios e compromissados com a responsabilidade de tornar a escola parceira na democratização social, econômica, política, tecnológica e cultural, constituindo-se como trabalho pedagógico significativo na promoção de uma sociedade justa e igualitária.

Outra questão importante, que se constitui um pré-requisito para o desenvolvimento de uma proposta de *estágio vinculado a um projeto de pesquisa*, é que os estagiários, junto com os docentes, à medida que tal prática desencadeia-se, formam uma comunidade de investigação, um grupo de estudo e pesquisa. O estágio como instrumento do processo de formação do professor-pesquisador implica formação de uma comunidade investigativa que, no coletivo, buscam investigar as problemáticas que mais atingem a escola e exigem uma alternativa que pode ser elaborada em conjunto com a universidade. Isto quer dizer que não há como vincular um processo de estágio a uma dinâmica de pesquisa se os docentes da universidade, os estagiários e os professores das escolas não se tornarem parceiros no processo desta prática, que implica olhares teóricos e epistemológicos, que os dois segmentos devem esforçar-se para compreender. Pensa-se que sem esta relação de parceria entre estagiário e docente universitário com o professor da escola o processo de estágio vinculado à pesquisa torna-se inviável. Portanto, é um processo coletivo por natureza, isto é, a sua natureza está na colaboração e não na competição.

Na direção da constituição de uma comunidade de investigação composta pelos docentes da universidade, dos estagiários e dos professores das escolas, uma questão se coloca como imperativa: como formar um núcleo de pesquisa, a partir da experiência do estágio como atividade de pesquisa, onde Universidade e Escola possam pensar um novo paradigma sobre a formação de professores e de uma nova escola, mobilizando os saberes da experiência, os saberes pedagógicos e os saberes científicos, no processo de reconstrução da identidade do professor-pesquisador como profissional?

Não há uma receita pronta e acabada, como em todo processo pedagógico. *Há a possibilidade de uma articulação de caráter interdisciplinar que nos possibilitaria elaborar um projeto de pesquisa em comum, onde professores das escolas, estagiários e professores da universidade teriam objetos comuns de investigação. Isso implica planejamento coletivo interdisciplinar e transdisciplinar.* Tarefa não muito facilmente planejável e implementável, especialmente porque os docentes que estão atuando profissionalmente receberam uma formação disciplinar e, depois, porque as disciplinas que ministram, seja na universidade ou na escola, acabam por se constituir territórios de propriedade privada de caráter sagrado, de modo que se torna intocável pelo interesse coletivo.

Essa dificuldade para uma prática interdisciplinar pode minar a possibilidade de uma prática de estágio vinculado à pesquisa. Até porque esta forma de desenvolver o estágio implica processos de organização, planejamento e implementação de ações coletivas interdisciplinares e transdisciplinares. De certo modo, esta perspectiva acaba por exigir que, antes de qualquer coisa, seja necessário romper com um modo individualizado de conduzir o processo de formação de professores. Isso por si só já implica uma radical mudança epistemológica neste campo da formação.

O esboço que até aqui realizamos na contextualização da problemática da interseção *estágio com pesquisa* emerge do processo de pesquisas anteriores e tem sido colocada por outros pesquisadores de nosso país e de outros, evidenciando a necessidade de seu aprofundamento.

As questões que emergiram da necessidade desta proposta caracterizam-se em três perspectivas: (I) *da perspectiva do professor reflexivo ao intelectual crítico*; (II) *da epistemologia da prática ressignificando a docência do professor-pesquisador*; (III) *da pesquisa sobre o professor para as políticas públicas de formação de professores.*

Na reflexão a respeito da *primeira questão* pode-se dizer que, na última década, os estudos sobre formação de professores têm centrado sua temática em torno de questões relativas à formação de um professor reflexivo, opondo-se às concepções que consideram o professor como simples técnico reprodutor de conhecimentos gestados por outros atores nas instâncias burocráticas (Franco, 2000). Perspectiva interessante que coloca em outras bases que não as positivistas a construção do saber docente. No entanto, nota-se uma apropriação generalizada e por vezes banalizada da reflexão, na medida em que as bases epistemológicas constitutivas destas raramente têm sido questionadas, compreendidas e explicitadas gerando um certo voluntarismo, praticismo e individualismo nas perspectivas de formação docente. Concordando com Habermas (1982, p. 232) de que "um ato de autorreflexão, que altera a vida, é um movimento de emancipação", é preciso entender que a

> reflexão não é apenas um processo psicológico individual, passível de ser estudado a partir de esquemas formais, independentes de conteúdo, do contexto das interações. A reflexão implica a imersão consciente do homem no mundo da sua existência, um mundo carregado de valores, intercâmbios simbólicos, correspondências afetivas, interesses sociais e cenários políticos (Pérez-Gómez, 1992, p. 103).

Para fazer essa virada de rumo da reflexão individual a compromissos emancipatórios a pesquisa educacional precisa dispor aos envolvidos na ação os instrumentos de análise crítica do real. Como sugere Franco (2000, p. 13)

> a prática reflexiva, como uma proposta político-pedagógica necessita, para se efetivar, que se assuma a dialeticidade como forma de construção da realidade histórica; necessita de espaços institucionais não excessivamente burocratizados [...] onde se valorize os comportamentos colaborativos, solidários, críticos, intersubjetivos [...]; precisa se consolidar no sentido da não aceitação de verdades prontas [...]; todos os envolvidos na prática reflexiva precisam constituir-se em investigadores no contexto da prática.

Enquanto prática histórica, a reflexão crítica encaminha à concepção do professor como *intelectual crítico* (Contreras, 1997). O presente resultado de pesquisa se propõe a desenvolver uma concepção teórica a partir dos dados contextos da prática de formação inicial dos professores nos centros de formação[1] que trabalham na perspectiva da articulação *estágio com pesquisa* tendo em vista a formação do professor como intelectual crítico. Espera-se, assim, trazer colaborações *ao* desenvolvimento teórico da área de formação de professores com uma nova perspectiva formativa.

Pensando sobre a *segunda questão*, podemos sustentar que inúmeros autores que pesquisam a formação de professores colocam como fundamento da atividade docente a articulação entre teorias e práticas (Pimenta, 1994; Freitas, 1995; Brezinski, 1998; Kemmis, 1993; Zeichner, 1993, entre tantos outros). Estudos recentes têm colocado em pauta de

---

1. Esta pesquisa propunha-se desenvolver processos investigativos em 4 (quatro) instituições universitárias cujos cursos de licenciatura propusessem em seu Projeto Pedagógico a articulação entre estágio e pesquisa. No decorrer do processo, constatou-se que duas das instituições nomeadas já haviam sido objeto de investigação sistemática e uma outra abandonou o processo de formação neste modelo. Quando do desenho deste projeto de pesquisa, uma universidade estava no meio da implantação de um projeto que previa a interseção entre estágio e pesquisa na formação de professores. Nisso foi necessário redesenhar a pesquisa de campo. Assim, este trabalho busca comparar duas experiências práticas que estão em via de consolidação, pois desta análise decorre a possibilidade de um redesenho da formação à "luz de novos modelos" alternativos da formação na licenciatura.

discussão *a* atividade de pesquisa na formação inicial e contínua dos professores (Demo, 1992; André, 1996; Lüdke, 1996; Pimenta, 1996, 1999; Houssaye, 1995; Ghedin, Almeida e Leite, 2008). Alguns enfatizam o potencial formador da prática (da pesquisa da prática), configurando o movimento que tem sido denominado de epistemologia da prática (Elliot, 1999; Geraldi, 1999; Pimenta, 1997, 1998), entendendo que a mediação entre pesquisa educacional e *ação* reflexiva docente é base da nova epistemologia da prática, pois "o profissional não pode constituir seu saber-fazer, senão a partir de seu próprio fazer. Não é senão sobre essa base que o saber (docente), enquanto elaboração teórica, se constitui". (Pimenta, 1999, p. 26). Essa perspectiva configura, segundo Libâneo (1998, p. 57, 63*)*, um dos "novos temas que emergem no campo conceitual e investigativo da Didática".

A epistemologia da prática coloca em pauta a identidade do professor como pesquisador (Pimenta, 2000). O presente relato sistematiza os dados de campo que dão suporte às discussões teóricas sobre professor-pesquisador e que permitem colaborar com a elaboração teórica da epistemologia da prática como perspectiva representativa de uma proposta que possibilite o desenvolvimento do estágio pela prática da pesquisa e esta como exercício de autonomia docente.

Ao pensar a *terceira questão* é importante frisar que os países que têm apresentado um significativo desenvolvimento da pesquisa na área de formação de professores (França, Espanha, Portugal, Inglaterra, Canadá, Estados Unidos, dentre outros) apresentam em comum uma intencionalidade de democratização social através da democratização de qualidade da educação e do ensino. Nesse contexto, os professores ocupam um lugar de destaque, especialmente porque investiram, nos últimos anos, na criação de novos esquemas de formação e de exercício da docência, no fortalecimento das escolas como espaços institucionais de inovação, formação contínua e produção de conhecimento, entre outros. Esses movimentos resultaram em fortes investimentos também nas pesquisas sobre professor, profissão, profissionalidade, saberes, identidade etc., que por sua vez geram novos conhecimentos e teorias na área (Pimenta, 2008).

O Brasil tem recebido a influência desses pesquisadores e se tem ensaiado políticas de formação docente, que, no entanto, não têm sido suportadas por significativas transformações nas condições de exercício da profissão docente. Em muitos aspectos, inclusive, observa-se a apropriação dos resultados (melhor seria dizer dos discursos) produzidos pelas pesquisas para justificar políticas de formação que caminham na direção contrária da democratização do ensino.

Uma das questões postas pela pesquisa foi procurar identificar seu potencial de impacto na definição de políticas públicas de formação de professores, privilegiando a análise das práticas educativas de suas transformações pelos professores e das transformações destes enquanto profissionais, no contexto da escola e do sistema de ensino em questão.

Este trabalho apresenta a possibilidade de ampliar, sistematizar e consolidar essas questões, discutindo-as à "luz" da literatura sobre formação de professores, a partir dos conceitos aqui definidos como articuladores de um processo específico de formação de professores.

Isso precisa ser pensado a partir dos horizontes desenhados pelas Ciências da Educação. Nesse caso, nunca é demais lembrar que o conhecimento produzido em educação não tem a mesma perspectiva da ciência tradicional, pois enquanto a ciência pensa matematicamente, em educação procura-se pensar o mundo real e imediato que, muitas vezes, condiciona o que somos ou potencializa o que podemos ser enquanto humanidade.

Neste sentido, produzir conhecimento nestes dois campos exige métodos e metodologias totalmente diferentes. Em educação, o sujeito encontra-se mergulhado na realidade de modo que a tradicional separação entre sujeito e objeto, posta por Aristóteles e tantos outros, fundem-se no ato da pesquisa. Isto existe porque em educação o próprio sujeito que investiga pode ser objeto de pesquisa. Neste caso, organiza-se um conjunto de perspectivas que procuram oferecer alternativas[2] a essa modalidade de produção do conhecimento.

---

2. A pesquisa em educação, nas duas últimas décadas, tem revelado uma ampla e fértil discussão no campo epistemológico e metodológico de seu desenvolvimento no Brasil. Como

Voltando à questão do estágio, compreendendo-o como exercício técnico de uma atividade científica na área da Educação, pode-se dizer que o modelo tradicional de ensino de Estágio tem se caracterizado fundamentalmente por uma cultura de cunho tecnicista, seguindo um modelo técnico e científico (com base nas ciências naturais), fundado quase que exclusivamente no nível da informação e tendo como habilidade cognitiva básica a memória, a descrição dos dados e o relato da experiência[3] como base do conhecimento. Constata-se que este procedimento, como base para a formação de futuros professores, não é suficiente, embora possa ser necessário para seu trajeto inicial. Este modelo de aprendizagem não dá conta da complexidade do conhecimento que o professor precisa dominar para responder às necessidades da sociedade do presente. O que queremos dizer é que somente o dado e a informação não são suficientes para que possamos produzir conhecimento na universidade. Especialmente aquele formador do modo como os estudantes (futuros professores) serão formados.

O conhecimento que se busca na universidade — que não é o caso de todas — é aquele que se produz e não a sua mera reprodução. Uma universidade que não se arvora na produção da pesquisa e na elaboração de novos conhecimentos cumpre uma função acadêmica, mas não desempenha seu papel político em fazer avançar o saber da sociedade. Sabemos que o conhecimento não consiste num conjunto de informações que vamos acumulando, mas num processo de significação e de sentido que vamos construindo coletivamente. Neste sentido, a formação consiste num processo de preparação intelectual que pretende responder às necessidades da realidade em que nos encontramos enquanto sujeitos históricos.

---

exemplo, podemos destacar, entre outros: Alves (1991; 2001), André (1984; 1983; 2001), Brito e Leonardos (2001), Campos (1984), Cunha (1991), Demo (1985), Esteves (1984), Franco (1984; 1988), Frigotto (1985), Gatti (1983; 2001), Gouveia (1984), Lüdke (1988), Luna (1988), Martins (1982), Mello (1983), Rezende (1982), Thiollent (1984), Tonnuci (1982), Warde (1990), Gatti (2002), Ghedin e Franco (2011), Pimenta, Ghedin e Franco (2006), Pimenta e Franco (2008).

3. Que não passa de um relato e aparece muito pouco de fato uma experiência que é transformação de vivências em conhecimento pelo crivo da análise reflexiva e crítica.

ESTÁGIO COM PESQUISA

É claro que este modelo responde a uma tradição na educação brasileira, pois a Universidade Brasileira foi — e em certos aspectos ainda é — marcada pelo tomismo de tradição jesuítica e pela tradição positivista que, de certo modo, negligencia a formação epistemológica (filosófica, teórico-prática) em detrimento de uma formação técnica (exclusivamente centrada na prática e no saber fazer).[4] Faz sentido aqui lembrar que quando a educação escolar é destinada às elites propunha-se uma formação cultural, quando ela se destina às massas é um ensino de caráter técnico voltado para a formação do trabalhador, negando-lhe o acesso à cultura produzida e organizada pelo ser humano ao longo de sua história.

Insistimos que o conhecimento produzido na universidade exige uma postura investigativa, portanto uma outra pedagogia. Assim, o conhecimento há de ser produzido de forma competente, crítico e criativamente. Vale ressaltar que o curso de formação de professores para atuar nas escolas no nível da Educação Infantil e Ensino Fundamental, é preciso ter como foco de aprendizagem e pesquisa este mesmo nível de ação e prática social. A universidade, além do cuidado para com a formação voltada para o ensino, não pode descuidar-se de uma preocupação com a formação do cientista da educação — aquele estudioso que se volta para os problemas que atingem a educação na sua interface social. Isto pode se dar na pós-graduação e iniciar já na graduação, aliando-se Didática, Metodologia da Pesquisa em Educação e Estágio Profissional, entre outras. Deste modo, assumir o estágio como prática orientada pela pesquisa pode *criar as condições necessárias para um curso de caráter interdisciplinar em sua forma de estruturar o currículo e transdisciplinar no processo investigativo.*

Deste modo, assume-se aqui que a construção da identidade profissional do futuro professor é desenvolvida, pensada, elaborada

---

4. Com isso não queremos dizer que o estudante (futuro professor) não precise aprender a fazer, mas queremos enfatizar que para aprender a fazer ele necessita, antes, aprender a pensar melhor a realidade. Isto só será possível se ele for munido com um conjunto de instrumentos que ampliem a possibilidade que tem de compreender e interpretar a realidade de modo significativo e que responda aos nossos desafios.

e definida não somente em relação à prática, mas envolvida num conjunto de ações que lhe permitem ampliar o horizonte de sua compreensão e de sua atuação no campo de trabalho. Neste sentido, é significativa a pesquisa desenvolvida por Pimenta (2000) que procura verificar os processos de construção identitária dos futuros professores, oriundos das licenciaturas, por meio da elaboração dos saberes da docência que são produzidos no espaço pedagógico, na área de conhecimento e pela experiência. Ela questiona a possibilidade da construção do saber docente ser elaborado a partir da prática pedagógica dos professores. A categoria principal que norteia a pesquisa é a atividade prática que os professores realizam em escolas públicas, como forma de desenvolvimento profissional e, nessa atividade, como se dá o processo de construção de seu saber-fazer docente.

Entende-se que a atividade docente é uma das atividades ligadas à ação educativa mais ampla que ocorre na sociedade que é o ensinar. Na sua acepção corrente, é definida como uma atividade prática. O professor em formação está se preparando para efetivar as tarefas práticas de ser professor. Dado que não se trata de formá-lo como reprodutor de modelos práticos dominantes, mas capaz de desenvolver a atividade material para transformar o mundo natural e social humano, cumpre investigar qual a contribuição que o estágio profissional pode dar para essa formação.

Tendo colocado a atividade docente como objeto de investigação, necessário se fez compreendê-la em suas vinculações com a prática social na sua historicidade. Apreender na cotidianidade a atividade docente dos estudantes supõe não perder de vista a totalidade social, pois sendo a escola parte constitutiva da práxis social, representa, no seu dia a dia, as contradições da sociedade na qual se localiza. Assim, o estágio como estudo, pesquisa e prática pedagógica da atividade docente cotidiana envolve o exame das determinações sociais mais amplas, bem como da organização do trabalho nas escolas.

A partir dessas considerações, indagamos em *que medida* a *organização pedagógico-administrativa das escolas favorece* a *atividade docente do bom professor crítico-reflexivo e pesquisador de sua prática como instrumento de aperfeiçoamento profissional e de sua identidade como intelectual crítico.*

Compreendendo o *ensino* como atividade específica, mas não exclusiva, do professor, entendemos o Estágio, enquanto teoria-prática do ensino-aprendizagem, como uma área de conhecimento fundamental no processo de formação de professores. Assim, o desenvolvimento da disciplina de Didática vincula-se com o Estágio profissional na medida em que se arranja o ensino como a atividade específica do professor e tema de estudos aos estudantes do curso de formação de professores. Coloca-se em questão o papel do conhecimento na sociedade contemporânea. O que é o conhecimento? O que é conhecer e produzir conhecimento, qual o papel da escola frente ao conhecimento, como a escola trabalha o conhecimento? Como o conhecimento é produzido ao longo da formação inicial dos professores? Há uma "estrutura" que sustenta o processo de formação no curso de graduação que sustenta, sistematicamente, um processo contínuo e autônomo na produção do conhecimento do professor? O conhecimento produzido ao longo da formação inicial sustenta as bases que possibilitam que o estudante, futuro professor, possa usá-las para construir seus saberes a partir da prática pedagógica no contexto das escolas onde irão atuar? Essa sua atuação possibilitará mais autonomia no seu fazer pedagógico de modo que o sustente enquanto profissional da cultura?

Essas questões se colocam a partir das transformações tecnológicas e do mundo do trabalho que vêm ocorrendo nos últimos anos. Os estudantes do curso de formação de professores, enquanto especialistas numa área do conhecimento, estão se indagando sobre o seu trabalho com o conhecimento na sociedade, e especialmente na escola? Há o envolvimento do professor com o objeto de estudo de sua profissão: *o ensino*? No desenvolvimento da pesquisa é necessário introduzir uma nova categoria de análise que é o *trabalho do professor com o conhecimento na escola*.

As três grandes categorias da pesquisa, que emergem dos estudos teóricos e do campo podem assim ser sintetizadas: como se dá o processo de construção do saber fazer docente (ensinar) na atividade prática de professores? Como a organização do trabalho na escola determina essa construção? Como os professores se colocam diante do conhecimento na sociedade contemporânea e como operam com ele na atividade de ensinar e aprender? Essas categorias desdobraram-se em outras duas: saberes da docência e identidade do professor. Que indicaram a importância de conceitos como professor/pesquisador; reflexão/pesquisa da ação; metodologia investigação/ação/intervenção; a reflexão na ação/sobre a ação como metodologia de formação de professores.

Aqui a problemática adentra a complexidade própria do fenômeno que se traduz no objeto de investigação, pois considerar a prática na sua concretude como caminho para ressignificar as teorias (e as práticas) pedagógicas, no sentido de novas formulações teórico-práticas, requer, necessariamente, a utilização das abordagens qualitativas, especialmente a pesquisa-ação-colaborativa na relação com outras abordagens que possibilitem a compreensão de diferentes contextos formativos, especialmente a análise de experiências que traduzem uma prática formativa. Para compreender o fenômeno da prática docente em suas múltiplas determinações, precisamos realizar investigação teórica sobre teoria didática, formação de professores e ensino de didática e o modo de conduzir o Estágio profissional.

No caso de nossa pesquisa, parte-se do estágio em seus processos para, a partir dele, compreender o fenômeno em sua complexidade. A chegada é um processo didático para a formação docente a partir da teorização das práticas de *estágio com pesquisa*.

Diante da proposta em que se assume o ensino por meio da pesquisa como possibilidade de desenvolvimento do *estágio profissional* requer assumir-se uma postura teórico-metodológica que responda ao desafio de formar o professor por meio da pesquisa como prática profissional. Nesta perspectiva, podemos assumir que, por se tratar de uma pesquisa qualitativa, com um trabalho de reflexão sobre a prática, procurar-se-á promover a aproximação dos professores da pesquisa, tornando-os também participantes, pelo entendimento da pesquisa e seus objetivos, ao mesmo tempo em que compartilham textos com os professores para participar dos rumos da pesquisa e das atividades desenvolvidas no *estágio*.

2

Por uma pedagogia do conhecimento na formação do professor-pesquisador

A reflexão que aqui se desenha apresenta, inicialmente, o conceito de pesquisa e seu processo formativo. O que se busca nesse capítulo é afirmar e fundamentar, em parte, o processo pedagógico da pesquisa que se deseja componente fundante do trabalho docente. A perspectiva desenhada anuncia o significado formativo atribuído às ações pedagógicas que incorporam a pesquisa como fundamentação dos processos de formação de professores. Nele se busca propor uma forma de inovar e encharcar o trabalho pedagógico do professor que forma professores.

A pretensão que aqui se busca é sustentar que no processo de formação do professor-pesquisador, por meio do estágio com pesquisa, há que considerar, mesmo antes do estágio, o pressuposto da pesquisa como fundamento da formação do professor enquanto profissional da Ciência da Educação. Nisso se está entendendo que à formação para a docência prescinde a formação para a pesquisa. Esta se coloca como condição daquela.

Os três movimentos aqui apresentados circulam do conceito de pesquisa em seu processo formativo para a pesquisa, reflexão e registro das práticas como condição para a produção do conhecimento que delas decorrem, na relação com o conceito de professor-pesquisador, compreendido como intelectual crítico, que atua em um contexto que é a escola, entendida como espaço de construção do conhecimento que se dá pela pesquisa. Com isso se assume que a formação do professor-pesquisador constitui-se numa perspectiva de formação que a coloca como condição de uma atuação profissional que se realiza nas escolas.

O horizonte dessa formação que se desenha por meio do *Estágio com Pesquisa* tem como teleologia a Educação Básica e não a formação do pesquisador estrito senso, como alguns poderiam, erroneamente, pensar. O sentido de uma "pedagogia do conhecimento" coloca-se como condição necessária à formação do professor. Isso só deverá completar-se em seu sentido após a conclusão deste trabalho de pesquisa que articula as práticas instituídas de estágio com pesquisa à educação científica de professores cujo objeto de ação e formação se dá pelo domínio dos processos e produtos do conhecimento humano que as diversas ciências e as culturas geraram, sistematizaram e prepuseram como mecanismo que possibilita ao ser humano contemporâneo emitir juízos críticos sobre o mundo e sobre si mesmo.

2.1 O conceito de *pesquisa* e seu processo formativo

O conceito de *pesquisa* é uma perspectiva que nos permite pensar a formação de professores nos centros de formação hoje. Ainda que apressadamente esta se entendendo que a pesquisa, no processo de formação de professores constitui, antes, um princípio educativo orientador do processo formativo. Isto é, a pesquisa é aquele elemento que possibilita ao professor na relação com o saber já consolidado e com a reflexão que ele organiza a partir da prática e da experiência, um elemento que possibilita ao professor elaborar os próprios conhecimentos de modo sistemático. Quer dizer que lhe possibilita construir metódica e radicalmente um modo de compreender, de explicar e de interpretar o mundo.

A pesquisa no contexto da formação de professores configura-se como um princípio cognitivo de compreensão da realidade e como princípio formativo na docência profissional (Pimenta, 1997). Princípio cognitivo e formativo na medida em que se incentiva e se possibilita a construção coletiva de saberes, valoriza-se os processos de reflexão na ação, de *reflexão sobre a ação e de reflexão sobre a reflexão na ação* (Schön, 1992) na busca de alternativas comprometidas com a prática social, que revela escolha, opção de vida, espaço de construção, de troca de experiências, de desejo e de devir.

Compreende-se o conceito de pesquisa como um elemento chave na produção das ciências, na construção do conhecimento humano, na elaboração das técnicas e na formação de profissionais. O que estamos querendo evidenciar é que o conceito de *pesquisa* é fértil no processo formativo de qualquer profissional, quanto mais no processo de formação daquele profissional que irá formar os outros profissionais. Isso nos indica que o profissional da educação deveria entender mais de pesquisa que todos os outros profissionais, mas a prática formativa, muitas vezes, nos revela e demonstra o contrário. Dizer que o processo formativo do professor passa por uma formação de pesquisa é um elemento chave que pode possibilitar uma outra formação do professor que não seja aquela tradicional. Tradicional quer dizer aqui aquela formação onde o professor é mero reprodutor das teorias e das ideologias que a sociedade econômica propõe ou que o capitalismo impõe ao professor e à sociedade.

A *pesquisa* como princípio educativo e cognitivo nos conduz a uma nova compreensão e visão sobre o professor, pois à medida que o compreendemos e o formamos como sujeito do conhecimento, percebemos que ele não deve desempenhar uma função meramente técnica. Assim, o professor torna-se um sujeito que além de produzir seu próprio conhecimento, ele se torna aquele que também é construtor de seu próprio modo de ser e de fazer-se autonomamente à medida que produz o próprio conhecimento. À medida que o professor reelabora seu saber, transforma a informação em conhecimento e isso o lança na direção do infinito. Nesse sentido, o professor, no espaço da escola, de sua formação inicial e de sua formação contínua torna-se aquele sujeito que assume a responsabilidade ética com todo o processo formativo sob o qual a humanidade se atualiza e se reatualiza. Assim, o professor deixa de ser um sujeito que reproduz as informações para se tornar aquele ser que elabora, permanentemente, uma hermenêutica do mundo, fazendo descortinar-se diante de si e da humanidade o vislumbramento de querer sempre saber mais, pois compreende que o saber, resultante desse processo investigativo, é constitutivo da humanidade.

É importante ressaltar, nesse ponto, a confusão que com muita frequência se faz entre informação e conhecimento. A informação é um primeiro estágio do conhecimento, que exige mais dois momentos distintos e complementares. Conhecer implica um *segundo estágio*: o de trabalhar com as informações classificando-as, analisando-as e contextualizando-as. Além desse há o *terceiro estágio* que tem a ver com a inteligência, a consciência ou a sabedoria. Nesse sentido, não basta produzir conhecimento, é necessário produzir as condições de produção do conhecimento. Conhecer significa estar consciente do poder do conhecimento para a produção da vida material, social e existencial da humanidade. A finalidade da educação escolar na sociedade tecnológica, multimídia e globalizada, é possibilitar que os estudantes e os professores trabalhem os conhecimentos científicos e tecnológicos, desenvolvendo habilidades para operá-los, revê-los e reconstituí-los com sabedoria, isso para gerar a cidadania.

Por outro lado, é muito comum ouvirmos falar de que estamos vivendo numa sociedade do conhecimento, mas na verdade nós vivemos mesmo é numa sociedade da informação e o professor precisa apreender, a captar, a elaborar, a juntar, a reunir as informações para transformá-las em conhecimento. Com isso se quer dizer que a pesquisa é um elemento, é um instrumento que possibilita transformarmos informações em conhecimento e essa é uma tarefa primordial do professor, no contexto de uma sociedade da informação. O instrumento fundamental desse processo condensa-se no conceito e na prática da pesquisa.

Qual é a distinção que podemos fazer entre informação e conhecimento? Por exemplo: quando alguém diz que produziu algo, algum conhecimento e o está comunicando, isso é um conhecimento para o sujeito que o produziu e é uma informação para aqueles que estão recebendo a comunicação. Entendido deste modo, o conhecimento exige, antes de tudo, um processo interpretativo da informação que passa pelo crivo de uma preocupação já pré-estabelecida. Uma questão capaz de problematizar, de colocar as coisas como problema, ou seja, como objeto de conhecimento.

Só há a transformação de informação em conhecimento quando o sujeito que recebe a informação já está preocupado e ocupado com um problema investigativo. Por isso é muito complexo passar da informação para o conhecimento, pois a maioria de nós raramente está com um "problema na cabeça". Especialmente porque para estar com um "problema" é preciso estar ocupado com um tema, que se justifica justamente na mesma medida em que nos dispomos a conhecer algo.

Aquilo que os outros produzem e que chegam até nós através das sensações, do olhar (o olhar é o nosso maior elemento de conhecimento), da informação, do tato, da pele é sempre uma espécie de catalogação da realidade. Essas informações nos chegam através da percepção e a percepção neste caso se dá através do olhar, é o olhar que capta as informações e através do código escrito as transmite e é por meio dessa dinâmica que armazenamos as informações consideradas importantes para a estruturação cognitiva de nossa inteligência.

Podemos dizer que é a habilidade de elaborar essas informações que possibilita o conhecimento, portanto, o conhecimento não está centrado no processo de memorização, mas no processo de interpretação que é dependente da investigação. O conhecimento é, fundamentalmente, um processo interpretativo. Há que se interpretar as informações. Precisamos compreender quais são os sentidos e os significados que são postos nos conceitos que chegam através da informação para a partir deles propor, reelaborar novos conceitos interpretativos do mundo, da realidade e de nós mesmos e das relações que estão postas na sociedade e na cultura.

A pesquisa é o elemento fundamental para nos ajudar a reunir as informações e os dados significativos para a elaboração do conhecimento. Por isso, precisamos aprender a reunir os dados de acordo com o objeto de conhecimento que se nos propomos conhecer. Especialmente porque não é qualquer dado, qualquer informação que serve para a construção do conhecimento de um dado objeto investigativo. Então, há que se aprender a reunir adequadamente as informações para que elas se tornem úteis para nosso conhecimento. Isso significa aprender a pensar sobre o sentido e o significado das coisas para que, na interpretação destes sentidos e destes significados, postos na informação, nos conceitos e nos contextos, possam nos permitir elaborar um sistema intelectivo que permita ampliar a inteligência e o cérebro pelo conhecimento. À medida que reelaboramos as informações e interpretamos os dados é que conhecemos as coisas.

É claro que esse processo passa pela necessidade da problematização das informações. Esta só se constrói na medida em que conseguimos elaborar perguntas e respondê-las com o pensamento construído na relação com os objetos, como forma de buscar a verdade que podemos encontrar no processo permanente de conhecer.

A verdade é uma compreensão das coisas que são como estão sendo. É um modo de compreender o estar sendo da realidade, não como permanente, mas enquanto está sendo de uma determinada maneira, como devir. A verdade, antes de ser algo, é um horizonte, uma perspectiva, um infinito, uma direção por onde caminhamos. Ela é a chegada momentânea que se realiza num instante e logo em seguida nos escapa, foge de nosso controle. É uma abertura repentina, é como um raio de luz a nós revelado, porém na própria revelação está seu ocultamento. O verdadeiro se realiza como movimento permanente na direção da verdade que, incapturável, apenas perceptível, não se prende, apenas se mostra. O horizonte da verdade é uma manifestação, é uma "revelação" distante, é uma distância que nos atinge imediatamente. O ser humano já está nela e, mesmo assim, necessita buscá-la. É nesta busca que a encontramos no meio do movimento do encontro com nosso próprio ser. Isto nos coloca, já, na problemática do processo de conhecimento, enquanto busca da manifestação da verdade (Ghedin, 2000).

A essência do problema é a necessidade da verdade. Assim, uma questão, em si, não estabelece o problema, nem mesmo aquela cuja resposta é desconhecida; todavia, uma questão cuja resposta se desconhece e se necessita conhecer, eis aí um problema. Algo que não se sabe não é problema, contudo quando se ignora alguma coisa que se precisa saber, eis, então, um problema. O Problema de conhecimento possui um sentido profundamente vital e altamente dramático para a existência humana, pois indica uma situação de impasse. Trata-se de uma necessidade imposta objetivamente que é assumida subjetivamente. Ao desafio da realidade, representado pelo problema, o ser humano responde com a reflexão orientada pela pesquisa. Na percepção/construção deste desafio já está presente a capacidade crítica, como forma de reelaboração e interpretação das informações. Quanto mais se exerce a atividade problemática (enquanto problematização) diante da problemática, mais instiga e executa a criatividade, portanto a crítica.

A reflexão e a pesquisa processam-se, neste caso, pela problematização do problema, ou seja, é diante do questionamento, da pergunta, da colocação das coisas como problema, que se instaura um processo de compreensão capaz de superar o senso comum. A problematização é um modo crítico de se perceber o mundo e, a partir desta percepção, interpretar os significados e os sentidos das coisas. A problematização do problema instaura a análise ou analítica que nos exige uma leitura crítica que procura saber a causa das coisas, ou seja, o *por quê* dos modos de ser da realidade.

A pesquisa e a reflexão são atos de retomada, reconsiderando os dados disponíveis, revisando, vasculhando numa busca constante de significado. Assim, pesquisar é examinar detidamente, prestar atenção, analisar com cuidado. É uma espécie de entrega interpretativa que teoriza a prática e pratica a teorização como possibilidade de compreensão e superação dos limites de nosso ser que se lança no horizonte do sentido da compreensão. Isso tudo está radicalmente ligado à forma como também nos constituímos e construímos no que somos ao sermos atingidos pelo conhecimento. Isto quer dizer que o conhecimento está fundamentalmente ligado ao saber ser. Porque só sabe, quem sabe ser. Quer dizer, o saber, o conhecer é traduzido para si e para o outro como o modo de perceber o mundo, de perceber a realidade, as coisas e a nós mesmos.

A pesquisa segue sempre uma determinada dinâmica. Portanto, possui uma estrutura metodológica, pois cada objeto tem uma forma de ser. Dependendo da escolha do objeto a investigar é que se faz a escolha metodológica. Nesse sentido, é o objeto que indica qual é a melhor escolha para reunir as coisas, para poder conhecê-las.

A pesquisa é um elemento chave no processo de formação de professores. Há uma literatura produzida sobre esse conceito,[1] reunindo uma significativa reflexão que alia o processo de pesquisa à formação de professores. É nessa perspectiva que se elabora e toma corpo a construção do conceito de *professor-pesquisador* no processo de formação do professor enquanto pesquisador.

A pesquisa no processo de formação do professor é importante por constituir o eixo central na elaboração de novos saberes e de novos conhecimentos a respeito da realidade educacional, transformando-a em objeto a investigar. É pela prática da pesquisa que aprendemos a reelaborar o conhecimento, para aprender a reinterpretar a realidade e aprender a reunir as informações para traduzi-las num conhecimen-

---

1. Ghedin (2004), Lüdke (2001), Rosa (2004), André (2001), Esteban e Zaccur (2002), Giroux (1997), Facci (2004), Falsarella (2004), Goergen e Saviani (2000), Pereira e Zeichner (2002), Pimenta e Ghedin (2005), Paiva (2003), Tardif (2002), Pimenta (2000), Geraldi, Fiorentini e Pereira (1998), entre outros.

to próprio e pessoal, que é um modo de interpretar o mundo, a realidade e propor novas formas de agir e de ser do/no mundo.

2.2 Pesquisa, reflexão, registro docente e produção do conhecimento

É necessário formar para e pela prática da pesquisa, como forma de superar, pelo processo reflexivo, as formas de alienação que nos dominam. Deste modo, concordamos com a afirmação de Vasconcelos (1999, p. 106) quando diz que

> [...] fundamentalmente, o compromisso do educador é ajudar a que os educandos aprendam a pensar, a refletir, adquiram estruturas mentais e aprendam os conceitos básicos daquela área de conhecimento, até porque [...] sendo impossível a apreensão de todo saber na escola, o que reforça a perspectiva de capacitação em estruturas de pensamento que permitirá a aprendizagem autônoma, a pesquisa.

Diante disso, é importante reforçar que ninguém aprende no vazio, mas se aprende a partir de mediações específicas e conteúdos concretos. A necessidade de desenvolvimento, através da pesquisa, torna-se uma exigência do processo em aula e fora dela, como forma de complementação dos conhecimentos trabalhados em aula,[2] e como instrumento de produção e disseminação do saber humano. Isso deve ser possibilitado não somente porque o professor não dispõe de todo o tempo necessário para o desenvolvimento da aprendizagem dos alunos na escola, como propõe Bicudo (s/d.), mas como condição e mediação da aprendizagem autônoma.

---

2. Segundo Delval (2002, p. 160), "trata-se, portanto, de integrar a necessidade do conhecimento escolar com as formas de aprendizado e construção do conhecimento que o sujeito espontaneamente elabora, fazendo com que a escola contribua, dessa maneira, para o desenvolvimento da capacidade de pensar e favoreça a construção de novos conhecimentos por intermédio da participação ativa do sujeito".

Desse modo, torna-se premente assumir, definitivamente, que

[...] a melhor maneira de aprender não é escutar aula, mas pesquisar e elaborar com mão própria, sob a orientação do professor. Não é mister combater a aula, mas esta mantém apenas a função de promover pesquisa e elaboração própria [...] (Demo, 2000, p. 85).

Neste momento, estamos entendendo a pesquisa muito mais como princípio educativo do que como princípio científico.[3] Isso quer dizer que a pesquisa constitui-se em uma mediação para a aprendizagem, assim como possibilidade promotora da autonomia do sujeito aprendente. Isto implica reelaboração e reconstrução do conhecimento e não sua mera reprodução. Deste modo, a pesquisa, como mediação da aprendizagem, não pode ser algo de especialista, mas uma mediação do processo de aprendizagem numa sociedade da informação.

Para que isso seja possível, são necessárias condições de realização da pesquisa como instrumento de aprendizagem, além de exigir, cada vez mais, uma elaboração própria por parte do estudante que pesquisa. Da mesma forma, o professor precisa saber combinar atividades de elaboração individual e coletiva na produção e reconstrução do conhecimento. Porém, é importante lembrar que a produção coletiva não pode abrir mão do trabalho individual, assim como aquele não pode excluir a produção coletiva. Segundo Demo (2000, p. 96) "[...] trabalhar em grupo deve ser claramente um modo fundamental de estudar e aprender, não de estabelecer pactos da mediocridade".

Para Moraes, Galiazzi e Ramos (2002, p. 11), a pesquisa em sala de aula atende a um princípio formulado do seguinte modo:

A pesquisa em sala de aula pode ser compreendida como um movimento dialético, em aspiral, que se inicia com o questionar dos estados do ser, fazer e conhecer dos participantes, construindo-se a partir disso

---

3. Esta distinção pode ser vista em Demo (2002; 2000a).

novos argumentos que possibilitam atingir novos patamares desse ser, fazer e conhecer, estágios esses então comunicados a todos os participantes do processo.

Esse processo de ensino, que usa a pesquisa em sala de aula como mediação de aprendizagem,[4] desencadeia-se por meio do *questionamento*, da *construção de argumentos* e da *comunicação* e são expressos no seguinte esquema:

FIGURA 6 Momentos do educar pela pesquisa

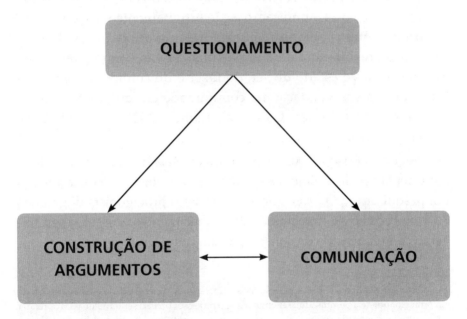

Fonte: Moraes, Galiazzi e Ramos (2002, p. 11)

---

4. A pesquisa como modo de construção de conhecimento de estudantes e professores, como mediação pedagógica, encontra apoio e sustentação nos trabalhos e pesquisas realizadas por Moraes, Galiazzi e Ramos (2002), Moraes (2002a; 2002b), Freire (1996), Freire e Faundez (1985), Demo (2002), Schwartz (2002), Gessinger (2002), Almeida (2002), Lima (2002), Galiazzi (2002), Cañal (1997; 1999), Porlán e Rivero (1998), Garcia (1996), Moraes (1997), Moraes e Ramos (1998), Ramos (2000), Behrens (2002).

O questionamento é parte do processo de construção da aprendizagem pela pesquisa. Para que algo seja aperfeiçoado, é preciso criticá-lo, questioná-lo, perceber seus defeitos e limitações. É isso que possibilita pôr em movimento a pesquisa em sala de aula. Deste modo, o questionar aplica-se a tudo que constitui o ser, quer sejam conhecimentos, atitudes, valores, comportamentos e modos de agir. Já a construção de argumentos, na pesquisa em sala de aula, precisa do envolvimento ativo e reflexivo permanente de seus participantes.

A partir do questionamento, é fundamental pôr em movimento todo um conjunto de ações, de construção e de argumentos que possibilitem superar o estado atual, atingindo novos patamares do ser, do fazer e do conhecer. Assim, podemos dizer que a construção de argumentos e a comunicação estão estreitamente relacionados. É importante que a pesquisa em sala de aula atinja um estágio de comunicar resultados, de compartilhar novas compreensões, de manifestar novo estado do ser, do fazer e do conhecer, o que contribui para a sua validação na comunidade em que esse processo está se dando (Moraes, Galizazzi, Ramos, 2002; Galiazzi, 2002; Moraes, 2002b).

Segundo Frison (2002), a pesquisa em sala de aula, como princípio orientador do ensino, exige que o profissional da educação seja um pesquisador.[5] O professor deixa de ser o protagonista dogmático de um processo de transmissão de conhecimentos, e assume seu trabalho como partícipe da construção conjunta. Deste modo, professor

---

5. Inúmeros autores realizaram pesquisas evidenciando a necessidade e a perspectiva de um professor que seja pesquisador. Entendem que o professor precisa ser formado para aprender a pesquisar e construir conhecimento na sua prática cotidiana, bem como a partir dela. Compreendemos, de modo geral, que só é possível constituir, na escola, um processo de educação pela pesquisa se o próprio professor for aquele profissional que aprendeu minimamente a operar com os instrumentos da pesquisa em seu processo de formação. Dentre tantos trabalhos sobre estas questões podemos destacar Elliot (1993), Hargreves (1996), Houssaye (1995), André (2002), Pimenta (1997; 1998), Esteban e Zaccur (2002), Corazza (2002), Lacerda (2002), Porto (2002), Garcia e Alves (2002), Demo (2002), Santos (2001), Lüdke (2001a), André (2001), Beillerot (2001), Soares (2001), Lisita, Rosa e Lipovetsky (2001), Miranda (2001), Lüdke (2001b), entre outros que procuram propor a pesquisa como processo fundamental para a formação do professor que atuará no Ensino Básico.

e estudantes tornam-se sujeitos de um mesmo processo. Esta postura instaura uma perspectiva progressista, no sentido de que,

> [...] ensinar não é transferir conhecimento, mas criar as possibilidades para a sua própria produção ou a sua construção. Quando entro em uma sala de aula devo estar sendo um ser aberto a indagações, à curiosidade, às perguntas dos alunos, a suas inibições; um ser crítico e inquiridor, inquieto em face da tarefa que tenho — a de ensinar e não de transferir conhecimento (Freire, 1996, p. 52).

Podemos dizer que a pesquisa em sala de aula, e a partir dela, é um elemento de formação aprimorando o questionamento, a curiosidade científica, a busca de rigor, a responsabilidade social. Esta perspectiva tem como principal conteúdo de ensino a busca da qualidade formal e da qualidade política. E, nesta busca, a atitude de questionar é essencial, para que professor e estudante sejam sujeitos do processo de ensino-aprendizagem (Barreiro, 2002).

Cañal (1999) reforça que fazer pesquisa em sala de aula não é o mesmo que fazer pesquisa científica, embora a qualidade dos resultados possa ser equivalente, ou mesmo uma pesquisa escolar possa chegar a ser científica, se percorrer o processo de validação por uma comunidade científica. As finalidades do conhecimento que está sendo construído são diferentes em um e outro contexto. Os problemas abordados são diferentes, porque o desenvolvimento intelectual dos participantes é diferente. As exigências sobre os resultados também são diferentes. Galiazzi (2002) afirma que se há diferenças, também há semelhanças. Ambas ocorrem pelo questionamento de uma realidade, pela construção de argumentos validados em uma comunidade, pela necessidade de clareza na expressão das ideias, pelo rigor e sistematização, pela busca de fundamentação teórica, pela análise dos dados empíricos, pelo exercício da escrita, pela comunicação dos resultados.

Partindo do foco do professor como sujeito facilitador do processo de pesquisa em sala de aula, compreendemos que o diálogo, a leitura e a escrita precisam ser exercitados em sala de aula e mediados pelo professor, para colocar em movimento o "processo multicíclico de formação, favorecendo o desenvolvimento nos alunos das capacidades de questionamento, construção de argumentos e comunicação" (Galiazzi, 2002, p. 297).

FIGURA 7 Esquema de um ciclo de pesquisa

Fonte: Cañal (1999) e Ghedin (2008).

Fundamentalmente, o ensino-aprendizagem, orientado pela pesquisa, exige uma relação dialógica que orienta e permeia as ações de investigação. Esta habilidade é "a disponibilidade para acompanhar de perto a atividade e o modo de pensar dos alunos, avaliando e orientando a aprendizagem" (Pacca e Villani, 1997, p. 3). O professor deve ter a habilidade dialógica, disponibilizando-se a considerar e procurar entender os modos de pensar dos estudantes, sua experiência cognitiva, seu ritmo e o seu tempo de aprendizagem.

Olson (1994) afirma que a capacidade de ler e escrever é resultante do uso de um conjunto de recursos culturais. A evolução desses recursos culturais, associados ao conhecimento e a habilidade de explorá-los em função de determinadas metas, é o que forma a capacidade de ler e escrever.

A leitura e a escrita são instrumentos imprescindíveis para que possamos elaborar conhecimentos, refletir sobre as informações e sistematizá-las numa perspectiva dialógica. Isto não é algo que se dá apenas nas primeiras séries do Ensino Fundamental, mas é um processo que deve estender-se ao longo do processo escolar e por toda a vida do sujeito. É preciso aprender a ler e escrever para poder decodificar o mundo. Por isso,

[...] a proposta da pesquisa como princípio didático [...] assume a escrita e a leitura como dois dos princípios articuladores do ensino e da aprendizagem. [...] A sala de aula com pesquisa que propomos [...] considera que o conhecimento e o poder são compartilhados e surgem do compromisso mútuo entre professores e alunos. A aprendizagem é entendida como um processo de construção que é resultado das interações entre o que cada um conhece com a nova informação, criando uma rede mais complexa de significados. Com esse entendimento, o processo de aprender a ler e a escrever nunca finalizam, eles vão se tornando mais complexos com a escolaridade (Galiazzi, 2002, p. 300-1).

O ensino com pesquisa pode provocar a superação da reprodução para a produção do conhecimento, com autonomia, espírito crítico e investigativo. Neste processo, estudante e professor tornam-se pesquisadores e produtores dos seus próprios conhecimentos (Behrens, 2002). Para que isso seja possível, é necessário desencadear um conjunto de ações e condições para tornar esse processo possível na escola e na sala de aula. Segundo Moraes (2000), esse processo pode iniciar-se pela alocação de temas a alunos ou a grupos, exigindo-se então uma produção em torno de cada assunto da aula.

Para Demo (2000, p. 94), é importante reconhecer que, para estabelecer ambiente de pesquisa e elaboração própria dos alunos e professores, são necessárias algumas condições:

a) apoios institucionais, sobretudo biblioteca, videoteca, banco de dados, informatização, laboratórios, locais de experimentação etc.;

b) um número manejável de alunos, que pode ser expressivo, a depender da habilidade de orientação por parte dos professores, da disciplina e organização do tempo, da maleabilidade curricular, do tempo integral etc.;

c) mormente, professores-pesquisadores, cujo argumento essencial é o bom exemplo da produtividade, com qualidade formal e política;

d) mudança profunda na sistemática de avaliação, voltando-se para o processo e os produtos da produção própria.

Considerando-se as condições postas como limites para o processo de construção da pesquisa, cabe-nos apontar algumas possibilidades de construção autônoma do estudante. A organização de um curso como processo evolutivo de pesquisa pode dar-se de três modos distintos e complementares de uma mesma mediação pela pesquisa em sala de aula: um, a partir da mediação da elaboração da pesquisa para apresentação na modalidade de painel; o outro, a partir de uma *Pedagogia por projetos de Trabalho*, e o outro a partir de categorias que orientam o processo de pesquisa por meio do projeto de investigação, aproximando-se das exigências acadêmicas.

2.3 O professor-pesquisador como intelectual crítico e a escola como espaço de construção do conhecimento que se dá pela pesquisa

Para Saviani (1996), a escola tem um papel de articulação entre a sua dimensão técnica e política. O papel político dessa escola seria o desmascaramento das relações de poder, possibilitando ao educando a descoberta do lugar social que ele ocupa no sistema produtivo. Isso coloca o professor como elemento fundamental no processo de ensino-aprendizagem e exige dele uma compreensão da dimensão técnico-política de sua práxis.

O professor tem sobre si o desafio da mediação do conhecimento num universo complexo de experiências e de visões antagônicas da realidade. Partindo do campo educacional, ele se coloca numa perspectiva interdisciplinar, a partir da totalidade do processo educativo e na relação dialética entre teoria e prática. Sendo o professor conhecedor de um conteúdo que busca a compreensão do todo ou da totalidade dos processos humanos, ele se torna mais diretamente responsável por um diálogo interdisciplinar, transdisciplinar e poli-inter-trans-disciplinar, isto é, ele se torna o sujeito que intermedia o processo de construção do conhecimento como uma totalidade e não mais a reprodução da fragmentação das ciências contemporâneas.

Freire (1992), Gadotti (1991) e Giroux (1997) chamam a atenção dos educadores para a visão da escola como espaço de diálogo e crítica das potencialidades e da resistência. A crítica proposta por esses autores não é uma crítica vazia, mas a crítica enquanto possibilidade de transformação da realidade social; mais que isso, a crítica como busca e esperança de superação dos processos de exploração do ser humano.

É nessa situação e exigência de uma crítica radical que insere o professor como mediador de um processo de conhecimento possibilitando a construção da consciência crítica nos educandos que se espera com a formação de um professor-pesquisador. Isto implica permanente atividade de estudo. "Estudar é uma tarefa difícil que requer uma atitude crítica e uma disciplina intelectual sistemáticas adquiridas somente através da prática" (Freire apud Giroux, 1997, p. 123).

Subjacentes à natureza desta prática, encontram-se duas suposições pedagógicas importantes: o leitor deveria assumir o papel de um indivíduo no ato de estudar; o ato de estudar não é simplesmente um relacionamento com o texto imediato; pelo contrário, tem o sentido mais amplo de uma atitude em relação ao mundo.

> Estudar um texto exige uma análise do estudo daquele que, através do estudo, o escreveu. Isto exige uma compreensão do condicionamento sociológico e histórico do conhecimento. E também requer uma investigação do conteúdo em estudo e de outras dimensões do conhecimento. Estudar é uma forma de reinventar, recriar, reescrever, e isto é tarefa de um indivíduo, não de um objeto. Além disso, nesta abordagem, o/a leitor/a não pode ser separado/a do texto porque estaria renunciando a uma atitude crítica em relação ao mesmo... Sendo o ato de estudar uma atitude perante o mundo, o mesmo não pode ser reduzido ao relacionamento do leitor com o livro ou do leitor com o texto. Na verdade, um texto reflete o confronto de seu autor com o mundo. Ele expressa este confronto [...] Aquele que estuda nunca deveria parar de sentir curiosidade sobre outras pessoas e outra realidade. Existem aqueles que perguntam, aqueles que tentam encontrar respostas e aqueles que continuam procurando (Freire apud Giroux, 1997, p. 123).

Os comentários de Freire tornam sugestiva e problemática a questão de como teorizar e desenvolver uma pedagogia que incorpore formas de experiência nas quais professores e estudantes mostrem um sentido de agência crítica e de fortalecimento do poder a ser transformado.

> Esta problemática aponta para a necessidade de questionar-se como as experiências humanas são produzidas, contestadas e legitimadas na dinâmica da vida escolar cotidiana. A importância teórica deste tipo de interrogação está diretamente relacionada com a necessidade de que os educadores críticos criem um discurso no qual uma política mais abrangente da cultura e da experiência possa ser desenvolvida [...]. As

escolas não são de forma alguma ideologicamente inocentes, e nem simplesmente reproduzem as relações e interesses sociais dominantes. Elas, contudo, de fato exercitam formas de regulação moral e política intimamente relacionadas com as tecnologias de poder que produzem assimetrias na capacidade de grupos e indivíduos de definir e compreender suas necessidades. Com esta perspectiva teórica devo argumentar que o poder tem que ser compreendido como um conjunto de práticas que produzem formas sociais através das quais diferentes conjuntos de experiência e espécies de subjetividade são construídos (Giroux, 1997, p. 124-25).

Como Giroux, e para ir além da linguagem da análise crítica, gostaríamos de analisar a possibilidade de se construírem formas de prática pedagógica que permitam aos professores e estudantes assumir o papel crítico e reflexivo. Para o desenvolvimento de uma pedagogia crítica é imperativo que tanto professores quanto estudantes sejam vistos como *intelectuais transformadores*.[6]

Assim, os educadores podem construir uma teoria social crítica que ligue a pedagogia a formas de crítica e de possibilidade de transformação. Ao se darem conta da dimensão política do ato pedagógico, os educadores, como intelectuais, podem desenvolver formas de prática que tomem com seriedade a maneira como as subjetividades são construídas e possam desenvolver uma teoria da experiência como

---

6. Para Giroux, a categoria de intelectual transformador é útil de várias maneiras. Primeiro, ela significa uma forma de trabalho na qual o pensamento e atuação estão inextricavelmente relacionados, e, como tal, oferece uma contraideologia para as pedagogias instrumentais e administrativas que separam concepção de execução e ignoram a especificidade das experiências e formas subjetivas que moldam o comportamento dos estudantes e professores. Segundo, o conceito intelectual transformador faz entrar em ação os interesses políticos e normativos que subjazem às funções sociais estruturadas e expressas no trabalho de professores e estudantes. Ele serve como referencial crítico para que os professores problematizem os interesses inscritos nas formas institucionais e práticas cotidianas experimentadas e reproduzidas nas escolas. Encarar estudantes e professores como intelectuais representa uma demanda adicional por um discurso crítico que analise como as formas culturais acercam-se das escolas e como tais formas são experimentadas subjetivamente. Os educadores críticos precisam compreender como as formas materiais e vividas de cultura estão sujeitas à organização política, isto é, como são produzidas e reguladas (Giroux, 1997, p. 136-42; 157-64).

aspecto central da pedagogia crítica. Os educadores podem ser sujeitos reveladores e desenterradores daquelas formas de conhecimento histórico e subjugado que apontam para as experiências de sofrimento, conflito e de luta coletiva. Neste sentido, os professores como intelectuais podem começar a ligar a noção de compreensão histórica aos elementos de análise crítica e de esperança.

Há a necessidade primordial de o professor se posicionar como interventor crítico no processo de formação dos estudantes. No contexto da sala de aula, cada participante é representante de um determinado saber, oriundo da aprendizagem social e ainda não socializado para a reflexão. Esse saber é histórico e carrega em si os elementos necessários a uma apropriação crítica do conhecimento. Por isso é que o ensino tem uma natureza pedagógica quando tomado numa perspectiva de mediação crítica do conhecimento.

É na dimensão da possibilidade de se instaurar e formar consciência crítica que este trabalho se insere na realidade concreta do cotidiano e na reflexão teórica desta mesma realidade. Estamos dentro de um desafio lançado à escola, aos educadores e aos próprios educandos. Estamos buscando e entendendo que só uma crítica que dê conta das mediações concretas poderá suprir a exigência de ser anúncio e denúncia: denúncia das contradições inerentes a uma sociedade desigual e opressora. Anúncio das possibilidades ou mediações emancipadoras, estabelecidas no ato mesmo de anunciar e denunciar. Esta denúncia das contradições da nossa sociedade se torna possível na medida em que os educandos, por um processo de reflexão, compreendem criticamente a realidade social na qual estão inseridos e possam, a partir daí, agir numa determinada direção, aprendendo a sistematizar as próprias experiências na construção do saber pedagógico. É dentro dessa perspectiva que as preocupações e o itinerário desta pesquisa adquirem significado.

No espaço do ensino, a crítica constitui-se na forma de um engajamento que permite não só uma leitura do real, mas a sua transformação. A crítica que não transforma é vazia de conteúdo. O conteúdo da crítica, em seu ensino, é a potencialidade transformadora surgida em seu interior. Giroux (1986, p. 36) aponta que uma crítica engajada, desafiada pelas exigências internas de luta e de emancipação, "contém um elemento transcendente no qual o pensamento crítico se torna pré-condição para a liberdade humana".

Segundo Paula (1992), a transcendência do pensamento crítico não significa antecedência nem superioridade da razão sobre os fatos ou fenômenos, conforme enfatizado no idealismo racionalista. Significa uma imersão concreta. Porém, também não significa correspondência mecânica entre consciência e mundo, como proposto pelo materialismo vulgar. A imersão crítica é resultado de uma intencionalidade articulada, volitivamente disposta, a fim de conhecer-transformar a realidade.

O desafio lançado à consciência, a fim de alcançar os pré-requisitos de uma crítica emancipadora, denota sua estrutura e vigência contraditórias: ser nascida na cotidianidade do real, porém, não se permitir à redução mecanicista, imediata. Deve, sim, lançar-se constantemente e sem fugas, rumo a sua própria superação histórica. Isso é possível porque "o homem, sobre o fundamento da prática e na práxis como processo autocriativo, cria também a capacidade de penetrar historicamente por trás de si, em torno de si e, por conseguinte, de estar aberto para o ser em geral" (Kosik, 1995, p. 206).

Podemos buscar uma educação que possibilite a construção ética de cada um, aberto para a comunidade da qual participa. Uma educação fundada não na informação, mas no conhecimento; não na imposição, mas na autonomia; não na exclusão, mas no exercício consciente da cidadania de fato, e não apenas de direito.

Potencializar uma educação capaz de produzir novas potencialidades (Gallo, 1999). Isto é,

> produzir novos infinitos a partir de um mergulho na finitude sensível, infinitos não apenas carregados de virtualidade, mas também de potencialidades atualizáveis em situação, se demarcando ou contornando os Universais repertoriados pelas artes, pela Filosofia, pela psicanálise tradicionais: todas as coisas que implicam a promoção permanente de outros agenciamentos enunciativos, outros recursos semióticos, uma

> alteridade apreendida em sua posição de emergência — não xenófoba, não racista, não falocrática — devires intensivos e processuais, um novo amor pelo desconhecido [...] Enfim, uma política de uma ética da singularidade, em ruptura com os consensos, os "lenitivos" infantis destilados pela subjetividade dominante (Guattari, 1992).

Certamente que isso tudo é tarefa para todo o sistema educativo e que a Educação, sozinha, jamais terá condições de operar tal revolução. De toda forma, se há sentido para o ensino pensamos que ele passa necessariamente por essas questões (Gallo, 1999).

Temos que lutar sempre contra a desconstrução da educação e reafirmar sua necessidade e o seu lugar enquanto projeto de construção da liberdade e da autonomia.

> A criação do projeto de autonomia, a atividade reflexiva do pensamento e a luta pela criação de instituições autorreflexivas, isto é, democráticas, são resultados e manifestações do fazer humano. Foi a atividade humana que gerou a exigência de uma verdade, quebrando o muro das representações da tribo, a cada vez instituídas. Foi a atividade humana que criou a exigência de liberdade, de igualdade, de justiça, na sua luta contra as instituições estabelecidas. E é o nosso reconhecimento, livre e histórico, da validade desse projeto, e a efetividade de sua realização, até aqui parcial, que nos liga a essas exigências — de verdade, liberdade, igualdade, justiça — e nos motiva na continuação desta luta (Castoriadis, 1992, p. 258).

Mais que isso, trabalhar sob essas exigências é, portanto, uma tarefa ao mesmo tempo política, ética e filosófica, em todos os sentidos desses termos. Do ponto de vista especificamente filosófico, a clausura que encontramos diante de nós é a conjuntista-identitária que, cada vez mais, desde os estóicos, dominou a Filosofia. Desse ponto de vista, a ideia de um "fim da Filosofia" somente exprime a impotência diante da clausura conjuntista-identitária e ainda a inútil tentativa de escapar dela, procurando refúgio em pseudopoemas e em pseudoprofecias, fantasias de pensamento (Castoriadis, 1992, p. 259).

As origens do conceito de professor-pesquisador

Neste texto, desenvolvido em quatro momentos articulados, procura-se aprofundar a compreensão do conceito de *professor-pesquisador* em seu aspecto epistemológico. No seu todo, faz-se uma discussão sobre a epistemologia do conceito de professor-pesquisador e abordam-se as diferentes visões do conceito, tendo como referência seus autores originários. Com base nisso, pensa as bases onde se fundamentam as práticas pedagógicas da formação inicial de professores que tem como princípio norteador a atitude investigativa como processo de formação e autoformação no contexto do trabalho docente.

3.1 O professor como pesquisador de sua prática: gênese de um conceito

A concepção que compreende o professor como pesquisador e não como mero transmissor do conhecimento tem se transformado em um vigoroso movimento, sendo objeto de estudos e experimentações realizadas em parceria entre escolas e universidades em várias partes do mundo. Podemos destacar entre seus mais expressivos representantes Stenhouse e Elliott, na Inglaterra; Schön, Shulman, Zeichner, Colchran-Smith, Lytle, Fullan, Popkewitz e Giroux, nos Estados Unidos; Carr, Kemmis e Baird, na Austrália; Gimeno Sacristán, Gil Perez e Contreras, na Espanha; Alarcão e Nóvoa, em Portugal; Demo, Pimenta, e Ghedin, no Brasil, entre outros (Garrido e Brzezinsk, 2006, p. 618).

Embora, durante a discussão, apresentemos a expressão de vários autores sobre como esta concepção vem, em seu processo histórico, influenciando a formação docente, elucida-se neste capítulo a origem e a epistemologia do conceito de professor-pesquisador a partir do pensamento de Stenhouse (1991, 1998), Elliott (2005), Carr (2002), Kemmis (1998) e Zeichner (2006). Em seguida, aborda-se autores que trabalham a proposta do professor-pesquisador reflexivo. Nosso enfoque, a partir dos autores que originaram o conceito de professor-pesquisador, se faz como forma de compreender que teorias, práticas, processos e produtos estes desenvolvem, configurando o perfil epistemológico do conceito em questão.

A concepção do professor como pesquisador tem sua origem no contexto da reforma curricular do sistema inglês[1] de ensino que ocorreu nas décadas de 1960 e 1970 com o trabalho desenvolvido por Stenhouse (1991) ao propor um modelo de currículo por processos. Esta proposta curricular foi posta em prática nas *Secondary Modern Schools* (Escolas Secundárias Modernas) com enfoque nos princípios

---

1. Na década de 1960 o sistema inglês de ensino se subdividia em duas categorias de escolas secundárias com modelos diferenciados de currículo para atender os estudantes que saíam do ensino primário que eram submetidos a um exame seletivo denominado *eleven plus*. Aqueles que alcançavam uma boa pontuação entravam para as *grammar schools*, que preparavam os estudantes para os exames oficiais, realizados aos 16 anos, que conferia o General Certification of Education. Aqueles outros, que não atingiam uma boa pontuação, iam para as *secondary modern schools*, com um currículo menos denso, que não preparavam os alunos para cursos mais avançados, e, sem perspectivas de alcançarem o General Certification Education, não demonstravam interesse pelas matérias escolares (Pereira, 2003, p. 155-56).

e valores a serem desenvolvidos e não em resultados pré-fixados. O currículo é concebido como um conjunto de procedimentos hipotéticos a serem comprovados com base na reflexão das ideias educativas postas em ação, de modo a melhorar a formação do professor ao incentivá-lo a pesquisar a sua prática pedagógica (Pereira, 2003).

Stenhouse combateu duramente a racionalidade técnica influenciada pelo modo de produção capitalista em que a organização do trabalho está dividida entre quem pensa e quem executa, de cunho taylorista, que se faz sentir na escola, reduzindo o papel do professor a de um mero transmissor (técnico) do conhecimento produzido fora dos contextos e das culturas escolares.

Este pensamento de Stenhouse também é compartilhado por Giroux (1987) ao criticar as práticas sociais que separam, de um lado, conceitualização, projeto e planejamento e, de outro, os processos de implementação e execução, descaracterizando o professor do seu papel de intelectual crítico da cultura e da sua sociedade.

Paralelo a este movimento, uma outra ideia, desenvolvida por Dewey (1976), Schön (2000) e Zeichner (1997), entre outros, que desenvolveram o pensamento da formação centrada no conceito de professor-pesquisador, decorrente da crítica ao ensino tradicional e a racionalidade técnica, deu origem à ideia de reflexão como proposta de formação na perspectiva do professor reflexivo como forma de superar os limites do tecnicismo na educação.

Os estudos desenvolvidos por aqueles teóricos, ao estudar a epistemologia da prática, por meio da categoria reflexão, conduziram a um aprofundamento das questões sobre o currículo, o ensino, o saber docente, os processos pedagógicos, que até então eram vistos numa perspectiva da psicologia comportamentalista de caráter behaviorista, em que o professor era "treinado" para dar aulas (Zeichner, 2008).

A dinâmica do contexto social deixava claro, pelo controle sobre a escola, sobre que tipo de profissional era necessário para atender as demandas do capital. Daí o interesse por uma formação docente centrada na prática e no saber fazer, com base em um ensino totalmente desvinculado das suas bases filosóficas, teórico-práticas (Ghedin, 2004).

Este debate é constituído basicamente pela questão dos saberes necessários ao professor em formação para dar conta do seu contexto de ensino, considerando as necessidades históricas da sociedade atual.

Estas discussões tiveram sua base epistemológica no pensar reflexivo apresentado por Dewey (1979). Com a publicação da obra *O profissional reflexivo*, Schön (1983) fez reacender a discussão sobre a prática reflexiva. Dentre eles podemos destacar: Habermas (1971), Contreras (1997), Pérez-Gomez (1992), Luria (1986), Polanyi (1967) e Zeichner (2008). Nessa questão, no Brasil, destacam-se os trabalhos de Paulo Freire (1973), mais recentemente a discussão sobre o professor reflexivo desenvolvida na obra organizada por Pimenta e Ghedin (2002), que conta com a colaboração de Charlot, Libâneo, Sacristán, Valadares, Franco, Lima, Serrão, Gomes, Borges e Monteiro, onde se discute criticamente a gênese do conceito que é, no dizer dos organizadores, utilizado por pesquisadores e reformadores educacionais com propostas claramente divergentes para este processo de formação docente (Pimenta e Ghedin, 2005).

Dentre os autores originários, destacamos Zeichner (1997) e Carr e Kemmis (1997) como teóricos que defendem a intervenção do professor reflexivo não como proposta individual ou de treinamento, mas enquanto um movimento organizado e articulado coletivamente que vai além das salas de aula, dá suporte e se complementa com a ideia do professor-pesquisador, ao entender "a prática reflexiva como prática orientada pela pesquisa" (Zeichnner, 2008).

As ideias de *professor-pesquisador* e *professor reflexivo* têm se complementado em sua fundamentação teórico-metodológica ao serem estudadas e desenvolvidas nos cursos de formação inicial e/ou contínua de professores. No entanto, têm sofrido duras críticas, quando são apropriadas dentro de uma visão ingênua e imediatista como medidas salvacionistas desvinculadas do contexto sócio-histórico, político e cultural em que o professor e a escola estão situados.

As principais influências que favoreceram o desenvolvimento do professor como investigador foram os trabalhos de Stenhouse (1991), mediante seu modelo de "currículo por processo" (através do *Humanities Project* da *School Council* da *Nuffield Fundation*) implementado na década de 1970, visando melhorar o nível de ensino das escolas secundárias da Inglaterra. Esta reforma curricular também ficou conhecida como *Act Education Reform*, a pedido do governo britânico e que pudesse, entre outras questões, contemplar a questão da discriminação racial.

Ao definir a finalidade do *Humanities Project*, Stenhouse (1991, p. 195), diz que,

> a consequência mais importante para a melhora das escolas parte da investigação e do desenvolvimento do currículo. A investigação e o desenvolvimento do currículo devem corresponder ao professor e de que existem perspectivas de levar isto à prática. Isto exigirá o trabalho de uma geração e se a maioria dos professores, e não só uma entusiasta minoria, chega a dominar este campo de investigação, mudará a imagem do profissional que o professor tem de si mesmo e suas condições de trabalho.

Continuador das ideias de Stenhouse, Elliott (2005) cunhou a forma de operacionalização do projeto com o termo "praxiologia", que significa moldar as ideias de forma prática, não só para colocar as ideias em prática, mas também comprová-las e modificá-las à luz da prática. Anos depois, o conceito de professor investigador foi denominado professor-pesquisador pelos australianos Carr e Kemmis (1998).

O trabalho desenvolvido na operacionalização do currículo com os professores era feito em parceria com os pesquisadores da equipe de Stenhouse e os professores das escolas participantes do projeto. A perspectiva da pesquisa se apoiava na pesquisa-ação de Lewin (1946 apud Elliott, 2005) que compreendia a pesquisa-ação em um movimento de espiral em ciclos que se compõe de quatro etapas: Analisar, Observar, Conceituar, Planejar, Propor e Avaliar as ações de transformação social.

Os princípios da pesquisa-ação estabelecidos por Lewin (1946 apud Elliott, 2005) baseiam-se no caráter participativo, no impulso democrático e na contribuição à mudança social. Lewin entende a pesquisa-ação "como um posicionamento realista à ação, seguida de uma reflexão autocrítica objetiva e uma avaliação de resultados" (Pereira, 2003, p. 162).

Os pontos marcantes desta forma de promover a participação dos professores no processo de pesquisa é para Elliott (2005) o ponto mais importante. Sendo que, para ele, este processo deve ser sempre coletivo e não individual, na busca de alcançar o bem comum.

Na sessão seguinte, apresenta-se a perspectiva de cada um com vistas a pontuar sua contribuição à formação docente, que privilegia a articulação entre a teoria e prática a partir do processo de investigação adotado na postura do professor com base na reflexão sobre o fenômeno educativo.

Neste sentido, aborda-se o desenvolvimento das ideias que se formam no contexto da tendência do professor-pesquisador observando, por meio do olhar de outros teóricos e pesquisadores, seus limites e avanços.

3.2 Lawrence Stenhouse: um jogador de xadrez em um mundo de dragões

Assim descrito por David Jenkins (1977 apud Elliott, 2005) em certa ocasião, Stenhouse ficou notadamente conhecido pela sua criatividade e imprevisibilidade e, principalmente, ao colocar em prática o *Humanities Curriculum Project*, patrocinado pelas *Schools Council* de 1967 a 1972, localizado na Universidade de East Anglia, quando fundou *The Centre for Applied Research In Education*, foi professor e formador de docentes, sendo reconhecido pelo legado que deixou com larga tradição de pensamento sobre as práticas sociais, como a educação. "Suas ideias são abraçadas por filósofos e teóricos sociais que percebem na implantação da racionalidade técnica em todas as áreas da vida social um perigo aos valores humanos" (Elliott, 2005, p. 287).

Para Stenhouse (1998), a melhora de nós mesmos se produz quando fugimos da ideia de que a forma de alcançar virtuosismo consiste em imitar os outros. Com esse pensamento, conduziu a ideia de que os professores são também investigadores.

Segundo Stenhouse (1991), a ideia de professor como investigador com a implementação do *Humanities Curriculum Project* patrocinado pela *School Council* situado na Universidade de East Anglia, a partir do momento em que eram colocadas em prova as estratégias de levar os estudantes das escolas secundárias britânicas a dialogarem e participarem do conteúdo cultural promovido pelos professores das disciplinas de humanidades, mediante uma postura investigativa.

Assim, os professores eram orientados a utilizar as técnicas da investigação em que escutavam os estudantes, entrevistavam-lhes, acompanhavam e registravam as fases de execução das aulas. A partir daí, foi que se desenvolveu a ideia de professor como pesquisador, como sujeito capaz de produzir conhecimento, fazendo a relação entre a teoria e a prática.

O *Humanities Curriculum Project* foi desenhado como um processo educativo baseado nos seguintes aspectos: os fins não podem separar-se dos meios; o valor das atividades humanas se radica em suas qualidades intrínsecas e não em resultados extrínsecos; os fins são operativamente definidos mediante a seleção dos meios para levá-los à prática, isto é, a escolha dos meios dependem dos fins que se deseja alcançar e só se efetiva através da reflexão sobre os fins e os meios tomados em conjunto e sobre as ações acontecidas em situações particulares de ação.

Ao combater a racionalidade técnica no ensino, Stenhouse (1991) criticava o modelo de "currículo por objetivo", que preconizava que os objetivos de aprendizagem deveriam ser definidos de acordo com as mudanças mensuráveis no comportamento dos estudantes, isto é, deveriam responder aos processos extrínsecos da tarefa educativa, valorizando a informação e a memorização com o desenvolvimento de atividades mecânicas.

Esta situação ainda se faz presente no cotidiano de nossas escolas da Educação Básica e até mesmo no ensino superior, como reflexo dos cursos de formação inicial em que a relação entre a teoria e a prática deixa lacunas sentidas pelos professores.

Inspirado nos estudos de Peters (1959 apud Elliott, 2005, p. 268) sobre a dimensão ética da atividade educativa, Stenhouse entendia que as "ideias sobre os fins da educação não constituem produtos quantificáveis do processo educativo, senão qualidades que devem cumprir-se no processo mesmo e constituir-se através dele".

Desafiado pelo sistema inglês a elaborar um currículo que melhorasse o nível de ensino daquele país, e que pudesse abalar o paradigma da discriminação racial daquela sociedade, cujo conflito era marcante, Stenhouse inicia a implementação do *Humanities Project* com base nos princípios humanitários, cuja construção partia do pressuposto de que,

> Nesta ideia de currículo como processo, cada escola deveria elaborar seu próprio currículo que é o modelo adotado pela opinião britânica. Um sistema em que as decisões são tomadas pela própria escola sendo possível um processo de contínuo desenvolvimento orgânico, cujo projeto seria modificado a cada ano sendo aperfeiçoado e modificado de acordo com as necessidades (Stenhouse, 1991, p. 172).

Uma ideia defendida por Stenhouse (1991) é que os professores poderiam fazer, dentro do universo escolar, um supermercado de currículos. Expor entre si os vários modelos elaborados por eles mesmos e, depois, colocá-los em votação. Outra ideia que corrobora esta é que os princípios do currículo sejam tão evidentes e tão claros ao entendimento dos demais professores que estes possam criticá-los, melhorá-los ou ampliar o número de atividades ou estratégias.

Elliott (2005) mostra que o *Humanities Curriculum Project* introduziu uma nova teoria que combatia radicalmente o currículo por objetivo baseado na racionalidade técnica, pois considerava que a *compreensão*, a *interpretação* e a *aplicação* deveriam ser levadas a efeito pelos professores de humanidades como elementos que acontecem articulados, pertencentes a um mesmo processo.

Para passar de um modelo de currículo como produto a um modelo de investigação é necessário não outorgar o papel de quem elabora o currículo como o de um criador ou um missionário, mas, o de investigador, no qual seja levado em conta se faz progredir o conhecimento ou se é ou não correto, que esteja concebido mais como um ensaio mediante o qual seja possível comprovar hipóteses e não como uma recomendação a ser seguida (Stenhouse, 1991).

Mais do que dizer que um currículo é bom ou não é preciso que se tenha claro seus defeitos, suas limitações, seus dilemas tidos como importantes, suas limitações refletidas, dificuldades autênticas e significativas.

Esta ideia de Stenhouse, ao compreender o currículo como uma proposta que vai ser implementada como hipótese, a serem comprovadas ou não pelos professores como investigadores, tem eco no trabalho realizado por Pimenta e Lima (2008, p. 236), através da pesquisa-ação colaborativa por resgatar a voz dos sujeitos da escola, na condição dos próprios construtores das soluções em parceria com os acadêmicos, e não mais pensando que as universidades vão levar a solução para os seus problemas.

É interessante e pertinente essa ideia, porque nos faz refletir sobre a questão do estágio com pesquisa também como o momento de articulação teoria-prática, no qual o futuro professor é formado na perspectiva de ser um construtor de teorias que poderão ser testadas, comprovadas ou não em contextos concretos de aula. Nesse processo, o professor vai adquirindo autonomia ao exercitar a pesquisa educacional a partir do ângulo de quem está dentro da escola, na busca de melhorias para os problemas que enfrenta.

> [...] não devemos estar contentes com nossas realizações em educação. Se intentamos melhorar a situação, não esperemos encontrar, subitamente, uma solução ao complexo que formam os problemas educativos: só podemos adotar como linha normativa que ofereça garantias de um

processo prolongado de aperfeiçoamento sistemático e bem meditado. Tal estilo evolutivo aponta em direção a uma tradição de investigação do currículo enfocada em direção ao estudo de problemas e respostas. E não a invenção de ambiciosa soluções antes de que os problemas sejam estudados adequadamente.

Stenhouse inspirou-se na ética aristotélica, ao explicar a prática no sentido do *"phronesis"* que quer dizer, *"fazer bem algo"*, isto é, não está relacionada com a *techne* (ação instrumental), mas com a *práxis* (ação moral). Essa diferenciação entre o processo educativo e o processo técnico tem origem na distinção proposta por Aristóteles (1955 apud Elliott, 2005) sobre *práxis* e *poiésis*, enquanto esta se refere ao conjunto de procedimentos operativos quantificáveis, a práxis se refere à realização de um ideal de vida, a atualização de certas qualidades éticas na relação entre os sujeitos.

Stenhouse compreendeu que a aula é mais uma arte do que um processo técnico e assim definiu currículo como

> um conjunto de procedimentos hipotéticos a aplicar em classe com o que os professores podiam experimentar, como base da tradução reflexiva das ideias educativas à ação educativa. A partir desta concepção de currículo, Stenhouse extraiu a sua ideia, agora famosa, de professor como investigador. Se o currículo é o meio através do qual se comprovam e desenvolvem as ideias educativas, há de considerar-se o papel do professor como fundamental na constituição da teoria. Sua reflexão acerca dos problemas da implantação das teorias englobadas no currículo, diz Stenhouse, ocupa o centro de toda investigação sobre o currículo (Elliott, 2005, p. 268).

Na crítica à racionalidade técnica, Stenhouse (1985 apud Elliott, 2005) apoia-se na teoria crítica das ciências sociais, Escola de Frankfurt, com base no trabalho de Habermas,[2] ao dar sustentação teórica sobre o modo como as forças políticas e sociais empregam esforços para

---

2. Ver nas obras *Conhecimento e Interesse* (1971) e *Ciência e técnica como ideologia* (1978).

deformar a visão dos professores sobre suas práticas e a autocompreensão de seu papel na tarefa educativa.

A proposta de Stenhouse com base no currículo como processo em que este não é algo a ser seguido, mas testado, hipotetizado e comprovado e construído na prática se assemelha com o princípio da pesquisa em que o caminho se faz ao caminhar (Ghedin e Franco, 2011).

Essa construção tem seu foco na melhoria da formação docente. A questão não é o currículo por si mesmo, mas como esta forma de responder às questões práticas que envolvem o professor podem melhorar a sua ação.

Com isso, enfatiza a importância dos professores, juntamente com os outros profissionais, organizarem-se pelo exercício da reflexão na e sobre a ação a fim de influenciar as políticas educacionais em que se localiza a escola e toda a sua cotidianidade com as teorias produzidas na investigação sobre suas práticas.

3.3 O professor-pesquisador na visão de John Elliott

Na visão de John Elliott (2005), antes de identificarmos o que seria um professor-pesquisador, é necessário considerar que princípios e valores norteiam a práxis do professor-pesquisador. Nesta perspectiva, o autor compreende a ética e a intencionalidade com que os professores desenvolvem o processo ensino-aprendizagem como elementos que falam desta natureza ao refletir seu caráter educativo ou apenas informativo. Assim, baseado no pensamento de Peters (1959) e Stenhouse (1968), defende que:

> A prática educativa se compõe de um caráter ético que reside nela mesma que, como toda atividade "prática" humana, a diferencia da atividade técnico-instrumental, encontra seu valor em seu sentido mesmo e não como meio ou instrumento para alcançar objetivos extrínsecos, ou seja, o significado intrínseco das tarefas e intercâmbios entre os alunos é que vai definindo paulatina e progressivamente a

qualidade do desenvolvimento dos diferentes aspectos de sua personalidade (Elliott, 2005, p. 11).

Elliott lembra-nos que, o que torna um processo eminentemente educativo, é o próprio tratamento que é dado a cada passo desenvolvido nas aulas, em que os conteúdos são meios, e não fins. Em que o direcionamento claro para onde se está caminhando com as discussões, produções e constantes reflexões sobre a ação e na ação apoiada na confiança estimulada pela afetividade construída no cotidiano das relações entre professor-estudante, estudante-estudante é que dá a legitimidade do caráter educativo, e, portanto, humano da prática educativa em que a pesquisa ganha espaço como instrumento de elaboração de um conhecimento que não foi copiado, mas problematizado e aprimorado na realidade dos estudantes.

Para Elliot (2005, p. 177), "o professor não pode ser concebido como um simples técnico que aplica rotinas pré-estabelecidas a problemas padronizados como o melhor modo de orientar racionalmente sua prática", perfil, este, exigido dos professores nos diferentes espaços de ensino, seja na educação básica ou no ambiente da academia, onde somos desafiados a lutar constantemente contra a adoção de uma postura que cerceia nossa autonomia e a criatividade com um modelo de currículo que premia o professor que "dá aulas", que prioriza na sua atividade docente apenas à aula expositiva.

É tão defendido esse perfil de professor como técnico que a estrutura do sistema escolar, na trama da divisão da carga horária do professor, o sobrecarrega de tal modo que não lhe sobra tempo para o planejamento, quanto mais para a pesquisa, cujo desenho metodológico impede qualquer articulação entre os profissionais, não criando espaços para encontros, elaboração de projetos, e quando estes acontecem são desarticulados das necessidades dos professores, estudantes, ou da realidade da comunidade escolar e local, impedindo, com isso, discussões coletivas que favoreceriam o processo de produção de conhecimento e formação dos sujeitos professor e estudante, representando um investimento de caráter político e social. Para Elliott (2005, p. 13), considerar o processo e não o produto na prática educativa é aderir ao movimento contrário a tendência dominante na filosofia e na ética das sociedades pós-industriais avançadas e dos modelos neoconservadores em educação que pretendem reimplantar na atualidade o princípio da eficácia e da primazia dos resultados tangíveis sobre o valor educativo dos processos.

É compreensível, em vista do exposto, que nossos estudantes e a comunidade como um todo, ao se deparar com um modelo de ensino que privilegia os resultados ou o produto, acaba incorporando esses valores do individualismo e da competição da ideologia neoliberal que se configura no modelo de currículo desenvolvido ao ignorar intencionalmente o movimento lento em que se constroem os processos divergentes e imprescindíveis de reflexão e deliberação individual e coletiva. Isso denota a quem nosso espaço educativo está servindo e como necessitamos de caminhos alternativos que viabilizem mudanças, embora lentas, mas efetivas e duradouras.

Outro princípio que deve nortear a prática pedagógica nas escolas propostas por Elliott (2005) baseadas em Stenhouse (1970) e Kemmis (1977) é *o ensino para a compreensão*, no qual à escola cabe, mais do que transmitir e oferecer informações, situar-se num processo de reconstrução do conhecimento com que os educandos se apresentam no ambiente da sala de aula, isto é, aproveitar os conhecimentos prévios dos estudantes, muitas vezes, errôneo, acrítico, e construir, com eles, novos conhecimentos através dos questionamentos, análises e a remoção dos pré-conceitos carregados nos fragmentos das informações que traziam sobre o que já sabem, ao chegarem à escola.

Estes seriam, portanto, os três aspectos principais, podemos assim dizer, da natureza da prática educativa na visão de Elliott, com base nos estudos e trabalhos realizados por Stenhouse e Peters, em que *a ética, a intencionalidade e o ensino para a compreensão* subjazem a práxis do professor-pesquisador.

A concepção de professor como técnico, baseada na racionalidade do trabalho docente, desprofissionaliza-o e o torna joguete nas mãos da hierarquia escolar, minando as possibilidades de um maior envolvimento com o trabalho escolar e com a educação dos estudantes, uma vez que estes não são formados em um movimento que os direcionem para a autonomia mas para servir aos interesses de uma classe hegemônica e que insiste em transformar o professor em um técnico a serviço das leis do mercado.

Nessa forma de desenvolver o processo educativo, o professor, muitas vezes, se vê obrigado a trabalhar de forma aligeirada, visando apenas o produto ou o resultado de seu trabalho com os estudantes, sendo que a formação do estudante, no processo que poderia garantir seu caráter educativo, fica em segundo plano. Para Elliott, muito mais que um mero repassador de informações, o trabalho do professor é, antes de tudo, reconhecido como um autêntico trabalho de pesquisa, pois:

> [...] a intervenção do professor é igual a que ocorre em qualquer outra prática social, um autêntico processo de investigação. Diagnosticar os diferentes estados e movimentos da complexa vida da aula, desde a perspectiva de quem intervém nela, elaborar, experimentar, avaliar e redefinir os modos de intervenção em virtude dos princípios educativos que justificam e validam a prática e da própria evolução individual e coletiva dos alunos, é claramente um processo de investigação em meio natural (Elliott, 2005, p. 16).

Neste sentido é que o estágio articulado à pesquisa, como espaço propício da formação inicial do professor, desenvolve o conhecimento teórico-prático da docência, pois o estagiário tem a oportunidade de aprender os elementos constitutivos do saber científico em relação com os pedagógicos e além deste com o saber daqueles que já estão na escola (Pimenta e Lima, 2004).

Quando este ambiente de aprendizagem é criado, o futuro professor se sente mais confiante de exercer a profissão, pois adquire autonomia pela compreensão (técnica, pedagógica, epistemológica, política, estética e ética) que passa a ter no convívio com os atores do cotidiano escolar, percebendo a relação no que se discute no ambiente da academia, com a realidade a ser investigada na sala de aula junto com seus alunos, transformando-se em sujeito na interface entre ensino e pesquisa, que toma como ponto de partida a realidade e os conhecimentos prévios do educando. Isso mostra que

> uma formação docente apoiada somente no conhecimento técnico não lhe dá suporte para a compreensão da complexidade, diversidade e riqueza dinâmica da vida da aula, mas o que é pior em sua análise sobre a formação docente que privilegia apenas o aspecto técnico é que a orientação técnica da função docente distorce o valor educativo da própria prática, ao reduzi-la a uma mais ou menos rigorosa sequência mecânica de atos que se orientam a resultados previstos e pré-estabelecidos (Elliott, 2005, p. 17).

Com vistas a uma prática educativa que promova a formação dos estudantes para as práticas sociais que estão abertas ao imprevisível e na qual não é possível prever seus resultados com clareza, por estarem condicionadas às criações individuais e coletivas, o autor sugere o método de *deliberação* para a intervenção no qual "mediante a reflexão e o diálogo é possível o desenvolvimento de formas compartilhadas de compreensão dos conceitos éticos e dos dilemas contraditórios da prática" (Elliott, 2005, p. 17).

Esta proposta tem sua origem no pensamento de Schön (2000), em seu conceito de *pensamento prático,* no qual o conhecimento profissional docente deve formar-se em um complexo e prolongado processo de conhecimento na ação, ou seja, o professor deve saber pensar, investigar, refletir sobre a ação e na ação. O que Elliott (2005) acrescenta é que essa reflexão não se faz de modo individual somente, mas, sobretudo, no coletivo, junto com seus pares e aproveitando, nessa reflexão, o conhecimento e as reflexões produzidas por outros no passado e no presente, a fim de que não se caia no erro de pensar que se está "inventando a roda".

Para Elliott (2005), a vantagem desse método da deliberação que Kurt Lewin (1946) chamava de investigação na ação ou pesquisa-ação, permite que os profissionais coloquem em constante discussão e submetam à reflexão, e contrastes sistemáticos, as informações acumuladas e adquiridas na academia, muitas vezes, descontextualizadas, que, ao serem problematizados com os demais profissionais é possível gerar uma maior compreensão sobre os conceitos éticos, superando o abismo entre teoria e prática.

De acordo com Elliott (2005), o movimento de produção do conhecimento, que coloca a investigação como foco da formação docente, traduz uma necessidade sentida por instituições de ensino entre outros espaços, em que a ideia predominante parte do princípio de que em vez do docente transmitir conhecimentos de qualquer outro, ele construa seu conhecimento profissional a partir de suas próprias investigações.

O desenvolvimento profissional do docente depende, de certa forma, do discernimento que este possui para conduzir sua ação, assim como, da compreensão profunda de cada situação vivenciada no contexto do ensino. Um professor, por mais que tenha vivido uma situação favorável em sala de aula, não pode generalizar esta ação porque as situações vindouras podem ser parecidas, mas nunca são as mesmas. Apoiar-se nas experiências é possível e acertado, porém sempre de forma renovada.

Para Elliott (2005), existem pelo menos três expressões que correspondem a um mesmo movimento de melhoria da capacidade dos docentes em gerar conhecimentos: *professores como investigadores*, autoavaliação de professores e *investigação-ação-educativa*.

Ao compreender os três conceitos descritos antes, Elliott (2005) defende a ideia do professor como sujeito que reflete a sua prática e a investiga, pois isso lhe dá um sentido identitário, isto é, o profissionaliza. Do contrário, o professor torna-se um mero usuário de conhecimentos, muitas das vezes produzidos para a escola e não no seu próprio contexto. Para Elliott (2005), o juízo profissional requer que os docentes desenvolvam constantemente seus conhecimentos profissionais em relação com as circunstâncias mutáveis, nas quais o conhecimento anterior pode ser utilizado, mas no sentido de ser revisado. Acrescenta, ainda, que

ESTÁGIO COM PESQUISA

> O problema que se propõe este ponto de vista sobre as relações entre conhecimento e ensino — presente em tantos e tantos cursos iniciais de formação de professores — consiste em que os juízos que devem fazer-se com respeito a determinadas situações não podem derivar-se sempre validamente das generalizações baseadas no estudo de mostras. [...] podem facilitar as reflexões dos professores sobre suas práticas docentes, porém nunca devem substituí-las (Elliott, 2005, p. 177).

Ainda de acordo com Elliott (2005), esta perspectiva dos professores como usuários do conhecimento de outros não proporciona um modelo de desenvolvimento profissional, pois as generalizações feitas através da mostra e das experiências de outros especialistas investigadores não se aplicam a todas as situações. Além do que, se a boa prática docente se fizesse a partir da aplicação adequada das descobertas de outros, bastava ao professor ser um técnico competente.

Assim, o desenvolvimento profissional do docente depende, em certa medida, da capacidade de discernir o curso que deve seguir sua ação em cada caso particular nas situações da sala de aula.

Este discernimento tem sua base na compreensão profunda da situação que acontece no cotidiano escolar, relações sociais, política, econômicas e ideológicas que subjazem a ação docente por estarem vinculadas ao contexto histórico no qual elas tomam forma.

Outro ponto defendido por Elliott (2005) é que os sujeitos que se dedicam ao ensino devem estar desenvolvendo constantemente seus conhecimentos profissionais em relação com as circunstâncias mutáveis de forma que o conhecimento já produzido seja revisado a luz do "novo" conhecimento.

A reflexão, decorrente dos processos investigativos docentes, assume papel preponderante na produção do conhecimento, uma vez que implica análise mais profunda e, portanto, amadurecida nessa construção.

Ao mesmo tempo em que o docente valoriza a produção anterior realizada por outros, ele aprimora este conhecimento porque contextualizado pelo olhar da realidade em que atua, tem o seu formato particular porque inclui a história dos sujeitos protagonistas da sua prática pedagógica. Não fala de uma realidade distante, desconectada dos condicionantes socioeconômico-político, ideológico e social, mas, ao contrário, traduz uma ontologia da sua ação social que deixa de ser cópia e torna-se produção, assim, tal ontologia assume-se numa epistemologia.

O modelo defendido por Stenhouse, Elliott (2005), Adelman (1975), Carr (1983), Kemmis (1977) Nixon (1981), entre outros, é o do *Modelo Gerador de Conhecimento* que tem na reflexão sua fundamentação epistêmica.

Para Elliott (2005), a forma de reflexão que mais se tem deixado de lado nas escolas é a investigação-ação, em relação às concepções que ele denomina de *deliberadora* e *avaliadora*.

Estas constituem três formas distintas de reflexão sobre a prática. A primeira invetigação-ação consiste na reflexão relacionada com o diagnóstico. A *deliberação* tem sido descrita por Oakshott (1975) como reflexão relacionada com a eleição, que por sua vez se distingue da investigação avaliadora que se relaciona com a reflexão sobre a resposta das consequências esperadas e inesperadas que vão fazendo-se dignas de consideração. Para Elliott (2005), essas são formas distintas de se refletir sobre a prática.

Na investigação-ação seu aspecto é diagnóstico porque não tem caráter prescritivo sobre a prática, dado que os juízos prescritivos quando se constroem reflexivamente, surgem da *deliberação* prática.

No desenho explicativo proposto por Elliott sobre a ação de cada uma das formas de refletir sobre a prática vemos que todas tomam como ponto de partida de suas reflexões a prática, no entanto, cada uma baseia-se em um aspecto dessa realidade. A *deliberadora* reflete a prática para analisar as decisões; a *avaliadora* também reflete a prática, mas analisando a resposta e a *avaliação-ação* reflete a prática, mas a partir do diagnóstico.

Os tipos de investigação aqui descritos são, portanto, para Elliott formas de gerar um exercício reflexivo em que os professores possam desenvolver elementos comuns de conhecimentos profissionais ao compreenderem a conexão entre a escola e os fatores que operam o contexto institucional, social e político.

3.4 Zeichner e a articulação do pensamento reflexivo como base para o conceito de professor-pesquisador

Desde as experiências pioneiras de Stenhouse e John Elliott na Inglaterra, tem-se presenciado, no cenário mundial, uma preocupação com a formação docente com base na prática reflexiva articulada com a pesquisa.

Kenneth M. Zeichner (2008) tem se destacado ao longo deste percurso em prol de uma maior articulação entre os professores-pesquisadores e os pesquisadores acadêmicos. Esse abismo criado entre professores e pesquisadores acadêmicos fica evidente na falta de participação dos professores como parceiros do conhecimento produzido pela academia, assim como a pouca ou nenhuma utilização das pesquisas produzidas na academia para melhorar a prática pedagógica, pelos professores.

Talvez esteja radicada nesta postura uma tradição construída ao longo de nossa cultura, na qual ciência é uma produção para poucos. Além da linguagem inacessível, em grande parte das pesquisas, ser uma das queixas feitas pelos professores, quase tudo que é dito em nome da ciência ou como resultado de pesquisa "vira lei". Entre essas,

> Outra razão para a falta de entusiasmo dos professores pela pesquisa acadêmica sobre educação é a frequência com que eles se veem descritos de forma negativa. É comum ler na literatura acadêmica descrições de ações que prejudicam as crianças e as mantêm oprimidas. Professores têm sido referidos como tecnocratas, sexistas, racistas, incompetentes e mediocremente superficiais (Niddings, 1986). Os professores, por outro lado, sentem que os pesquisadores acadêmicos são insensíveis às complexas circunstâncias vivenciadas em seus trabalhos e frequentemente se sentem explorados pelos pesquisadores universitários.

Provavelmente, como grupos, professores não são mais sexistas, mais racistas, e mais incompetentes do que os pesquisadores acadêmicos (Zeichner, 2007, p. 2).

A contribuição de Zeichner (2008) para a compreensão do conceito de professor reflexivo começou a partir de suas pesquisas sobre o papel da reflexão na formação dos estudantes das Licenciaturas da Universidade de Wisconsin na qual trabalha, nos Estados Unidos. Quando ele e outros professores perceberam que os alunos, durante as aulas, eram muito bons na dimensão técnica do ensino, mas não sabiam por que ensinavam nem para que ensinavam, desconheciam que o ensino também é uma atividade de caráter moral e ético.

Ao constatarem que a formação docente estava deixando lacunas em seus futuros professores, Zeichner e seus colegas formaram um grupo de estudo sobre formação reflexiva e, paulatinamente, esses estudos foram possibilitando maiores investigações e amadurecimento sobre o assunto.

Ao fazer uma retrospectiva histórica sobre o que desencadeou o conceito de professor reflexivo, Zeichner (2008) enumera algumas condicionantes: o início das pesquisas sobre saberes docentes que, nos EUA foram coordenados por Lee Shulmann (1992) e seus colegas na Universidade do Estado de Michigam; a influência das ciências cognitivas na educação; a crescente aceitação das abordagens qualitativas de pesquisa educacional (Legmann, 2000). Para alguns, a emergência da prática reflexiva com uma ênfase na formação docente está relacionada a esforços das reformas neoliberal e neoconservadoras como forma de ter um controle maior na preparação dos trabalhadores para a economia global (Smyth, 1992; Zeichner, 2008).

Zeichner (2008) percebe dois aspectos principais no movimento internacional que se desenvolveu sob o *slogan* da reflexão: primeiro como uma reação que vê o professor como técnico e outro contra as reformas educacionais em que os professores são participantes passivos. Este movimento parece reconhecer o papel ativo do professor na formulação dos propósitos e finalidades de seu trabalho e que devem assumir lideranças nas reformas educacionais.

Infelizmente um aspecto negativo sobre a vulgarização do conceito levou a um falso entendimento sobre o que seria uma prática reflexiva e isto atendeu aos interesses mercadológicos em detrimento do caráter formativo e educativo da prática reflexiva genuinamente emancipatória do sujeito.

Com relação a esta questão, Zeichner e Pereira (2005, p. 67) fazem a seguinte crítica:

> No Brasil, desde a implantação das reformas neoliberais em meados dos anos 1980, a educação tem sido crescentemente, e de maneira similar ao que acontece nos Estados Unidos, concebida como um grande e promissor negócio. Há também muitas pessoas e instituições ganhando muito dinheiro com a venda de kits educacionais — muitas vezes rotulados como "construtivistas" ou o que estiver mais em moda no momento.

Zeichner (2008, p. 69) diz que, ironicamente, apesar da rejeição explícita de Schön, em seu livro *O profissional reflexivo*, a essa racionalidade técnica, "a teoria é ainda vista, por aqueles que seguem esse modelo, como existindo apenas nas universidades e a prática, nas escolas". O problema é colocado como uma mera transferência ou aplicação de teorias da universidade para a prática. A visão de que as teorias são sempre produzidas por meio de práticas e de que as práticas sempre refletem alguma filiação teórica é ignorada.

Ao estudar como se apresentam as diferentes visões de ensino reflexivo, Zeichner (2008) destaca a pesquisa-ação, os portifólios de ensino (tanto impressos quanto eletrônicos), diários e autobiografias, estudos de caso, e a orientação dos diferentes tipos de estágio em escolas e comunidades, ou as diferentes maneiras de avaliar a qualidade do ensino.

Finalmente, os estudos de Zeichner (1991) levam-no a acreditar no poder da pesquisa dos professores para promover melhorias mais amplas nas escolas e nos sistemas de ensino do qual fazem parte.

Ele cita, por exemplo, como essencial o fato de os educadores-pesquisadores terem controle sobre diferentes aspectos do processo de pesquisa, incluindo a definição do foco de investigação, da coleta de dados e das estratégias de análise. Além disso, parece fundamental criar uma cultura de pesquisa que respeite as vozes dos educadores e o conhecimento que eles trazem para essa experiência de investigação.

Outra condição importante para o sucesso da pesquisa-ação é o estabelecimento de um grupo de educadores-pesquisadores e de facilitadores externos, trabalhando em ambiente seguro e colaborativo por um período de tempo substancial. Por fim, parece dispensável dizer que as condições estruturais são, muitas vezes, imprescindíveis: recursos fornecidos aos educadores para desenvolverem suas pesquisas (isto é, redução de carga horária didática, materiais de leitura e acesso a bibliotecas, apoio para publicação e apresentação de trabalhos) e oportunidades oferecidas aos educadores para encontrarem com os colegas de trabalho e discutirem com eles suas pesquisas.

A pesquisa-ação tem o potencial de contribuir fundamentalmente para o refazer da escola como instituição, melhorando suas relações com a comunidade e promovendo uma educação de alta qualidade para todas as crianças, jovens e adultos. Por isso, defendemos a legitimidade e a importância de os professores e os formadores de professores controlarem suas próprias práticas em vez de os políticos, os profissionais de gestão escolar e educacional e os administradores externos fazerem isso.

Lawn (1989), Holly (1987), Nixon (1987) e Kemmis (1992), entre outros, afirmam que a ênfase de professores-pesquisadores sobre a pesquisa-ação de sala de aula ignora as condições estruturais que moldam tais ações dentro do ambiente formal de ensino. A pesquisa-ação, que se assume ter o potencial para modificar as estruturas mais profundas da educação escolar, é criticada justamente por falhar em promover mudanças nas instituições escolares. Kemmis (1985, p. 51), por exemplo, conclui que a pesquisa-ação educacional tem sido capturada e domesticada em pesquisas de salas de aula individualistas, as quais falham em estabelecer pontes com forças políticas por reformas educacionais democráticas.

Para Zeichner e Pereira (2007), um dos discursos subjacentes a esses argumentos é que existem coisas maiores e mais importantes acontecendo para além do limitado mundo da sala de aula e que todos podem vê-las; que se deve parar de desperdiçar o tempo com questões triviais, como tentar melhorar o aprendizado dos estudantes. A questão é, se alguém quer realmente melhorar o aprendizado dos seus estudantes, que lute para mudar a instituição escolar, e as condições serão criadas para fazer essas melhorias possíveis.

Para incentivar ou apoiar a pesquisa-ação educacional ou escolar, de acordo com Zeichner e Pereira (2007), não é preciso atacar a pesquisa em sala de aula. Segundo eles, é possível, dentro dos diferentes modelos de pesquisa-ação em sala de aula, estabelecer ligações com forças políticas que lutam por reformas democráticas como as sugeridas por Kemmis. Os professores não necessariamente precisam deixar a sala de aula para conectar as suas pesquisas com a luta por igualdade educacional e justiça social.

Há vários exemplos de situações em que grupos de professores desenvolvem projetos de pesquisa-ação em suas salas de aula cujos resultados ajudam a promover mudanças no nível institucional, tais como mudanças nas relações de poder da escola. Além disso, é possível afirmar que professores, ao desenvolverem suas investigações sobre temas relacionados especificamente à sala de aula, naturalmente, levam em consideração o contexto institucional em que a sala de aula está localizada. Esses exemplos são pequenas vitórias que acontecem frequentemente em comunidades de pesquisa-ação.

Assim, no dizer de Zeichner e Pereira (2007) a ideia dessas separações entre técnico e crítico, micro e macro são, na verdade, falsas dicotomias, pois a noção de "crítico" está na realidade incrustada no técnico e no mundo "micro" dos profissionais. Para eles, cada tema da sala de aula tem uma dimensão crítica. Indivíduos ou pequenos grupos de profissionais, tais como professores, podem não ser capazes de mudar estruturas sociais injustas por meio de pesquisas na sala de aula, mas esses professores podem ser bastante importantes e fazer a diferença em termos de como afetam a vida de seus estudantes.

Embora seja verdade o fato de que apenas alguns professores e outros profissionais estão envolvidos em esforços que objetivam mais diretamente a transformação institucional e a ação nas comunidades, Pereira (2007) acredita que não deveria se criticar os professores que se dedicam "apenas" aos limites de suas salas de aula, uma vez que, muitos professores continuarão preocupados com as suas salas de aula independentemente de o quanto são criticados por teóricos críticos nas universidades por fazerem "apenas" isso.

Para Zeichner (2008) a realidade é que o político e o crítico estão em nossas salas de aula e em outros locais de trabalho. As escolhas que fazemos diariamente em nossos ambientes de trabalho revelam nossos compromissos morais em relação à continuidade ou transformação social. Não podemos ser neutros. Conquanto não ignoraremos os esforços para mudar as estruturas para além da sala de aula, essa é um importante lugar para o que tem sido chamado de pesquisa-ação socialmente crítica ou uma pesquisa-ação que está conectada com a luta mais ampla por igualdade educacional e justiça social.

Para aqueles que estão envolvidos em projetos de pesquisa-ação isso significa que toda e qualquer pesquisa-ação deve considerar, em algum ponto do desenvolvimento da investigação, as implicações sociais e políticas de suas práticas. Também significa que é preciso haver preocupação pública entre os pesquisadores quanto ao que se pode fazer como educadores e como seres humanos para minimizar a dor e o sofrimento dos que estão ao redor.

Zeichner e Pereira (2007) chamam a atenção para o fato de que, embora sejamos comprometidos com os valores e os princípios associados à pesquisa-ação (ou seja, democratizar o processo de pesquisa e amplificar a voz dos profissionais na definição do curso de políticas que afetam o seu trabalho cotidiano), estamos também empenhados em associar pesquisa-ação a temas mais amplos como, por exemplo, o de tornar as sociedades mais humanas e solidárias. Enfatizamos, desse modo, a necessidade da pesquisa-ação ir além da retórica de se "dar voz aos profissionais" para a definição e melhoria de seu próprio trabalho. Mesmo concordando que o fato de se "dar voz aos profissionais" também seja algo importante, sabemos que isso não é suficiente.

4

Desdobramentos do conceito de professor-pesquisador no Brasil

Ao refletirmos sobre a evolução da ciência e a construção do conhecimento científico no ocidente percebemos a importância da pesquisa no transcorrer desse processo, pois todos os conhecimentos produzidos foram desenvolvidos a partir da utilização de inúmeros métodos e técnicas de pesquisa. No que se refere à educação, principalmente a formação de professores, consideramos fundamental que o docente passe por um processo de Educação Científica numa perspectiva voltada para a pesquisa durante o transcorrer do seu processo de estágio na graduação.

4.1 A necessidade da Educação Científica na formação de professores

A epistemologia positivista legitimou uma visão de que a excessiva especialização das profissões seria a única forma de aplicar os conhecimentos científicos de forma prática, dicotomizando a produção do conhecimento em dois níveis hierárquicos: os que elaboram as novas teorias e os que as aplicam. Esta epistemologia positivista sustentou a racionalidade técnica durante várias décadas nos cursos de formação de professores contribuindo cada vez mais para a separação entre ensino e pesquisa e também na fragmentação do conhecimento. Rosa (2004) afirma que em meados da década de 1980, as autoridades educacionais brasileiras, por intermédio do Ministério da Educação, tomaram medidas paliativas, caracterizadas pela racionalidade técnica, que consideravam a academia como a única instituição responsável pela "salvação" dos professores de ciências no Brasil; para tanto, foram criados inúmeros cursos de formação continuada que visavam apenas "reciclar" os professores a partir de métodos e técnicas pré-estabelecidas que acabassem com o analfabetismo tecnológico.

Como sabemos, estas atitudes tomadas no âmbito educacional apenas contribuíram para aumentar ainda mais as deficiências do processo de formação de professores, pois estes se distanciaram da pesquisa e continuaram tratando a ciência como uma entidade inatingível para os docentes. Esta ideia, presente no contexto da educação, continuou perpetuando a perspectiva tecnicista que transforma os professores em reprodutores de conhecimento.

Durante muito tempo as universidades se fecharam dentro dos seus próprios muros criando guetos acadêmicos com discursos distantes da realidade pedagógica das escolas, ou seja, não mantinham uma relação estreita com a escola mediada pela pesquisa. Entretanto, atualmente as universidades, mesmo que de forma tímida, já entendem a formação docente a partir de uma epistemologia da prática onde o seu sustentáculo é o conhecimento prático. De acordo com Franco e Lisita (2008), a racionalidade técnica considera a pesquisa científica superior às práticas pedagógicas separando quem produz e consome o conhecimento e desarticulando teoria e prática na formação de professores.

Como forma de contrapor esta ideia de dicotomizar e hierarquizar as relações do docente com a pesquisa é que se defende a importância da formação do professor-pesquisador; para tanto, considera-se necessário entender-se a Educação Científica numa dimensão que perceba a ciência como um fenômeno social que deve estar presente na vida cotidiana. Dessa forma, é possível reconhecer e valorizar os conhecimentos prévios do indivíduo e despertar nele o senso crítico que ampliará a sua visão de mundo fazendo com que ele deixe de ser um sujeito passivo do seu contexto e torne-se um cidadão que participe de decisões que interfiram na sua convivência em sociedade.

Quando passa por um processo de Educação Científica mediado pela pesquisa o professor passa a ser sujeito do seu próprio conhecimento, ao problematizar e registrar as suas experiências pedagógicas, principalmente no período de estágio, o professor em formação estará iniciando a construção de sua identidade docente e, ao mesmo tempo, despertando o sentimento de tornar-se professor-pesquisador. Ao ser formado nessa perspectiva de ciência, o professor não só terá contato com conceitos e métodos científicos, mas também se constituirá num sujeito ativo do processo de pesquisa que utiliza instrumentos, cataloga informações e analisa-as numa perspectiva epistemológica e chega a resultados que lhe possibilitam o sentimento de pertença a um fazer científico.

4.2 A formação de professores e sua relação com a pesquisa

A relação entre ensino e pesquisa nos cursos de formação de professores, no entendimento de Santos (2005), possui duas correntes teóricas distintas, uma que afirma ser necessário o desenvolvimento de habilidades diferentes da pesquisa para o êxito do ensino e uma outra que argumenta ser necessário o professor portar-se como um pesquisador identificando problemas no contexto de ensino e sugerindo possíveis soluções a partir dos referenciais teóricos existentes e da sua própria experiência.

Santos (2005) afirma que um dos teóricos que encabeçam esta primeira corrente que considera o professor e o pesquisador como atividades antagônicas é o inglês Peter Foster (1999), que analisou inúmeros trabalhos de pesquisa desenvolvidos por professores, voltados para a prática de sala de aula, concluindo que estes não seriam pesquisas científicas pelo fato de os resultados apresentados não serem consistentes parecendo manipulados pelos autores. "Para ele, isso é decorrente do fato de que pesquisar e ensinar são atividades distintas que dependem de diferentes tipos de conhecimentos, habilidades e disposições" (Santos, 2005, p. 15).

Ainda sobre essa questão, Pimenta e Lima (2004) evidenciam elementos que diferenciam ensino e pesquisa, e ao mesmo tempo estão presentes em ambos, sendo eles: "os sujeitos", no ensino o ato deve ser coletivo, já na pesquisa o sujeito pode agir individualmente ou em dupla; "o tempo", no ensino não há flexibilidade, ao contrário da pesquisa que o dispõe conforme o projeto; "os resultados", no ensino geram sínteses sobre conhecimentos existentes, já na pesquisa ele responde ao problema legitimando ou refutando a teoria do referencial construído; e "o método", no ensino, baseia-se na visão dos professores, enquanto na pesquisa ele está ligado ao problema e ao seu objeto.

Em nosso entendimento, é possível o professor agir como pesquisador no contexto da escola, para isso é necessário que desenvolva uma visão crítica sobre o contexto em que está inserido questionando a sociedade, a escola, o ensino, porém ao mesmo tempo oferecendo sugestões, ou pelo menos abrindo espaço para discussão no ambiente escolar. Ao agir como investigador, o professor será um produtor de conhecimentos e não apenas um mero retransmissor de um conhecimento já pronto, pois ao trabalhar textos de sua autoria em sala de aula o professor estará abrindo espaço para a discussão de sua própria realidade fazendo com que o estudante sinta-se inserido no contexto teórico que discute. Tomando esta iniciativa, o docente despertará o senso crítico do estudante através da pesquisa e também estará legitimando-se na condição de pesquisador. Entretanto, é importante que ele esteja, como defende Ghedin (2006), num constante processo de reflexão na ação.

André (2005) afirma que a literatura educacional contemporânea considera a pesquisa como a vertente principal da formação profissional do docente, defendendo a sua incursão nas suas práticas diárias por meio de projetos de pesquisa-ação. As matizes teóricas que sustentam a ideia de um professorado voltado para a pesquisa são similares, pois apregoam a articulação entre teoria e prática resgatando e valorizando os saberes e experiências dos docentes.

4.2.1 A construção da identidade docente ao longo da formação

É necessário que se defina qual o papel do professor na educação do terceiro milênio, entretanto, anterior a isso é importante entendermos qual a sua identidade profissional e qual a sua função na sala de aula, se a de retransmitir conteúdos elaborados exclusivamente em contextos externos à escola, sem nenhuma relação com a sua realidade e com a realidade de seus estudantes ou de construir seu próprio conhecimento por conta de uma produção teórico-prática consistente pautada em métodos e uma perspectiva epistemológica. Ao se defender a formação do professor-pesquisador, considera-se que ele, ao passar por um processo de Educação Científica na sua formação inicial, estará apto a preparar os estudantes numa perspectiva voltada para a criticidade e autonomia, tornando-os capazes de refletirem sobre o contexto onde estão inseridos.

Ghedin (2006) afirma que o conceito de pós-modernidade é antagônico ao de modernidade por deslocar o conhecimento da essência para o conceito. Este deslocamento desconstrói o sujeito fragmentando suas identidades e deixando-o refém da ideologia da globalização. No tocante à educação, mais especificamente a formação de professores, Ghedin sustenta que os docentes não têm clareza de sua identidade profissional restringindo o seu campo de ação a mera reprodução de conhecimentos em sala de aula, o que contribui para a apatia dos estudantes, ou seja, não despertam neles a criticidade.

Neste sentido, Ghedin (2006, p. 173) propõe uma estreita relação entre educação e pedagogia onde:

> Os educadores precisam desenvolver uma pedagogia crítica em que o conhecimento, os hábitos e as habilidades da cidadania crítica são ensinados e praticados. Isso significa proporcionar aos alunos a oportunidade de desenvolver a capacidade crítica para desafiar e transformar as formas sociais e políticas existentes, em vez de simplesmente se adaptarem a elas.

Entende-se que ao ter consciência de sua própria identidade docente o professor poderá legitimar a sua identidade de pesquisador contribuindo com o processo de ensino-aprendizagem e desenvolvendo a criticidade e autonomia do estudante ao passo que socializa os conhecimentos obtidos nas suas pesquisas a partir de um criterioso estudo e de uma reflexão apurada, pois "o professor que não cresce, não estuda, não se questiona e não pesquisa deveria ter a dignidade de aposentar-se mesmo no início da carreira. Porque já é portador de paralisia intelectual ou esclerose precoce" (Japiassu, 2006, p. 49).

Na busca do entendimento do papel e da função da identidade docente faz-se necessário evidenciar seu significado conceitual. Soares (2005, p. 92) entende que:

> Professor não é, certamente, apenas aquele que ensina em determinada "área específica", professor é também aquele que atua na instituição social, política e cultural, que é a escola, participando (consciente ou inconscientemente, de maneira competente ou não) das lutas políticas que se travam nela e por ela, e das experiências sociais e culturais que se desenvolvem no seu contexto escolar — lutas e experiências que ensinam tanto quanto (ou mais do quê?) as áreas específicas em que ensinam.

Não devemos reduzir o professor apenas a sua dimensão profissional de mediador do conhecimento em sala de aula ou mesmo de responsável pelo ensino por meio da transmissão de conteúdos, pois a sua identidade pessoal está sempre em fase de construção sendo ela a sustentação de seus projetos profissionais e de vida não devendo ser desvencilhada da identidade coletiva do grupo de trabalho, tampouco da sociedade.

Para Pimenta e Lima (2004, p. 62) "a identidade do professor é construída ao longo de sua trajetória como profissional do magistério. No entanto, é no processo de sua formação que são consolidadas as opções e intenções do professor que o curso se propõe a legitimar". É neste sentido que se entende o significado fundamental da pesquisa no processo formativo do docente, daí a necessidade de um estágio vinculado à pesquisa.

No tocante à pesquisa, Fazenda (2005) nos apresenta uma definição de identidade baseada numa perspectiva de professor que ela denomina professor "bem-sucedido". Este tipo de professor caracteriza-se por uma atitude interdisciplinar que privilegia a pesquisa durante a sua prática, dialogando com os outros saberes para produzir um novo conhecimento, no entanto, entende-se que para esta condição de fato se constituir é necessário que o docente, além de produzir, também socialize o conhecimento com os seus estudantes e pares, e apresente-o a comunidade acadêmica. De acordo com Gonzaga (2005, p. 88):

> Construir a outra identidade, ou seja, a de pesquisador implicaria em não só ao professor em colocar em questão "as verdades" dos teóricos de renome, mas também redimensionar aquele tipo de exercício, disponibilizando sua própria produção para ser refutada.

Demo (2002, p. 15) sustenta a afirmação de Gonzaga (2005) ao afirmar que, "professor é quem, tendo conquistado espaço acadêmico próprio através da produção, tem condições e bagagem para transmitir via ensino. Não se atribui a função de professor a alguém que não é basicamente pesquisador". Para finalizar a discussão a respeito das diversas definições do papel, da função e da identidade do professor é interessante levarmos em consideração a metáfora de Stenhouse que Contreras (2002) evidencia, na qual considera o ensino uma arte e os professores verdadeiros artistas que melhoram a sua prática através da experiência, criticidade e pesquisa, tal como um músico que extrai o melhor de sua partitura. Doravante, Contreras aponta como um dos sustentáculos do pensamento de Stenhouse o seu conceito sobre a singularidade das situações educativas, onde cada sala de aula, professor e estudante têm suas peculiaridades. Daí a impossibilidade de se utilizar certos métodos e técnicas de ensino como uma receita única para vários casos.

4.2.2 Da autonomia à profissionalização docente

O processo de racionalização do ensino departamentaliza as escolas e favorece o controle sobre os professores, pois restringe suas ações conforme os subordinam aos especialistas e técnicos administrativos. Este processo, segundo Contreras (2002), é o resultado de ações do Estado que visam controlar o trabalhador, no caso o professor e as suas atividades. A perda da autonomia dos professores influencia decisivamente nas suas práticas de ensino, uma vez que limita o seu poder no desenvolvimento de situações que despertem no estudante o seu senso crítico e que propiciem o êxito do processo de ensino-aprendizagem, este contexto que se desenrola no ambiente escolar acarreta por parte do educando certa resistência ao ato de pesquisar.

Como forma de resistência a este limite, os professores buscam legitimar a sua profissionalização, ou seja, ter reconhecido o ensino como trabalho e poderiam ter na pesquisa um instrumento de formação. Contreras (2002) chega a duas conclusões ao analisar a perda de autonomia do professorado. Na primeira, ele afirma que os processos de proletarização docente não acarretam apenas a perda de competências técnicas por parte do professor, mas também a perda de um sentido ético que leva a dicotomização entre concepção e execução do seu trabalho que acaba culminando numa certa desorientação ideológica. A outra conclusão diz respeito a esta desorientação ideológica por qual passa o docente, sobre a qual Contreras (2002, p. 51) conclui que:

> Se a posição clássica da proletarização era a perda da autonomia ocasionada pela redução de professores a meros executores de decisões externas, a recuperação de determinado controle pode não ser mais que a passagem de simples submissão a diretrizes alheias à autogestão do controle externo.

Ao refletirmos sobre os comentários de Contreras podemos perceber em nosso contexto social, elementos que refletem este sutil controle ideológico, pois o Estado, através da secretaria de educação oferece cursos de formação que tendem a atender seus interesses. Existem grandes diferenças e distorções entre os membros de um mesmo grupo profissional, principalmente em nosso grupo, o de professores, pois enquanto os ditos técnicos do ensino elaboram e organizam currículos, horários e distribuição de disciplinas, aos docentes cabe apenas aceitar as suas decisões. No campo da produção do conhecimento, o panorama é o mesmo, haja vista que, na maioria das vezes, são os professores que estão envolvidos nos grupos de pesquisas das universidades que produzem os conhecimentos que sustentam os cursos de formação de professores. De acordo com Contreras (2002, p. 63-64),

> Os professores ocupam uma posição subordinada na comunidade discursiva da educação. Seu papel em relação ao conhecimento profissional representado pelas disciplinas acadêmicas é o de consumidores, representado pelas disciplinas acadêmicas é o de consumidores, não de criadores. Quem detém o *status* de profissional no ensino é fundamentalmente o grupo de acadêmicos e pesquisadores universitários, bem como o de especialista com funções administrativas, de planejamento e de controle no sistema educacional.

Como resposta a este contexto educativo cada vez mais consolidado apontamos a pesquisa como um elemento norteador que possibilitará ao professor promover a sua autonomia intelectual. Dessa forma, ele passará de reprodutor do conhecimento alheio para construtor do seu próprio conhecimento e este como instrumento de autonomia intelectual e profissional.

No entendimento de Contreras (2002), a prática profissional de ensino do professor ainda é baseada na racionalidade técnica, modelo este que consolidou a ideologia do profissionalismo. Esta ideia de racionalidade técnica caracteriza-se por ser instrumental e sustentada pela aplicação de técnicas e procedimentos que antecedem a pesquisa. Esta abordagem, considerada de cunho positivista, trata o conhecimento de forma reducionista culminando na limitação do conhecimento pedagógico e no enfraquecimento da profissionalização docente, uma vez que o reconhecimento dado aos professores equivale a sua capacidade de solucionar problemas através do uso de técnicas e não da pesquisa científica.

O professor que age como um profissional técnico entende suas ações como aplicações de técnicas baseadas em problemas e resultados pré-definidos num leque de situações já testadas. Dessa forma, o que se evidencia é que o conhecimento pedagógico dirige a prática, como se as situações ocorridas no ambiente escolar não sofressem influências internas. Para Contreras (2002, p. 97),

> A prática docente é em grande medida um enfrentamento de situações problemáticas nas quais conflui uma multidão de fatores e em que não se pode apreciar com clareza um problema que coincida com as categorias de situações estabelecidas para as quais dispomos de tratamento.

Neste contexto, para superar as situações problemáticas que surgem no ambiente escolar o professor deve levar em consideração as suas próprias peculiaridades, além de se atentar para os elementos subjetivos dos sujeitos envolvidos.

4.3 A fertilidade do conceito de professor-pesquisador

A formação do professor-pesquisador é um processo lento e gradual que deve iniciar-se ainda no seio da universidade, na sua formação inicial, com a "iniciação científica", pois é neste momento que o estudante deveria ter um contato mais estreito com a pesquisa, principalmente a partir da interação com sujeitos que já desenvolvam pesquisas e participam de grupos de pesquisas consolidados. Participar de um grupo de pesquisa é um dos fatores decisivos no despertar para a investigação científica por parte do professor em formação, pois ele poderá articular as suas experiências enquanto estagiário, ou mesmo professor, com as temáticas que o grupo se propõe a investigar sempre fundamentado por referenciais teóricos e amparado por uma metodologia consistente. É neste contexto que o futuro docente desenvolverá a sua criticidade e dará início à construção da sua identidade de pesquisador a partir de uma dúvida metodológica e da inquietação em relação ao processo de construção do conhecimento.

Para Lüdke (2004) a formação do conceito de professor-pesquisador parte de dois vieses teóricos: na perspectiva abordada por Schön (2000) sobre o profissional reflexivo e na concepção de Demo (2002), que considera a pesquisa como a ferramenta principal da prática docente. Anterior a Schön, Lüdke (2004) identifica Stenhouse como proponente de uma nova visão para o professor, em sua metáfora que o compara a um artista que faz da criatividade a sua principal característica. De acordo com Zanella (2003) no final da década de 1960 surge a corrente inglesa que foi precursora da tendência do professor-pesquisador através do educador Lawrence Stenhouse que entendia o currículo como um conjunto de procedimentos a serem aplicados em sala de aula, o qual se contrapunha ao modelo curricular voltado para objetivos.

À literatura educacional contemporânea, cito Schön (2000), Pimenta e Ghedin (2006), Santos (2005) que consideram de suma importância que o professor seja um "prático reflexivo", isto é, que ele porte-se como um intelectual transformador refletindo sobre a sua prática, pois é nessa dimensão teórica que se desenha o conceito de professor-pesquisador, onde ensino e pesquisa são articulados. Também destacam que a educação básica ainda está longe de privilegiar a pesquisa, pois sobrecarregam os professores na sua carga horária e não dispõe de grupos de reflexão coletiva no contexto da escola, podendo destes construir uma comunidade investigativa. Sendo assim, o que se evidencia no cotidiano escolar são professores que se consideram pesquisadores mesmo que não desenvolvam atividades de pesquisa paralela à docência, estes, por sua vez, consideram como pesquisa a mera elaboração de planos de aula e seleção de conteúdos retirados dos livros didáticos.

Para Santos (2005), o quadro que observamos nas universidades, principalmente nas públicas, é da falta de uma cultura própria de pesquisa, haja vista, o estímulo para esta atividade se dê apenas para captação de recursos públicos. Também se evidencia como um empecilho ao surgimento do professor-pesquisador o monopólio dos departamentos de pesquisa das universidades que costumam fechar-se para os demais professores. Tecendo críticas ao caráter profissionalizante das universidades que se departamentalizam em diversos núcleos, acabam isolando os saberes e priorizando uma formação meramente técnica. Japiassu (2006, p. 38) propõe uma reflexão interdisciplinar sobre o sistema escolar ao afirmar que,

> Uma das coisas importantes que devemos esperar de nosso sistema científico é uma formação que não seja mais um enclausuramento disciplinar e um adestramento no pensamento analítico, mas uma capacitação do ser humano para a compreensão.

É a partir dos anos 1980 que os pesquisadores brasileiros fizeram uma autocrítica sobre o distanciamento da universidade em relação às escolas, motivados principalmente pela avalanche de saberes e habilidades que passaram a caracterizar o perfil profissional do professor. Estes novos atributos surgiram dos resultados de variadas pesquisas educacionais realizadas no Brasil, sendo que dentre estas novas características necessárias à formação do professor, apontadas pelas pesquisas, podemos destacar: o professor multicultural, reflexivo, pesquisador, participante etc. Entende-se que mesmo que a academia, apoiando-se em inúmeras teorias, já enfatize a discussão sobre a questão da pesquisa por parte do docente. Nas escolas básicas a situação é oposta, uma vez que grande parte dos professores ainda tem uma noção um tanto quanto nebulosa sobre a pesquisa científica e a produção do conhecimento que dela decorre. Esta não pode ser reduzida as situações práticas da sala de aula como a confecção de materiais didáticos e elaboração de estratégias de ensino. Para essas práticas, certamente, é necessário um processo de investigação, mas isso por si só não é suficiente para elevar o professor a uma condição de autoria de sua profissionalidade.

É necessário que se defina qual o papel do professor no contexto escolar, que tipo de pesquisa ele estará realizando e qual o público que ele pretende alcançar (Ensino Fundamental, Médio ou Superior), caso contrário o conceito de professor-pesquisador fica enfraquecido. Dessa forma, defendemos um conceito de professor-pesquisador que sustente a formação docente a partir da perspectiva do estágio vinculado à pesquisa, baseado num processo de Educação Científica que possibilite ao professor a aproximação com os elementos que nortearão a sua identidade de pesquisador simultaneamente a de docente. Porém, é importante frisar que o papel da pesquisa na formação de professores não pode ficar reduzido apenas à legitimação do professor como pesquisador, mas também as suas relações com o ensino, com a organização curricular e com a própria escola num determinado contexto social.

Miranda (2005) aponta três perspectivas evidenciadas na literatura sobre o professor-pesquisador: a primeira diz respeito à autonomia do professor para a sua emancipação por meio da prática. A segunda perspectiva está ligada ao compromisso de transformar a educação a partir da sensibilização diante das desigualdades que acarretam em injustiças sociais. A terceira refere-se às críticas tecidas pela pesquisa-ação sobre o trabalho das universidades que é do seu tradicional distanciamento do contexto da escola e esta como objeto de conhecimento. Para André (2005, p. 57), a plenitude do conceito de professor-pesquisador é ampla e variada, pois,

> As interpretações desse conceito tem sido as mais variadas: para alguns formar o professor-pesquisador significa levar o futuro docente a realizar um trabalho prático ou uma atividade de estágio que envolve tarefas de coleta e de análise de dados. Para outros, significa levar os futuros professores a desenvolver e implementar projetos ou ações nas escolas. E há ainda os que se valem do prestígio comumente associado à pesquisa para divulgar essa ideia como um novo selo, um modismo ou uma marca de propaganda.

A atuação do professor em sala de aula deve ir além da aplicação dos conteúdos previamente definidos por um currículo prescritivo, pois ele se depara cotidianamente com situações que requerem atitudes que contemplem o dinamismo do contexto em que atua. Para tanto, é necessário que os professores façam de suas atividades docentes uma constante investigação, partindo das situações problemas nas quais estão envolvidos o ambiente escolar, para responder-lhes por meio do registro, da reflexão sobre este e desta a relação com a reflexão teórica apresentada na literatura da área.[1]

Lisita, Rosa e Lipovetsky (2005) identificam quatro aspectos na formação de professores, sendo eles: (1) o aspecto acadêmico, que visa formar o especialista; (2) o aspecto da racionalidade técnica, o qual foca-se na formação técnica; (3) o aspecto prático, que entende a formação na prática pela prática através da experiência; (4) o aspecto da reconstrução social, que enfatiza o exercício do ensino numa perspectiva crítica.

Levando em consideração este cenário exposto por Lisita, Rosa e Lipovetsky (2005), considera-se que as escolas de formação de

---

1. Para aprofundar esse processo, tendo o registro de práticas e das atividades pedagógicas como foco de desenvolvimento da investigação, ver o trabalho de Lopes (2009). No que concerne aos processos de ensino com pesquisa, ver Ghedin (2010).

professores da atualidade não têm o compromisso de instituir, aos professores, uma consciência social que os leve à criticidade e, consequentemente, desperte nos seus estudantes este mesmo sentimento. Neste contexto é importante comentar que, segundo Lisita, Rosa e Lipovetsky (2005) a qual diz que os professores formadores tentam, a partir de cursos de formação continuada e de oficinas pedagógicas nas diversas áreas do conhecimento, oferecer subsídios para os docentes em formação superarem dificuldades de cunho teórico, pedagógico e metodológico. No entanto, entende-se que os professores formadores não conseguem modificar a prática dos professores em formação, tampouco despertar neles uma inquietação que a partir de uma reflexão os levem a percorrer o caminho da pesquisa, tal como se propõe na perspectiva do professor-pesquisador.

Buscando descrever um panorama teórico que sustente o conceito de professor-pesquisador, Lüdke (2004) evidencia as ideias dos principais teóricos que discutem essa questão. Para Lüdke (2004), Popkewitz é extremamente crítico quanto ao papel do professor, pois considera que apenas o fato de ele ser pesquisador não é suficiente para legitimar a sua autonomia, enquanto Giroux (1997) refuta peremptoriamente o reducionismo imposto à prática dos professores que os transformam em meros técnicos. Para Lüdke (2004), Carr e Kemmis fazem uma análise minuciosa da pesquisa de cunho positivista, denominando-a de "visão científica natural da teoria e prática educacionais", a qual considera a realidade guiada por leis universais onde o papel da ciência é sistematizá-las de forma técnica direcionando-as à prática. Evidenciam também outras duas abordagens: a "visão interpretativa da teoria e prática educacionais" e a "ciência educacional crítica". A visão interpretativa é uma construção subjetiva de interpretações e significados realizados pelos sujeitos acerca da realidade. No entanto, esta visão sofre influências de fatores sociais e econômicos, os quais muitas vezes não são levados em consideração no processo de formação.

A ciência educacional crítica defende a pesquisa-ação como um modelo emancipatório que estimula a criticidade no professor, daí ela ser apontada como um dos pilares da formação do professor-pesquisador. Entretanto Lüdke (2004) evidencia a distinção feita por John Elliott entre "pesquisa-ação" e "investigação-ação", onde a pesquisa-ação interfere de forma benéfica na prática, entretanto, não gera conhecimentos por não estar amparada num viés teórico consistente, enquanto a investigação-ação possui os elementos que a compõem (atividades de ensino, investigação educativa, desenvolvimento curricular e avaliação) fortemente sustentados teoricamente.

Contreras (2002) destaca que a concepção de professor-pesquisador proposta por Stenhouse é considerada limitada por alguns teóricos, principalmente pela falta de uma análise crítica do contexto social em que se desenrola a atividade educacional e pela dimensão reducionista que se dá a pesquisa quando esta se dá restritivamente, pois a restringe apenas a sala de aula. Quanto ao modelo proposto por Giroux, Contreras (2002) comenta que o processo de emancipação dos professores não é espontâneo, por isso a autonomia se desenvolve a partir das modificações das diferenças nas práticas pedagógicas e nas aspirações sociais dos docentes. Portanto, é necessário um compromisso social e uma definição política clara por parte do docente na busca da sua autonomia, pois "a ideia de autonomia sugere a aceitação da diferença, como expressão da variedade de formas pelas quais os professores vivem suas experiências de contradição, de opressão ou de exclusão e de como superá-las" (Contreras, 2002, p. 187).

Entende-se que a ideia de um professor como intelectual crítico, desenvolvida por Giroux (1997), e evidenciada por Contreras (2002), opõe-se as concepções técnicas e instrumentais que sustentam a racionalidade técnica. Esta visão possui algumas semelhanças com a perspectiva de professor autônomo defendida por Contreras (2002), pois ambas visam à emancipação do professorado. Vale ressaltar que Contreras (2002) evidencia e distingue três modelos de professores e três dimensões de sua profissionalidade: o especialista técnico, o profissional reflexivo e o intelectual crítico definindo como suas dimensões a obrigação moral, o compromisso com a comunidade e a competência profissional.

Neste sentido, Zeichner (1993), considera que a "prática reflexiva" é o mesmo que a "prática orientada pela pesquisa", demonstrando o quanto são tênues os limites entre os conceitos de professor-pesquisador e de professor reflexivo e criticando fervorosamente a relação hierárquica existente entre professor e pesquisador. Para Lüdke (2004, p. 28),

> [...] o movimento do prático reflexivo e do professor-pesquisador surge em oposição às concepções dominantes de "racionalidade técnica", em que as práticas profissionais se produzem num contexto de divisão social do trabalho entre concepções e execução, ou seja, entre teoria e prática.

Na legitimação do professor como pesquisador é inerente a esta sua condição uma atitude crítica nas suas ações educativas. Este processo de reflexão crítica possibilita uma mudança nas práticas pedagógicas e na própria reflexão sobre a realidade. É neste contexto que apresenta-se o conceito de professor reflexivo, proposto por Schön (2000), que propõe uma formação de professores baseada numa epistemologia da prática em que o professor valoriza a sua experiência por meio da reflexão na ação. Sendo assim, a partir desta nova perspectiva de professor que valoriza a pesquisa, decorre o conceito de professor-pesquisador, àquele que sustenta sua prática na pesquisa partindo da problematização de situações práticas do seu cotidiano profissional baseados na reflexão.

4.3.1 A contribuição do conceito de professor reflexivo ao de professor-pesquisador

Ao retomarmos a ideia de professor reflexivo proposta por Schön (2000), a qual se baseia sobre a reflexão na ação, percebe-se que ao contrário do modelo de professor técnico que concebe a sua ação profissional desvinculada da realidade, o professor reflexivo tem plena consciência de que está presente na realidade escolar num constante processo de interação com este contexto. É a partir deste diálogo com a realidade, que Schön (2000) denomina "diálogo com o contexto social", que o professor poderá enfrentar e superar as adversidades encontradas na sala de aula propiciando um processo de ensino-aprendizagem que desperte a criticidade dos educandos. Quanto ao processo de profissionalização docente, as ideias de Schön possibilitam resgatar a cientificidade sobre a concepção prática que é negada pela racionalidade técnica. Neste sentido, nos reportamos a Contreras (2002, p. 113), quando comenta que Schön "ao reconstruir a dimensão reflexiva da prática, conseguiu legitimar outra forma de entendê-la que pode ser apresentada como racional, embora não seja técnica".

O entendimento de um processo de construção do conhecimento dinâmico e não linear está presente na concepção de profissional reflexivo proposto por Schön (2000), onde o sujeito não deve ter uma visão unilateral do problema com o qual se depara, tampouco se prender as delimitações do campo profissional. Numa perspectiva educacional, contempla o processo de ensino-aprendizagem de forma não fragmentada e sem dicotomizar teoria e prática ao fazer uma crítica contundente ao modelo que leva os estudantes a pensarem de uma forma exclusivamente voltada para a sua área de atuação, os quais consideram o educando prodígio como um agraciado dos céus, marginalizando os demais ao desconsiderar suas peculiaridades e não propiciando situações que desenvolvam suas habilidades.

No entendimento de Schön (2000), a *reflexão-na-ação* tem uma função crítica em relação ao ato de *conhecer-na-ação*, se estabelecendo de forma consciente até mesmo quando não age de forma explícita. Já o processo de *conhecer-na-ação* caracteriza-se pela compreensão de fenômenos e formas de perceber um problema agindo inconsciente e espontaneamente. Schön (2000, p. 35), afirma que a distinção entre ambos os atos se dá de forma sutil:

> Assim como o conhecer-na-ação, a reflexão-na-ação é um processo que podemos desenvolver sem que precisemos dizer o que estamos fazendo. Improvisadores habilidosos ficam, muitas vezes, sem palavras ou

dão descrições inadequadas quando se lhes pergunta o que fazem. É claro que, sermos capazes de refletir-na-ação é diferente de sermos capazes de refletir sobre nossa reflexão-na-ação, de modo a produzir uma boa descrição verbal dela. E é ainda diferente de sermos capazes de refletir sobre a descrição resultante.

Sendo assim, entende-se que a reflexão-na-ação ocorre a partir da experiência prática, sendo importante ressaltar que o contexto prático é antagônico ao contexto da pesquisa. Neste sentido, Schön (2000) argumenta que o ato de demonstrar executado pelo professor, complementa o de imitar, apresentado pelo estudante, o que acarreta o processo de ensino-aprendizagem da reflexão-na-ação. Portanto, a teoria de Schön procura desconstruir a estrutura cartesiana que desvincula a prática da teoria, através de um ensino reflexivo sustentado pela reflexão-na-ação e baseado na interação professor-estudante, onde para que o ensino prático reflexivo se consolide no âmbito educacional é necessário que o currículo encontre formas de incorporá-lo no cotidiano da escola. No entanto, vale ressaltar que cada escola ou universidade tem suas próprias peculiaridades, sendo necessário levá-las em consideração durante a implantação de um ensino prático-reflexivo.

Dentre as críticas recebidas pelo modelo proposto por Schön (2000) evidenciam-se as de Zeichner (1993), o qual afirma que o conceito de professor reflexivo é limitado por não se atentar às peculiaridades culturais da escola. É sobre este cenário que Contreras (2002) sustenta que a reflexão também pode afastar o professor da cultura da escola, o que acaba fazendo com que ele restrinja sua autonomia ao ambiente de sala de aula, haja vista que, muitas vezes, suas reflexões não saem do espaço escolar.

Levando em consideração esta situação, Contreras (2002) sugere a implantação de conteúdos críticos relacionados à realidade da escola e da comunidade, sendo necessário para isso uma boa formação teórica por parte do docente. Para Lüdke (2004) nem todo professor reflexivo é pesquisador, embora todo professor-pesquisador seja reflexivo, pois a atividade de pesquisa implica a reflexão, embora ambas devam envolver elementos críticos.

Sacristán (2006) afirma que o positivismo de hoje, o pós-positivismo, considera a prática pedagógica uma práxis e não uma técnica, pois não está fundamentado no conhecimento científico. Dessa forma, comenta que o pós-positivismo apoia-se em metáforas, como a que transforma o professor em profissional reflexivo, aquele que reflete sobre sua própria prática, o que no seu entender é inviável, haja vista o professor não ter tempo para tal reflexão. Para ele, a metáfora reflexiva está em evidência no mercado intelectual, entretanto, compactuar com ela "significa reconhecer que, se com a reflexão busco a prática, é porque a ciência não a pode me dar. Esta afirmação deveria levar-nos a pensar, a nós que acreditamos estar fazendo ciência" (Sacristán, 2006, p. 82).

No tocante ao conceito de professor-pesquisador, Contreras (2002, p. 114-115) identifica similaridades entre a noção de profissional reflexivo defendida por Schön, e a de professor envolvido com o ato de pesquisar de Stenhouse:

> Da mesma maneira que Schön analisa a prática reflexiva como oposição a ideia do profissional como especialista técnico, Stenhouse desenvolve sua perspectiva a partir da crítica ao modelo de objetivos no currículo que reduz a capacidade de consciência profissional dos professores e portanto sua possibilidade de pretensão educativa.

Vale ressaltar que para a identidade de pesquisador se consolidar no professor é de suma importância que ele esteja inserido num contexto que priorize a investigação científica, que articule os seus projetos a outros em desenvolvimento numa dimensão interdisciplinar.

4.3.2 O papel do currículo na legitimação do professor-pesquisador

Contreras (2002) concebe o currículo como mediador da relação entre teoria e prática, onde a experimentação da prática docente torna-se a experimentação do próprio currículo, o qual constrói e reconstrói a própria ação a partir de problematizações. Esta perspectiva de currículo apresentada por Contreras relaciona-se estreitamente ao próprio conceito de professor-pesquisador, pois é a partir da problematização de sua prática que o professor poderá reformular o seu pensamento e, por conseguinte, a sua própria prática.

Moreira e Silva (2005) afirmam que o currículo escolar não se restringe a sua dimensão técnica, como uma matriz em que estão desenhadas as disciplinas, pois possui uma dimensão sócio-político-cultural que influencia diretamente na educação como um todo, especialmente na formação de professores. Sobre esta questão, Giroux e McLaren (2005, p. 139) assumem que,

> um currículo para formação de professores, para ser uma forma de política cultural, deve enfatizar a importância de tornar o social, o cultural, o político e o econômico os principais aspectos de análise e avaliação da escolarização contemporânea.

Como forma de suprir carências teórico-metodológicas da formação inicial, as quais são fomentadas pelo modelo de currículo utilizado nas instituições de ensino são oferecidos cursos de formação continuada, entretanto, estes, conforme Pimenta (2005), quase sempre não obtém o resultado esperado, pois centram suas atividades na discussão de conteúdos já trabalhados na graduação desprezando as situações ocorridas no contexto escolar dos professores participantes. Visando modificar este contexto, alternativas apresentam-se a formação continuada de professores, tal como afirma Foerste (2005), o qual defende que a parceria na formação de professores é uma nova perspectiva que surgiu no Brasil em meados da década de 1990, com o intuito de oferecer formação inicial e continua aos professores por meio de acordos de cooperação entre universidades e escolas, além de parcerias com o poder público, iniciativa privada e organizações não governamentais.

O autor distingue três tipos de parcerias no contexto educacional: parceria colaborativa, que surge da articulação entre professores da academia e da escola visando consolidar a ideia de inseparabilidade entre teoria e prática; parceria dirigida, este tipo enfraquece a universidade, pois age como um recurso técnico a ser utilizado na formação de professores restringindo a sua autonomia; e a parceria oficial, oriunda do poder público com o interesse de articular a tríade governo-universidade-escola. No entanto, este tipo de parceria estabelece programas prontos e acabados para as instituições de ensino, o que acaba engessando os seus programas de formação de professores.

Ao refletirmos sobre tais situações percebe-se que o cerne da questão é a própria constituição curricular existente no sistema educacional brasileiro, que, devido aos motivos já discutidos no texto, resultam em medidas de caráter apenas paliativo que perpassam a formação inicial e alcança a formação contínua.

4.3.3 As implicações dos saberes docentes na formação do professor-pesquisador

A sociedade contemporânea se caracteriza pela globalização. Esta se legitima a partir de um mundo sem fronteiras onde as identidades dos sujeitos se transformam conforme a velocidade e quantidade de informações levados pelos meios de comunicação as quais, na maioria das vezes, tem uma intencionalidade voltada apenas para o consumo. Este contexto que fragmenta e padroniza as identidades também se faz presente na sala de aula tendo o professor que estar preparado para resistir a ele, principalmente por ser o responsável pela educação formal, ou seja, o docente mais do que qualquer profissional precisa passar por um processo de formação que o prepare para o exercício de sua profissão. Este panorama nos leva aos seguintes questionamentos: Qual é o verdadeiro papel do professor na sociedade? Qual trabalho ele desenvolve na escola? Quais os seus saberes?

A escola por si só não constrói conhecimentos, tampouco forma indivíduos conforme os padrões eruditos cobrados pela sociedade.

ESTÁGIO COM PESQUISA

Para que ela desempenhe este papel é necessário uma interação entre professores, estudantes e direção a partir do trabalho pedagógico exercido pelo docente. De acordo com Tardif e Lessard (2005, p. 23),

A docência, como qualquer trabalho humano, pode ser analisada inicialmente como uma atividade. Trabalhar é agir num determinado contexto em função de um objetivo, atuando sobre um material qualquer para transformá-lo através do uso de utensílios e técnicas. No mesmo sentido, ensinar é agir na classe e na escola em função da aprendizagem e da socialização dos alunos, atuando sobre sua capacidade de aprender, para educá-los e instruí-los com a ajuda de programas, métodos, livros, exercícios, normas etc.

O trabalho do professor não deve ser caracterizado como um processo baseado na reprodução sistemática de conteúdos, apoiados em métodos e técnicas pré-estabelecidas. Mas sim como um mecanismo que se desenvolve a partir das situações ocorridas no ambiente escolar. Dessa forma, as práticas docentes influenciarão de maneira significativa a vida do educador e do educando.

O trabalho docente está estreitamente ligado aos saberes do professor, pois é a partir desta relação que o professor ressignifica as suas práticas pedagógicas e desenvolve a sua profissionalização. O saber docente caracteriza-se por sua pluralidade e dinamicidade sendo constituído por saberes oriundos da formação profissional e da própria experiência do professor. Tardif (2002) afirma que os saberes profissionais, ou das ciências da educação e da ideologia pedagógica, são transmitidos aos professores nos cursos de formação inicial por conta dos conhecimentos que lhes são transmitidos.

Neste sentido, consideramos os conhecimentos trabalhados nos cursos de formação inicial como elementos geradores dos saberes docentes, os quais contribuem para a erudição do professor. Ao incorporar estes saberes ao seu trabalho pedagógico, o professor se estabelecerá como pesquisador no desenvolvimento de suas atividades de sala de aula, uma vez que os diversos saberes apresentados durante o seu processo formativo contemplarão as necessidades do contexto educativo. Para Tardif (2002), os saberes sociais são aqueles que caracterizam uma sociedade, os quais se transformam em saberes escolares por meio da articulação com os outros saberes, tais como: disciplinares, curriculares, das ciências da educação, pedagógicos e experiências.

Pimenta (2005) também destaca três vertentes de saberes dentro dos saberes da docência, sendo eles: os saberes da experiência, os saberes científicos e os saberes pedagógicos. Os saberes da experiência dizem respeito à própria experiência que o estudante, futuro professor, carrega consigo a partir da sua vida escolar. Estes saberes lhe possibilitam fazer um juízo de valor dos professores que fazem parte da sua formação, a partir de suas práticas pedagógicas. Pimenta (2005, p. 20) também aponta outro nível dos saberes da experiência:

> São também aqueles que os professores produzem no seu cotidiano docente, num processo permanente de reflexão sobre sua prática, mediatizado pela de outrem — seus colegas de trabalho e os textos produzidos por outros educadores.

Os saberes científicos, ou do conhecimento, na visão de Pimenta (2005) partem de três estágios do conhecimento: a informação, o conhecer e a inteligência. Esta tríade deve estar em harmonia para que o conhecimento de fato aconteça, senão a escola não formará e sim informará, pois se dá início a uma sequência em que é necessário informar e a partir da reflexão e do uso da inteligência se produzir ao conhecer. O último dos saberes, o saber pedagógico, está relacionado ao saber ensinar do professor. Porém, devemos nos atentar que os saberes da educação e da pedagogia abstraídos pelos professores não geram os saberes pedagógicos, uma vez que estes surgem a partir da reflexão de suas práticas na forma de registro das suas experiências. No entender de Pimenta (2005, p. 27):

> Nas práticas docentes estão contidos elementos extremamente importantes, como a problematização, a intencionalidade para encontrar soluções, a experimentação metodológica, o enfrentamento de situações

de ensino complexas, as tentativas mais radicais, mais ricas e mais sugestivas de uma didática inovadora, que ainda não está configurado teoricamente.

Considera-se que a articulação entre pesquisa e política de formação de professores é possível a partir do momento em que os envolvidos passam por um duplo processo, tal como propõe Pimenta (2005), sendo eles: o processo da autoformação, onde os professores reelaboram os saberes utilizados em suas práticas por meio de uma reflexão crítica; e o processo de formação nas escolas em que atuam baseado numa gestão democrática e num currículo participativo que prioriza a formação contínua a partir da formação inicial. Portanto, refletir sobre a formação de professores nos remete à ideia de suas práticas na sala de aula, que ao ser pensado sob o prisma da profissionalização deve ser tratada como o próprio trabalho docente.

No entendimento de Tardif (2002) os saberes pedagógicos se apresentam articulados às ciências da educação na medida em que dão cientificidade ao que propõem, isto é, cabe a eles fundamentar o discurso docente à luz das teorias. Os saberes disciplinares dizem respeito às disciplinas que constituem os cursos de formação de professores correspondendo aos diversos campos do conhecimento e carregando consigo os elementos culturais de quem os produzem. Enquanto que os saberes curriculares contemplam os discursos, conteúdos e métodos que caracterizam uma cultura erudita apresentando-se na forma do currículo que o professor deve aplicar.

Os saberes da experiência ou práticos são adquiridos de maneira informal a partir da interação entre os professores. Tardif (2002) sustenta que estes saberes se originam da própria experiência e por ela são modelados e validados no âmbito educativo sem sofrer influências diretas de currículo, métodos ou técnicas pedagógicas. Portanto, podemos afirmar que ao longo do seu processo formativo inicial o professor terá contato com os vários saberes que irão influenciar de maneira significativa a sua identidade docente e o seu trabalho pedagógico. Assim, entende-se que a profissionalização do professor legitima-se a partir da forma como este conduz seu trabalho pedagógico. De acordo com Tardif (2002, p. 39):

> O professor ideal é alguém que deve conhecer sua matéria, sua disciplina e seu programa, além de possuir certos elementos relativos às ciências da educação e à Pedagogia e desenvolver um saber prático baseado em sua experiência com os alunos.

Considera-se que a prática do professor não é apenas um lugar de aplicação dos vários saberes que constituem sua formação, mas também um local de ressignificação destes saberes que são oriundos dela própria. Para executar a sua prática da melhor maneira possível é necessário que o docente se legitime como o elemento principal do ensino, passando de objeto de pesquisa para tornar-se sujeito do conhecimento. Tardif (2002) afirma que o professor não deve ser tratado apenas como um técnico que reproduz o conhecimento alheio, tampouco como um agente social que alimenta ideologias. Entretanto, esta situação perpetua-se no contexto da educação pelo fato de o docente não definir ou selecionar os saberes que a escola ou a universidade transmite acarretando a dicotomia entre quem constrói o conhecimento e quem os executa. Neste sentido, entendemos o trabalho docente como uma dimensão temporal, cultural e flexível a cada contexto no qual se desenvolve. Segundo Azzi (2005, p. 40),

> O trabalho docente constrói-se e trabalha-se no cotidiano da vida social; como prática, visa à transformação de uma realidade, a partir das necessidades práticas do homem social. Nesse sentido, a compreensão do trabalho docente demanda que este seja analisado enquanto categoria geral — o trabalho — e em sua especificidade — a docência.

Ao se considerar a atividade docente como resultado do saber pedagógico, o qual é produto do contexto escolar, se está legitimando este trabalho docente como uma prática social e se levarmos em consideração a intencionalidade das práticas do professor na busca por

4.3.4 O professor-pesquisador como intelectual crítico

Desde o início de sua formação, esse processo há de conduzir o professor à criticidade sobre suas condições sociais e econômicas, sendo necessário que ele perceba a importância de relacionar as teorias a que têm acesso ao trabalho pedagógico, pois o que se percebe são docentes que quando estão na sala de aula não levam em consideração os discursos que defendem fora do espaço escolar. Esta separação entre a teoria estudada e o trabalho pedagógico desenvolvido revela a fragilidade da identidade docente, além da contradição entre o discurso que o professor apresenta e as ações que executa no contexto escolar. Dessa forma, a práxis pedagógica, no sentido de articular teoria e prática no espaço escolar, torna-se algo utópico nas atividades do professor e com isso ele continua apenas reproduzindo conhecimentos e ideologias que não retratam o contexto onde suas práticas são executadas. Para Konder (1992, p. 115):

> A práxis é a atividade concreta pela qual os sujeitos humanos se afirmam no mundo, modificando a realidade objetiva e, para poderem alterá-la, transformando-se a si mesmos. É a ação que, para se aprofundar de maneira mais consequente, precisa da reflexão, do autoquestionamento, da teoria; e é a teoria que remete à ação, que enfrenta o desafio de verificar seus acertos e desacertos, cotejando-os com a prática.

No entanto, a epistemologia da prática proposta por Sacristán (2006) não concebe a dicotomia entre teoria e prática, pois considera que além da interação entre experiência e ação, também há influência das teorias educacionais na epistemologia da prática docente. Porém, entendemos que a relação entre a ação docente e as teorias educacionais na maioria das vezes acontece apenas no campo do discurso, pois os próprios professores não entendem as teorias que discutem e acabam por desprezá-las no seu contexto pedagógico. Concorda-se com Ghedin (2006, p. 135) que defende que o processo de formação de professores migre da epistemologia da prática para a epistemologia da práxis, pois "fundar e fundamentar o saber docente na práxis (ação-reflexão-ação) é romper com o modelo tecnicista mecânico da tradicional divisão do trabalho e impor um novo paradigma epistemológico". Este novo modelo epistemológico permite que a noção de ciência relacionada à cultura seja o alicerce da Educação Científica que contribui de forma decisiva na formação do professor-pesquisador.

4.4 O sentido do estágio na formação do professor-pesquisador

Para que o professor tenha clareza das dificuldades que enfrentará na sala de aula e tenha a maturidade intelectual e pedagógica suficiente para superá-las é de suma importância que ele, ainda no processo de formação inicial, principalmente no período de estágio, tenha contato com a pesquisa, utilizando-a como um instrumento de ressignificação de suas práticas. Neste contexto, Ghedin (2006, p. 227) sugere uma nova perspectiva de estágio voltada para a pesquisa:

> Na modalidade de estágio que propomos, o estagiário, com o professor orientador, pela pesquisa, buscará compreender o exercício da docência, os processos de construção da identidade docente, a valorização e o desenvolvimento dos saberes dos professores como sujeitos e intelectuais capazes de produzir conhecimento, de participar de decisões e da gestão da escola e dos sistemas educativos.

O estágio docente pode ser usado como um primeiro momento do professor em formação ter contato mais estreito com a pesquisa, pois os docentes, enquanto estagiários, podem desenvolver uma postura de pesquisador a partir das situações observadas no campo de estágio, elaborando projetos de pesquisa que lhes permitam compreender a realidade em que estão inseridos. Para Ghedin (2006, p. 232),

> A dinâmica de um processo formativo interdisciplinar em que o estágio vincula-se à pesquisa objetiva formar o professor, como profissional reflexivo, capaz de compreender e atuar na realidade educacional contemporânea e propor novas alternativas pedagógicas tendo por base a prática de estágio.

Ao pensarmos a pesquisa de forma coletiva, envolvendo professores e estudantes, devemos dispor de uma metodologia que ofereça os instrumentos adequados para sua viabilização, por isso a importância da Educação Científica ainda no período de estágio. Este processo pelo qual passa o professor é o momento em que ele começa a relacionar as teorias aprendidas na academia com o verdadeiro contexto escolar, conhecendo as várias dificuldades que encontrará quando estiver no exercício da docência e também percebendo a complexidade do processo de ensino-aprendizagem. Para Leite (2007, p. 27),

> Há que se reconhecer a contribuição do estágio na construção da identidade do professor, dos saberes e das posturas dos futuros professores. É preciso ter clareza em relação à importância, ao sentido e aos objetivos do estágio no processo de formação do docente, assim como no seu planejamento e execução.

Leite (2007) também afirma não ser suficiente que as instituições de ensino disponibilizem o estágio para a formação de professores apenas como mais uma disciplina do desenho curricular visando contemplar as exigências da legislação que obrigam os cursos de formação de professores a disponibilizarem 300 horas de estágio curricular supervisionado a partir do início da segunda metade do curso. Portanto, é de suma importância que a trajetória de estágio dos estudantes seja acompanhada por um professor-pesquisador que trate as atividades desenvolvidas neste período numa perspectiva interdisciplinar para que este momento torne-se um dos sustentáculos do processo formativo docente.

Vincular o estágio à pesquisa é uma das formas de fazer os professores em formação aproximarem a realidade na qual atuarão aos discursos teóricos que têm acesso, pois neste momento ele já deverá refletir sobre o contexto educacional no qual será inserido. Para Pimenta e Lima (2004, p. 45)

> A aproximação à realidade só tem sentido quando tem conotação de envolvimento, de intencionalidade, pois a maioria dos estágios burocratizados, carregados de fichas de observação, é míope, o que aponta para a necessidade de um aprofundamento conceitual do estágio e das atividades que nele se realizam. É preciso que os professores orientadores de estágio procedam, no coletivo junto aos seus pares e alunos, a essa apropriação da realidade, para analisá-la e questioná-la criticamente, à luz de teorias. Essa caminhada conceitual certamente será uma trilha para a proposição de novas experiências.

Os professores orientadores devem tratar o estágio como uma vertente disciplinar tão ou mais importante que as outras, pois é ela que de fato comprova se o percurso teórico dos estudantes está obtendo o êxito necessário, sendo importante que estes orientadores estejam preparados para direcionar situações pedagógicas em que os estudantes possam relacionar ensino e pesquisa, teoria e prática. Consideramos que é no período de estágio que o professor em formação desperta a sua atitude de pesquisador, seja a partir dos relatórios, quando registra as suas atividades e as analisa à luz de uma literatura ou mesmo quando inicia o exercício docente.

É importante destacar que a proposta de formação do professor-pesquisador que defendemos no transcorrer do trabalho precisa ser contemplada no Projeto Político-Pedagógico da instituição de ensino onde o curso é desenvolvido. Quando o Projeto Político-Pedagógico da universidade não contempla esta perspectiva formativa, os obstáculos a serem superados no transcorrer do processo são maiores, pois quando se trata de um modelo de estágio vinculado à pesquisa são necessárias atitudes por parte da direção da instituição que tratem o Estágio como uma disciplina curricular composta de uma carga horária teórica e prática articuladora de todo o processo da formação inicial e não apenas como um momento no qual alunos e professores cumprem créditos e horários obrigatórios, respectivamente.

O processo formativo dos professores é lento e gradual, tendo início na sua formação inicial e prolongando-se por toda a sua trajetória profissional. No transcorrer do trabalho, evidenciam-se os vários elementos que constituem este processo formativo, discutindo principalmente a identidade, a autonomia, a profissionalização e os saberes do professor.

Esta pesquisa é pautada pelo prisma de formar um professor-pesquisador e não apenas um professor, que centre a sua atuação em sala de aula na transmissão de conteúdos, ou um pesquisador, que desenvolva pesquisas respeitadas pela comunidade acadêmica, porém sem trazer contribuições significativas ao contexto socioeducativo onde está inserido. Para tanto, partimos do princípio de que a articulação dos saberes presentes no processo formativo do professor permitirá a ele problematizar sua prática e dessa forma dar início ao desenvolvimento de sua autonomia profissional. Também compreende-se que na pesquisa está o sentido que inicia a construção da identidade docente ainda no período de estágio, pois considera-se que a identidade do professor constrói-se a partir do confronto das teorias apresentadas na academia com as suas experiências de vida e trabalho.

Epistemologia do conceito de professor reflexivo

Neste capítulo trata-se, de maneira geral, da formação de professores num horizonte da história, descrevendo que ela tem passado por diversas concepções. Entre essas concepções existentes na atualidade, tratamos da formação de professores reflexivos e se contextualizam esses no Brasil. Depois, aborda-se a questão do professor como intelectual de sua formação inicial e o professor e sua formação. Finaliza-se o capítulo com uma visão das pesquisas em educação, sobre a formação da prática reflexiva de professores, localizando o interesse nos estudos realizados, na formação inicial e propostas de processo para a formação de professores nesta perspectiva.

5.1 A formação de professores reflexivos

Em se tratando da formação de professores reflexivos, vamos encontrar discussões em Schön (1992), Contreras (2002), Perrenoud

(2002), Charlot (2002), Sacristán (2002), Valadares (2002), Franco (2002), Lima e Gomes (2002), Serrão (2002), Borges (2002), Pimenta (2002), Ghedin (2002), Monteiro (2002), além de outros. Essa formação é combatente a um modelo de orientação positivista pragmático. Esse modelo não consegue suprir a necessidade dos desafios que se apresentam na atualidade.

Das pesquisas em educação, tem recebido um significativo destaque cada vez mais fértil a formação de professores. Dentre todas as temáticas nesse campo, aquela é a que mais se destaca. Quanto a isso Ghedin (2007a, p. 11) diz que

> há no Brasil uma vastíssima e significativa produção bibliográfica sobre formação de professores. Atualmente existem mais de dois mil trabalhos de pesquisa sobre formação de professores produzidos nos programas de pós-graduação em educação e em outras áreas de conhecimento que se ocupam com a formação dos profissionais que atuam no espaço da educação formal e informal.

A formação de professores é orientada por diversas tendências. Até o momento se identificam quatro grandes tendências sobre a formação de professores no Brasil contemporâneo. Essas tendências não estão limitadas às pesquisas realizadas no Brasil. Há uma produção de pesquisas em outros países que também influenciam o pensamento pedagógico da formação de professores no país.

Ghedin (2007c) apresenta as tendências sobre formação de professores com base em seus conceitos centrais: saber, reflexão, pesquisa e competências. Dentre essas tendências, tem se destacado a perspectiva da reflexão.

Segundo Borges (2005), a reflexão tem sido difundida, acarretando consequências, na prática, sem o devido conteúdo, por ser atribuída ao professor como uma possibilidade de solucionar os problemas na sala de aula e os valores que envolvem sua profissão. Entendemos o comentário de Borges e acrescentamos que para a reflexão alcançar a possibilidade de solucionar os problemas na sala de aula é necessário que essa reflexão esteja associada aos problemas práticos enfrentados pelo professor. Além disso, a reflexão deve ser seguida de ações que respondam aos desafios da escola.

A questão da reflexão na perspectiva da solução de problemas práticos tem suas origens em Dewey (1979), que influenciou enormemente o trabalho de doutorado de Donald Schön (2000), na década de 1980. A intenção de Schön, conforme Pimenta (2005), consistia em combater a ilusão predominante nos anos 1970 e 1980 de que a ciência oferecia uma base de conhecimentos suficiente para uma ação racional.

Sobre a reflexão, Dewey (1979) diz que ela começa com o processo mental de investigar a idoneidade, o valor de qualquer índice particular; quando nesse processo experimenta e verifica sua validade de que os dados existentes indiquem a ideia sugerida. Sendo assim, entendemos que é preciso proporcionar aos professores a possibilidade de eles experimentarem o exercício de desenvolver a investigação.

Para isso, eles precisam conhecer a potencialidade dos sentidos a fim de aprimorá-los para auxiliar o pensar reflexivo que, segundo Donzele [s/d.], "requer, ainda, a atitude de disponibilidade para suspender o desenvolvimento da atividade mental perante a suspeita de obstáculos ou incertezas no percurso", impulsionando-o a uma prática reflexiva, entendida por Valadares (2005) como um propósito de incluir os problemas da prática em uma perspectiva de análise que vai além de intenções e atuações pessoais, colocando-se no contexto de uma ação social e tomando decisões frente a ela, associando-se à autonomia do professor exercida no contexto de práticas inovadoras. Giroux (1990) diz que as racionalidades tecnocráticas e instrumentais operam dentro do campo de ensino, reduzindo a autonomia do professor.

Dewey (1979) considera dois aspectos em relação ao pensar reflexivo, que são: (1) um estado de dúvida, hesitação, perplexidade, dificuldade mental, o qual origina o ato de pensar; e (2) um ato de pesquisa, inquirição para resolver a dúvida, assentar e esclarecer a perplexidade. Caso se apresente uma dificuldade, um obstáculo, no processo de alcançar uma conclusão é necessário reorganizar a atividade mental e desenvolver um processo lógico de ideias encadeadas.

Diante dessa afirmação, podemos dizer que se não houvesse dificuldade, obstáculo ou problema durante a atividade do professor, não haveria a possibilidade de reflexão, pois ela só é possível quando se tem algo a resolver. Quanto mais complexa for a situação que o professor terá que enfrentar, mais ele deverá reunir possibilidades para resolvê-la. Há professores que não se preocupam em resolver essas situações, pois devido ao fato de elas ocorrerem com frequência, habituam-se como se as dificuldades fossem normais, transferindo a responsabilidade para que outros pensem sobre elas.

Quanto a esses profissionais, Lima e Gomes (2005) afirmam que para Dewey o fato de os professores não refletirem sobre seu exercício os faz a tenderem a aceitar a realidade cotidiana, buscando meios para alcançar os fins e resolver problemas que são decididos pelos outros. Existiriam para Dewey (1979) três atitudes necessárias para a ação reflexiva: a abertura de espírito, a atitude de responsabilidade e a sinceridade.

Considerando essas três atitudes, a partir do diálogo, entendemos que a primeira seria a disponibilidade do professor em trabalhar na coletividade de maneira que a princípio teria o espírito aberto para a aceitação de dialogar com os outros professores. A segunda seria levar em consideração tudo o que é dito no diálogo, assumindo que é possível conciliar diversas opiniões. A terceira seria o resultado da análise do que foi exposto na abertura do diálogo, tendo em vista a avaliação das opiniões selecionadas, ou seja, as que seriam mais convenientes para o grupo.

Perrenoud (2002) e Pimenta (2005) comentam que Schön (2000), durante a época em que foi professor de Estudos Urbanos no MIT (Instituto de Tecnologia de Massachusetts, EUA) até 1998, desenvolveu reformas curriculares nos cursos de formação de profissionais. As atividades realizadas por ele se deram por meio da observação da prática de profissionais e estudos de filosofia que ele fez, em especial, sobre Dewey.

Além de Dewey (1979), outros teóricos como Polanyi (1967), Wittgenstein (2000), Luria (1986; 1990) e Kuhn (1989; 1994) também influenciaram na tese de Schön. Conforme Pimenta (2005), esses autores foram estruturantes para o que seria a configuração da pedagogia de formação profissional desenvolvida por Schön, a qual foi

> [...] baseada numa epistemologia da prática, ou seja, na valorização da prática profissional, como momento de construção de conhecimentos, através da reflexão, análise e problematização desta, e o reconhecimento do conhecimento tácito, presente nas soluções que os profissionais encontram em ato (Pimenta 2005, p. 19).

Schön (2000, p. 15) define os profissionais dizendo que "[...] são aqueles que solucionam problemas instrumentais claros, através da aplicação da teoria e da técnica derivadas de conhecimento sistemático, de preferência científico".

Segundo Pimenta (2005), Schön propõe que a formação desses profissionais não mais se dê a partir de um currículo normativo, que não propiciam o desenvolvimento da reflexão sobre a prática. Para tornar a prática existente, Pimenta (2005) sustenta que esta aconteça desde o início da formação a combinação da teoria com a prática e não apenas no fim da formação.

Na educação, a referência ao profissional reflexivo, conforme Perrenoud (2002), é um desejado acesso ao *status* de profissão, onde o principal desafio se trata, ao mesmo tempo: (1) de ampliar as bases científicas da prática e lutar contra uma ignorância ainda muito ampla das ciências humanas, da psicologia e das ciências sociais; (2) de não as mistificar e de desenvolver formações que articulem racionalidade científica e prática reflexiva.

Assim, Vignoli (2003) enfatiza que o ponto de partida e de chegada é a prática pedagógica realizada no cotidiano escolar que, segundo Pimenta (2005, p. 21), possibilita o "ensinar em situações singulares, instáveis, incertas, carregadas de conflitos e de dilemas, que caracteriza o ensino como prática social em contextos historicamente situados".

A denominação do profissional reflexivo segundo Perrenoud (2002), é uma antiga figura da reflexão sobre a educação encontrada em todos os grandes pedagogos que, a seu modo, considera o professor um inventor, um pesquisador, um improvisador, um aventureiro que pode se perder caso não reflita sobre o que faz e não aprenda com a experiência.

A ideia dessa denominação é criticada por Contreras (2002), quando afirma que não há condições de enfrentar situações que não se resolvem por meio de repertórios técnicos. Conforme Contreras (2002), Schön parte da maneira com que geralmente se realizam as atividades espontâneas da vida cotidiana, distinguindo entre "conhecimento na ação" e "reflexão na ação".

Assim, fica evidenciada a necessidade da realização de uma articulação, no âmbito das investigações sobre a prática docente reflexiva, entre práticas cotidianas e contextos mais amplos, considerando o ensino como prática social concreta.

Para Contreras (2002, p. 106-107)

> Há uma série de ações que realizamos espontaneamente para pensarmos nelas antes de fazê-las. São compreensões das coisas ou competências que interiorizamos de tal forma que seria difícil descrever o conhecimento que implicitamente revelam essas ações. Muitas vezes nem sequer somos conscientes de tê-las aprendido, simplesmente nos descobrimos fazendo-as. Nesse tipo de situação, o conhecimento não precede a ação, mas, sim, está na ação.

A denominação do profissional reflexivo antecedeu o movimento do que seria designado de professor reflexivo que, segundo Zeichner (1993), pode ser uma reação contra o fato dos professores serem vistos como técnicos, sem teorias. O conceito de professor como prático reflexivo reconhece a riqueza da experiência na prática.

Contreras (2002) faz uma crítica a Schön, dizendo que a ideia do docente como profissional reflexivo passou a ser moeda corrente na literatura pedagógica. Ele comenta que é raro o texto sobre ensino ou professores que não faça a defesa expressa da reflexão sobre a prática. A menção à reflexão é tão extensa que passou a ser de uso obrigatório para qualquer autor ou corrente pedagógica. Como consequência disso, acabou se transformando em um *slogan* vazio.

O processo de compreensão e melhoria do seu ensino se dá com o tempo, começando pela reflexão sobre sua experiência, pois o processo de aprender a ensinar se prolonga durante a carreira e, independentemente de como são formados, só estarão preparados para começar a ensinar responsabilizando-se pelo seu desenvolvimento profissional.

Perrenoud (2002) se reportou ao professor como sendo reflexivo no sentido dele ser profissional, pois Schön (2000) não delimitou seus estudos em especial para os professores, mas para os profissionais em geral. Conforme relato de Perrenoud (2002), Schön contribuiu com essa construção sem se interessar em especial pelo ensino, embora tenha discutido a perspectiva da formação do professor reflexivo a convite de Nóvoa (1997).

5.2 Professor reflexivo no Brasil

Conforme contextualização apresentada por Pimenta (2005, p. 28),

Nos inícios dos anos 1990, especialmente com a difusão do livro *Os professores e sua formação*, coordenado pelo professor português António Nóvoa, trazendo textos de autores da Espanha, Portugal, França, Estados Unidos e Inglaterra, com referências à expansão dessa perspectiva conceitual também para a Austrália e o Canadá, e com a participação de significativo grupo de pesquisadores brasileiros no I Congresso sobre Formação de Professores nos Países de Língua e Expressão Portuguesas, realizado em Aveiro, 1993, sob a coordenação da professora Isabel Alarcão, o conceito de professor reflexivo e tantos outros rapidamente se disseminaram pelo país afora.

Zeichner (1993) diz que os termos *prático reflexivo* e *ensino reflexivo* tornaram-se *slogans* da formação de professores por todo o mundo. Diz que entre investigadores da educação há muita confusão sobre o significado do termo reflexão. Chegou-se a incorporar no discurso sobre a prática reflexiva tudo que se acredita acerca do ensino, aprendizagem, escolaridade e ordem social.

Segundo Pimenta (2005), o Brasil se tornou um campo fértil para o conceito de professor reflexivo, pois Nóvoa e Alarcão, através de convites "[...] das universidades, depois das associações científicas, depois dos governos e das escolas particulares" (Pimenta, 2005, p. 28) continuaram a disseminação desse conceito por meio de palestras e conferências, nas quais falavam sobre o professor reflexivo.

Pimenta e Ghedin (2002) organizaram uma obra que discute a problemática do professor reflexivo no Brasil. Esse trabalho possibilitou a abertura de um debate sobre a formação de professores que tem sido intensificado por meio de pesquisas científicas da área de educação.

Decorrente deste debate, é possível perceber a questão do professor reflexivo como um conceito atual na discussão sobre formação de professores no Brasil. Nóvoa (1992 apud Lemos, França e Machado, 2002, p. 146) confirma isso quando diz que "[...] as novas tendências apontam para a necessidade de formação de um professor reflexivo, que repensa constantemente sua prática, ressignificando sua formação". Essa formação está inserida, segundo Nóvoa (1992 apud Lemos, França e Machado, 2002, p. 146), em três processos de desenvolvimento:

> [...] o pessoal, o profissional e o organizacional. No âmbito pessoal, produzindo a vida do professor, estimulando a perspectiva crítico-reflexiva, com pensamento autônomo, para um repensar de sua prática e reconstrução de uma identidade pessoal. No âmbito profissional, produzindo a docência, com dimensões coletivas, promovendo a preparação de investigadores, de professores reflexivos. No âmbito organizacional, produzindo a escola, transformando-a em um espaço de trabalho e formação.

Nóvoa (2001) assume que o paradigma do professor reflexivo é dominante hoje em dia no campo da formação de professores. No entanto, ele considera que "[...] é impossível alguém imaginar uma profissão docente em que essas práticas reflexivas não existissem [...]" (Nóvoa, 2001, p. 1).

Concordamos com Nóvoa que essas práticas existam, porém entendemos que elas não têm sido desenvolvidas nos espaços de formação como deveriam ser por meio de discussões contínuas, em equipe, para os relatos de vivências tendo em vista a consolidação das experiências.

Além disso, acreditamos que elas deveriam dar-se continuamente com a utilização dos registros como possibilidade de transformar a prática em teoria, pois, à medida que o professor registra sua ação, seu pensamento e suas reações, ele tem a possibilidade de aplicar os resultados dessa reflexão em situações similares. Para isso, é necessário primeiramente que o professor faça as adequações do contexto vivenciado com a experiência registrada reelaborando-a teoricamente.

Além disso,

> Para que seja concretizada uma prática, um ensino reflexivo, é necessário, ainda, escutar e respeitar diferentes perspectivas, prestar atenção às alternativas disponíveis, indagar as possibilidades de erro, procurar várias respostas para a mesma pergunta e refletir sobre a forma de melhorar o que já existe. Na concepção sobre reflexão profissional, o educador não é reduzido a uma estação de mera aquisição de competências, mas é tido como pessoa ativa, que atua e reflete sobre sua atuação (Piovesan [s/d.]).

Pimenta (2005) assume que as tendências de formação em evidência nas pesquisas caracterizam que o "[...] ensino como prática reflexiva tem se estabelecido como uma tendência significativa nas pesquisas em educação [...]" (Pimenta, 2005, p. 22). Dessa forma, há um consenso entre Nóvoa (1992 apud Lemos, França e Machado, 2002, p. 146) e Pimenta (2005).

A partir do que foi exposto, é importante considerar que durante a formação de professores sejam verificados os limites e possibilidades do conceito de professor reflexivo a fim de que sejam trabalhadas metodologias que possibilitem a reflexão, não no sentido de torná-la uma técnica, pois, segundo Ghedin (2008, p. 72) "não há técnica para refletir e para pensar sobre o mundo, a realidade e nós mesmos", pois a reflexão é um modo de situar-se, percorrendo pelos acontecimentos vivenciados, dando consistência àquilo que se pretende fazer, possibilitando a emancipação que só tem sentido de ser se for coletiva.

Além disso, se a reflexão for entendida como uma técnica não cumprirá com o papel que ela tem de possibilitar ao professor experimentar soluções diversas. É importante que o professor, por meio do pensamento sobre sua prática, encontre soluções para os problemas enfrentados durante o desenvolvimento de sua profissão.

Giroux (1990) acredita que toda a atividade humana envolve alguma forma de pensamento. Ao se argumentar que o uso da mente é uma parte geral de toda atividade humana dignifica-se a capacidade humana de integrar o pensamento à prática.

Isso nos leva a confirmar que o trabalho do professor é intelectual conforme o desenvolvimento da concepção de Giroux (1990), cuja reflexão é coletiva e incorpora a análise dos contextos escolares no contexto mais amplo, dando sentido à reflexão como um compromisso de transformação das desigualdades sociais, destacando a essência do que significa compreender os professores como profissionais reflexivos.

O entendimento de Borges (2005) tem o mesmo sentido de Giroux (1990) quando diz que é importante conceber o trabalho dos professores como um trabalho intelectual, desenvolvendo um conhecimento sobre o ensino que reconhece e questiona sua natureza socialmente construída e a forma como se relaciona com a ordem social, assim como analisa as possibilidades transformadoras no contexto das aulas e no trabalho docente.

Aqui percebemos que Giroux (1990) vai além de Schön (2000) devido ao fato de que sua preocupação ultrapassa o universo do individual. Pois, conforme afirmam Liston e Zeichner (1993), Schön não se colocou por objetivo elaborar um processo de mudança institucional e social, mas somente centrar-se nas práticas individuais. Ele atribui aos profissionais a missão de mediação pública nos problemas sociais, mas não informa qual deveria ser o compromisso e a responsabilidade dos professores.

No entanto, diz que a perspectiva do professor como um intelectual crítico, de um lado, retira dos professores a capacidade de serem autores isolados de transformações, de outro, confere-lhes autoridade pública para realizá-las.

Liston e Zeichner (1991 apud Contreras, 2002, p. 139) apontaram os limites da teoria de Schön. Na opinião deles, a obra deste autor foi realizada sobre os pressupostos de profissionais que se envolvem individualmente em práticas reflexivas, que têm como objetivo apenas modificar de forma imediata o que está em suas mãos. Para Liston e Zeichner, este é um enfoque reducionista e estreito, que limita, por conseguinte, o sentido do que deveria ser uma prática reflexiva.

Borges (2005) diz que o princípio da reflexibilidade pode ser usado para responsabilizar os professores pelos problemas estruturais do ensino, em nome da modernidade e autonomia. A visão de que os docentes devem refletir mais sobre sua prática confunde e desgasta o princípio da reflexão que pode ter um resultado insuficiente para a elaboração de uma compreensão teórica sobre essa prática. Os limites da reflexão são justificados pela necessidade de uma análise teórica crítica, que permita a tomada de consciência pelos professores.

Para Perez-Gómez (1998 apud Castro, 2005) o conceito de reflexão que fundamenta a formação reflexiva do professor implica imersão consciente em sua experiência, valores, intercâmbios simbólicos, correspondências afetivas, interesses sociais e cenários políticos, supondo um esforço de análise para elaborar uma proposta que orienta a ação. O conhecimento acadêmico, teórico, científico ou técnico só pode ser considerado instrumento dos processos de reflexão quando integrado aos esquemas de pensamento ao interpretar a realidade, organizando sua experiência.

Não é qualquer conceito de reflexão que sustenta uma proposta de formação de professor reflexivo, sob pena de limitá-la a uma reflexão técnica. Na atualidade, Schön foi um dos autores com maior influência na difusão do conceito de professor como prático reflexivo. Essa concepção tem em comum o desejo de superar a relação linear e mecânica entre o conhecimento científico-técnico e a prática de sala de aula.

Os estudos de Grimmett (1989 apud Castro, 2005) possibilitam o avanço na construção dessa formação, quando coloca a reflexão como processo de reconstrução da experiência. Perez-Gómez (1998 apud Castro, 2005) a nomeia como reflexão na prática para a reconstrução social. Nessa categoria agrupam-se os que concebem o ensino como uma atividade crítica, uma prática social saturada de opções de caráter ético, na qual os valores que presidem sua intencionalidade devem ser traduzidos em procedimentos que dirijam e se realizam ao longo do processo ensino-aprendizagem. O professor é considerado um profissional autônomo que reflete criticamente sobre a sua prática para compreender as características dos processos de ensino-aprendizagem e o contexto em que o ensino ocorre, de modo que a sua atuação facilite a autonomia e emancipação dos que participam do processo educativo.

Perez-Gómez (1998 apud Castro, 2005) e Zeichner (1993) defendem a formação do professor como a aquisição de uma bagagem cultural de clara orientação política e social, na qual as disciplinas humanas devem ser o eixo central da formação; o desenvolvimento de capacidades de reflexão crítica sobre a prática e o desenvolvimento de atitudes que requerem o compromisso político do professor com a possibilidade de atuar como um intelectual transformador.

5.3 A formação inicial e o professor como intelectual

Para melhorar a qualidade da atividade docente, Giroux (1990) diz que é preciso examinar as forças ideológicas e materiais que têm contribuído para reduzir os professores a técnicos especializados dentro da burocracia escolar, tornando-os professores como intelectuais transformadores para repensar e reformar as tradições e condições que têm impedido que eles assumam o seu potencial como estudiosos e profissionais ativos e reflexivos no contexto do trabalho docente.

Essa categoria, segundo Giroux (1990), oferece uma base teórica para examinar se a atividade docente, em contraste com a definição em termos instrumentais ou técnicos, esclarece os tipos de condições ideológicas e práticas necessárias aos professores e ajuda a esclarecer o papel que esses desempenham na produção e legitimação de interesses políticos, econômicos e sociais.

Para isso, é preciso que os professores reflitam sobre a ação, pois segundo Ghedin (2008), os professores que não refletem sobre a ação tendem a limitar sua ação e reflexão à aula sem transcender os limites de seu trabalho e superar uma visão técnica, na qual os problemas se reduzem a como cumprir metas já fixadas pela burocracia estatal.

Por isso, a formação do professor deve ser de qualidade percorrendo um referencial teórico que lhe dê sustentação, pois nem sempre o que é disponibilizado a ele responde às situações que se apresentam em sala de aula, a fim de que o professor construa um repertório que lhe auxilie na solução dos problemas sociais com os quais se defrontam.

Geralmente quando a situação foge ao domínio do professor ele fica sem saber o que fazer, pois conforme Nóvoa (1997, p. 27), "as situações conflitantes que os professores são obrigados a enfrentar (e resolver) apresentam características únicas, exigindo, portanto características únicas". E o professor só consegue resolvê-las se tiver sido preparado para reconhecer que a "[...] troca de experiências e a partilha de saberes que consolidam espaços de formação mútua, nos quais cada professor é chamado a desempenhar, simultaneamente, o papel de formador e de formando" (Nóvoa, 1997, p. 26).

Devido à complexidade encontrada no local de trabalho, esses profissionais estão, conforme Perrenoud (2002), oscilando entre duas identidades: estudante e profissional.

A primeira identidade é adquirida na formação inicial, a qual não é capaz de formar o professor em sua totalidade, pois ela é complementada quando o professor passa a exercer sua profissão na qual poderá desenvolver a reflexão sobre a prática em ambientes de partilha que é entendido como o

> [...] percurso que já fez (e que continua fazendo), tendo consciência de que o caminho do outro terá suas peculiaridades. Esta satisfação é que vai também ajudar a suportar a fadiga da atividade e a sustentar a necessária paciência pelas formas ritmos de apreensão do outro (Vasconcellos, 2003, p. 63).

Além disso, nesses ambientes[2] Vasconcellos (2003) diz que é possível vivenciar como se pensa, decide, comunica e reage em uma sala de aula, favorecendo, conforme Perrenoud (2002), a tomada de consciência, o debate, a busca de explicações, o pedido de ajuda e a abertura à reflexão. No entanto, as angústias também podem bloquear o pensamento, gerar uma necessidade de certezas. Portanto, a reflexão sobre a prática não pode ser separada do debate global sobre a formação inicial.

Segundo Perrenoud (2002), é preciso ter energia, tempo, concentração e noção para resolver os problemas que o profissional experiente soluciona de forma rotineira como resultado de representações sociais vivenciadas no ambiente da profissão e é a esse que se atribui a segunda identidade.

Borges (2005) diz que é preciso realizar escolhas; definir as prioridades do ponto de vista do iniciante e de sua evolução desejável; basear-se em uma análise das situações profissionais mais comuns e problemáticas no início da carreira; não ignorar a angústia e a falta de experiência, levando em conta a realidade.

Segundo Perrenoud (2002), o ofício de professor só pode ter acesso ao paradigma reflexivo se seguir o itinerário crítico. Essa visão

---

2. Esses ambientes podem ser as reuniões pedagógicas, conversas e trocas de experiências *on-line*.

ficou confinada ao ambiente da pesquisa e não influenciou as imagens da profissão nem as formações que leva a ela, as quais continuaram sendo prescritivas, práticas ou baseadas no bom senso, na razão e no domínio dos saberes a serem ensinados.

Valadares (2005) diz que quando falamos em professor reflexivo nos referimos às expectativas de seu desempenho no quotidiano escolar quanto a práticas inovadoras, ou manutenção das existentes, que se manifestam no discurso e nas ações de cada um, construídas nas interações e vivências. A superação de determinadas visões sobre a função da escola e os papéis que o professor deve desempenhar supõe tanto a reflexão teórica quanto ação individual e coletiva. O diálogo do conhecimento pessoal e a ação abordam a questão da teoria e prática no plano da subjetividade.

A reflexão, como uma prática individual e a demanda sobre o que deve ser objeto desta reflexão, chegam a supor, como mostra Contreras (2002), que sobre os professores pesa toda a responsabilidade na resolução dos problemas educativos. À menção de um profissional reflexivo, sujeito de seu processo, contrapõe-se a uma visão de professor polivalente, flexível, mas sem poder de decisões sobre suas intervenções. Uma das principais críticas sobre a utilização da reflexão pelos professores é que ela não transpassa os muros da sala de aula e da prática imediata.

Zeichner (1993), ao mencionar os perigos de uma reflexão sem finalidade, ressalta quatro tradições de práticas docentes: a acadêmica (reflete sobre seu exercício profissional eliminando as condições externas); a eficácia social (aplicação de regras determinadas pela investigação); desenvolvimentista (reflete unicamente sobre os estudantes nas condições de sala de aula) e a reconstrução social (reflete sobre o contexto social e político do ensino e a valorização de ações nas escolas que direcionem a uma maior igualdade e justiça social).

Borges (2005) diz que o princípio da reflexividade pode ser usado para fins opostos, correndo o perigo de responsabilizar os professores pelos problemas estruturais do ensino, em nome da modernidade e da autonomia do professor.

Isso é justificado quando Contreras (2002) afirma que um profissional que reflete sobre a ação deverá refletir também sobre a estrutura organizacional, os pressupostos, os valores e as condições de trabalho docente.

A reflexão, nesse caso, é entendida como uma prática que pode reconstruir a vida social e deve estar a serviço da emancipação e da autonomia do professor que pode fazer da sala de aula um espaço de práxis e de transformação humana.

A orientação para a prática reflexiva, segundo Perrenoud (2002), poderia propor uma forma original de aliar objetivos ambiciosos e de considerar a realidade para equipar o olhar e a reflexão sobre a realidade. A formação de bons principiantes tem a ver com a formação de pessoas capazes de evoluir, de aprender de acordo com a experiência, refletindo sobre o que gostariam de fazer, o que fizeram e os resultados de tudo isso.

Segundo Perrenoud (2002) todos refletimos para agir, durante e depois da ação, sem que essa reflexão gere aprendizagens de forma automática. Alguns rejeitam a responsabilidade pelo que não dá certo, culpando ou os acontecimentos ou a falta de "sorte"; outros acusam-se, reconhecendo sua culpa. Nenhuma dessas atitudes contribui para uma prática reflexiva porque não provoca um trabalho de análise.

Alguns docentes procuram na formação algo que ela não oferece, e nem percebem o que ela propõe, em especial, uma formação reflexiva, isso porque desenvolveram uma relação com o saber e com a profissão que não os incita à reflexão; porque o contrato e os objetivos de uma formação ligada ao paradigma reflexivo não foram explicitados para lhes permitir optar por outra orientação ou por abandonar suas imagens estereotipadas da profissão e da formação dos professores. Mesmo os docentes que não adotam uma atitude defensiva em relação à postura reflexiva estão em busca de certezas e domínio das situações educativas básicas. O fato de dizer-lhes que poderão lidar com isso se refletirem sobre os obstáculos que irão encontrar não é suficiente para tranquilizá-los.

Segundo Schön (2000), as pessoas que têm pontos de vista conflitantes prestam atenção a fatos diferentes e têm compreensões diferentes dos fatos que observam. Muitas vezes uma situação problemática apresenta-se como um caso único que não pode ser resolvido pela aplicação de uma das regras do conhecimento profissional, mas através de improvisação, inventando e testando estratégias que envolvem conflitos de valores, que os profissionais devem resolver.

Segundo Silva, (2002, p. 43),

> [...] É a própria experiência de si que se constitui historicamente como aquilo que pode e deve ser pensado. A experiência de si, historicamente constituída, é aquilo a respeito do qual o sujeito se oferece seu próprio ser quando se observa, se decifra, se interpreta, se descreve, se julga, se narra, se domina, quando faz determinadas coisas consigo mesmo etc. E esse ser próprio sempre se produz com relação a certas problematizações e no interior de certas práticas.

Nesse sentido, percebemos a importância do professor, enquanto profissional que constitui a sua identidade no sentido de que é olhando para si mesmo que ele vai ter condições de melhorar a sua prática.

Zeichner (1993, p. 18) diz que

> os professores que não refletem sobre o seu ensino aceitam naturalmente esta realidade cotidiana das suas escolas, e concentram os seus esforços na procura dos meios mais eficazes e eficientes para atingirem os seus objetivos e para encontrarem soluções para problemas que outros definiram no seu lugar. É frequente estes professores esquecerem-se de que a sua realidade quotidiana é apenas uma entre muitas possíveis, e que existe uma série de opções dentro de um universo de possibilidades mais vasto. Assim, perdem muitas vezes de vista as metas e os objetivos para os quais trabalham, tornando-se meros agentes de terceiros. Existe mais do que uma maneira de abordar um problema. Os professores não reflexivos aceitam automaticamente o ponto de vista normalmente dominante numa dada situação.

Nesse sentido, Zeichner (1993) alerta para o uso que as reformas fazem da proposta de formação do professor como reflexivo, pois, em vez de conceder autonomia, produzem novos dispositivos de controle sobre os docentes. Toschi (1999), fazendo uma crítica ao professor reflexivo, adotado pelo MEC, considera quatro características que difundem a emancipação proposta pela ideia do professor como prático reflexivo: a avaliação dos professores; o processo reflexivo; o desprezo das condições sociais do ensino; e a insistência no processo de reflexão individual.

Parece que há um desvirtuamento dos pressupostos da formação do professor reflexivo tomado como modelo pela reforma educacional da década de 1990. Isso representa um paradoxo, pois o professor deveria ter uma forte formação teórica, filosófica, histórica, social e política, para respaldar a sua prática, e propor mudanças na educação. A ênfase na valorização do conhecimento produzido no cotidiano do professor e o conhecimento advindo de sua prática dão a sua formação um caráter pragmático, respaldado no aprender fazendo (Zeichner, 1993).

É essa formação que tem como eixo metodológico a reflexão que se acredita ser a formação ideal, pois, conforme Alarcão (2007, p. 13):

> Vivemos hoje numa sociedade complexa, repleta de sinais contraditórios, inundada por canais e torrentes de informação numa oferta de "sirva-se quem precisar e do que precisar" e "faça de mim o uso que entender". O cidadão comum dificilmente consegue lidar com a avalanche de novas informações que o inundam e que se entrecruzam com novas ideias e problemas, novas oportunidades, desafios e ameaças.

As quais poderão ser pensadas pelo professor formado a partir desse eixo, pois, nessa perspectiva de formação, torna-se possível a busca por respostas cruciais que nos são postas, por exemplo, por Moraes (2002 apud Tepedino, 2004, p. 29):

> Como educar para uma sociedade do conhecimento que requer sujeitos autônomos, críticos, criativos, eternamente aprendentes, usando

técnicas e metodologias epistemologicamente equivocadas e cientificamente defasadas? Como levar o indivíduo a aprender a aprender, a aprender a pensar e a viver/conviver como cidadãos planetários, se trabalhamos com modelos pedagógicos inadequados nos ambientes educacionais?

Para ser um profissional reflexivo não é tão simples. Não significa dizer que é só refletir na ação e sobre a ação, pois apenas isso não é suficiente. Para isso é preciso ter uma postura reflexiva quase permanente, ou seja, o profissional não pode resolver refletir durante uma semana ou um mês e depois parar. Para que ele se torne realmente reflexivo é preciso que ele se insira em uma relação com a ação pressupondo uma forma de identidade, um *habitus*. E que, acima de tudo, faça de sua prática um constante pensar e repensar. Dessa forma, entendemos que ser ou não ser reflexivo não é algo que depende apenas do querer, mas de outros interesses dessa profissão.

Isso denota que o professor deve ser um líder que tome a frente do que precisa fazer, pois ele deve ter uma postura crítica diante das suas atividades. Para isso, durante a formação do professor, é preciso que ele seja formado não apenas com ênfases teóricas, mas sim uma estreita relação com a realidade por meio de uma atitude de estudo de permanente embricamento teórico-prático, pois quando o professor chegar à escola deverá partir "[...] da análise e da valorização das práticas existentes, criar novas práticas no trabalho em sala de aula, na elaboração do currículo, na gestão e no relacionamento" (Leite e Giorgi, 2004, p. 1).

Essas são atividades que precisam ser resolvidas em discussões e planejamentos coletivos, por isso o professor precisa aprender a dialogar na coletividade para eliminar a visão compartimentalizada a fim de

[...] criar lógicas de trabalhos coletivos dentro das escolas, a partir das quais através da reflexão, através da troca de experiências, através da partilha — seja possível dar origem a uma atitude reflexiva da parte dos professores (Nóvoa, 2001, p. 1).

É evidente que para o professor ter essa postura ele precisa continuamente ser preparado para desenvolver suas atividades em grupo.

Em contrapartida, o interesse de Nóvoa (2001) é perceber a prática reflexiva dos professores que não foram preparados para realizá-la, mas fazem por necessidade das características da profissão que desencadeiam diversas situações impulsionando-o a desenvolvê-la. Por isso, diz que a experiência é muito importante e esta só se transforma em conhecimento através da análise sistemática das práticas que é individual e também coletiva feita na formação e nas escolas. A partir desse envolvimento poderá discutir sobre o que se passa nesse espaço, somando ideias para solucionar situações que são iguais em diferentes contextos, pois, agindo de maneira isolada, não seria possível resolvê-las.

Além disso, é importante que o professor, durante sua formação, seja incentivado para não fazer de seu trabalho uma avalanche de atividades de conteúdos que muitas vezes só servem para preencher o tempo dos estudantes sem que estes tenham o mínimo de reflexão, pois o professor não está na escola simplesmente para desempenhar seu papel como um trabalhador que limita sua atividade em produção em larga escala ou ao esforço físico como operários braçais. O professor está na escola para expor o resultado de um trabalho intelectual que é produzido quando este tem tempo e espaço para planejar, estudar. Além disso, ele precisa de tempo para corrigir trabalhos e contribuir para a formação de opinião, pois sabe que

> [...] o que muda a realidade é a prática. Mas não qualquer prática! Aqui está uma grande questão. Se a prática pela prática resolvesse, nenhuma escola teria problema, pois todo mundo está envolvido em infinitas ações... Carecemos, sim, da ação para mudar a realidade, contudo não de qualquer tipo. É necessário qualificá-la: buscamos a prática consciente e voluntária, de caráter transformador (Vasconcellos, 2003, p. 156).

Por isso, o professor precisa entender que a sua profissão forma não somente intelectuais, mas também cidadãos. O professor não é redentor. Mas sua sublime ação tem o poder de formar dominantes ou dominados. Pucci (2003) afirma que a autorreflexão crítica lhe esclareceria a condição de explorados e subordinados ao sistema político-econômico dando-lhes condições para escolherem de que lado ficar. Pelo lado do conformismo, ou pelo lado da ação transformadora.

5.4 O professor e sua formação

É preciso enfatizar na formação do professor que ele desenvolva o caráter reflexivo diferente de uma base positivista e que, segundo Rogers (1985, p. 126), deve ser aquele que "aprendeu como aprender, como adaptar-se à mudança", tão comum na pós-modernidade, na qual a aprendizagem "[...] não é um processo mecânico, mas, muito pelo contrário, ativo e, mais do que isto, voluntário, qual seja, *para conhecer o sujeito precisa sentir necessidade, querer, estar mobilizado*" (Vasconcellos, 2003, p. 28; grifos do autor).

Sendo assim, a aprendizagem deve ser entendida também como uma prática social, a fim de, através da produção de sentidos, minimizar a individualidade e a fragmentação que a realidade da pós-modernidade produz, compreendendo que somente o processo de construção do conhecimento dá segurança ao trabalho docente. Por isso, deve ser incentivado a pensar sobre a sua prática de maneira que a reflexão faça parte de sua vida profissional.

A realidade da pós-modernidade, dentre outras coisas, enfraquece o trabalho do professor pelo fato de ele não exercitar uma criticidade mais atuante, pois as circunstâncias vivenciadas nessa realidade obrigam-no ao trabalho isolado e por isso não consegue lutar nem sequer pelas mínimas condições de trabalho.

> Isso ocorre porque as estruturas sociais, na pós-modernidade, mudam numa velocidade tal que o sujeito não consegue uma identidade estável, unificada e acaba por se fragmentar (Barbosa e Sampaio, 2008, p. 45).

Essa evidência é percebida ao longo da história da educação quando o professor assumiu diversas conotações, dentre elas, o de ser crítico reflexivo e intelectual. Segundo Vasconcellos (2003, p. 16) isso se deu pelo fato de o professor "[...] exercer o papel de formador das novas gerações". Hoje a necessidade que se apresenta para a formação de professores é que ela seja capaz de formar um professor que tenha um pensamento rigoroso em relação a sua prática de maneira que os acontecimentos nela existentes sejam um incentivo para a busca de soluções. Além disso, é importante que ele tenha o conhecimento de como atender os anseios da geração atual a fim de que essa seja sábia para lidar com desafios e perspectivas de uma realidade que impera a informação e a tecnologia.

Essa realidade tem dois lados. Por um, facilita a vida das pessoas quando possibilita o acesso a informações e resoluções de problemas que seriam impossíveis sem o auxílio da tecnologia. Por outro, gera uma infinidade de situações pela avalanche de informações que muitas vezes se caracterizam como lixo. Nessa realidade, conforme Vasconcellos (2003), um professor que não tenha angústia em relação a sua atividade, que não se sinta desacomodado, não é um professor do tempo atual. Ele afirma que:

> Temos consciência de que este estado de perplexidade não é exclusivo do professor. Nos últimos anos, há uma espécie de "geleia geral", uma desorientação em termos mundiais: crise da racionalidade, fim das utopias, subjetivismo, mudanças no ordenamento mundial (queda do muro de Berlim, fim da União Soviética e Guerra Fria), revolução tecnológica, exacerbação religiosa etc., alguns dos traços que caracterizam a chamada pós-modernidade. Ocorre que, para o professor, esta situação toda de colapso dos referenciais tem uma especial repercussão justamente pelo fato de trabalhar com a *produção de sentidos* (Vasconcellos, 2003, p. 16; grifos do autor).

Por esse motivo, o trabalho do professor deve dar-se na coletividade produzindo sentido por meio da prática social, tornando-se sensível para perceber a sua potencialidade, pensando e agindo diferente para contribuir para transformar a sociedade, pois hoje, mais do que nunca, ele tem um papel importante na definição do rumo que a humanidade seguirá diante das transformações que implicam no seu pensar e agir diferente.

Para isso, a escola há de assumir uma postura de planejamento que justifica o sentido e a necessidade da reflexão coletiva, prevendo um calendário para a reflexão de maneira que seja proporcionado tempo e espaço para sua existência, minimizando o acúmulo de trabalho, pois geralmente há uma burocracia para desenvolver atividades que tirem o professor da sala de aula dizendo que o motivo disso é que as aulas não podem parar para não atrasar o conteúdo ou o calendário do ano letivo.

Além disso, o fato de que quando se marca reuniões que seriam espaço de reflexão os professores preferem ficar em casa ou então em lazer por não acreditar que sua presença é de grande importância naquele momento. Com isso se desperdiça a oportunidade de crescimento através das discussões coletivas. Além disso, é comum o desinteresse de professores que não valorizam o planejamento para conversar com o supervisor a fim de que suas aulas possam ter um sentido diferente do habitual.

A explicação disso é a falta de motivação que ele tem por não se sentir satisfeito na profissão que muitas vezes não é reconhecida nem bem remunerada. O ponto chave, nesse caso, é que os professores ainda não assumiram a postura de intelectuais transformadores e não veem em sua profissão um potencial para a emancipação de todos. Assim, ao assumir

> [...] a postura de efetivo compromisso e realizar esta tarefa de construir uma nova prática pedagógica e social, temos convicção de que o professor estará resgatando seu papel histórico, sua própria cidadania, do poder de reflexão e da autorreflexão crítica, da autodeterminação, enfim, da autêntica cidadania das novas gerações que lhes são confiadas (Vasconcellos, 2003, p. 63).

Para contornar essa situação, a educação deve estar a serviço da emancipação e não da dominação como tem sido durante muito tempo. Além disso, o professor, na medida em que "[...] mantém uma relação reflexiva consigo mesmo, não é senão o resultado dos mecanismos nos quais essa relação se produz e se medeia" (Silva, 2002, p. 57).

Sendo a educação dialética e contraditória, de acordo com Freire (2007), deve ser entendida como uma forma de intervenção no mundo. Além disso, ela é o alicerce que

> [...] auxilia os indivíduos a compreenderem a estrutura da sociedade na qual está inserido, o porquê das transformações que nela se processam e contribui para que deixem de ser expectadores do processo social visando torná-los protagonistas atuantes na sociedade, podendo favorecer a mudança social ou se posicionarem contra ela, caso a considerem prejudicial aos interesses do bem comum. Em outras palavras, a educação contribui para que o ser humano alcance sua emancipação, para que consiga libertar-se da condição de explorado a que está submetido (Nascimento, Costa e Ghedin, 2006, p. 173-74).

É evidente que essa condição de explorados tem uma parcela de contribuição dos professores, quando aceitam a condição de objeto, não buscando seus direitos a fim de transformar a situação em que se encontram. Essa postura pode ser atribuída a uma deficiência na formação que não possibilita ao professor processos que desenvolvam o pensar reflexivo sobre sua prática, a fim de terem condições para desenhar uma nova educação que, segundo Dewey (1979), quanto a seu lado intelectual, relaciona-se ao cultivo da atitude do pensar reflexivo, substituindo os métodos de pensar mais livres por outros mais restritos.

Nesse caso, entendemos que, conforme Dewey (1979), o padrão original da ação reflexiva surge nos casos em que há urgência de fazer alguma coisa e em que os resultados da realização põem à prova o valor do pensamento. À proporção que se desenvolve a curiosidade intelectual, vai-se tornando indireta e incidental a sua conexão com os atos exteriores.

Na abordagem de Silva (2001, p. 14-15),

> [...] a grande maioria dos professores brasileiros parece procurar no método a solução de todos os problemas educacionais. O "como ensinar" parece ter encoberto o "que ensinar" e o "por que ensinar".

Nessa indecisão fica limitado a uma prática que o isola da possibilidade de transpor o que pensa. A solução disso seria ter a iniciativa de assumir-se como intelectual, pois assim saberia conciliar o que tem acontecido na última década em relação à vida educacional brasileira, que é executar o que os outros planejam.

Essa atitude mostra a falta de reflexividade, isso porque, para utilizar uma proposta idealizada por outros profissionais, Silva (2001) enfatiza que o professor deve ter cuidado, pois essas propostas geralmente são estruturadas sem levar em consideração as condições das escolas, dos professores, dos estudantes e das próprias consequências advindas da utilização de um empacotado. O autor faz uma análise sobre a melhoria da educação brasileira a partir dessas inovações e chega à conclusão de que tudo está muito distante das reais condições de nossas escolas. Além disso, tornam-se um obstáculo para aqueles professores que ainda pretendem fazer um trabalho educacional consciente, reflexivo e transformador.

Por isso, o professor não deve se limitar a sua sala de aula, pois precisa assumir uma postura definida na sociedade. Para isso, é preciso que ele faça de sua profissão um meio para formar pessoas que se indigne com a violência, tenha amor pela justiça, saibam trabalhar na coletividade, compartilhar conhecimentos e lutem por melhores condições de vida para o bem comum, tornando-se cada vez mais humanizados e seguros em relação à concepção que assumem, enfim que respondam às necessidades que se apresentam, emancipando a todos. Nesse sentido,

> Ser professor, na acepção mais genuína, é ser capaz de fazer o outro aprender, se desenvolver criticamente. Como a aprendizagem é um

processo ativo, não vai se dar, portanto, se não houver articulação da proposta de trabalho com a existência do aluno; mas também do professor, pois se não estiver acreditando, se não estiver vendo sentido naquilo, como poderá provocar no aluno o desejo de conhecer? Muitas vezes, o professor fica buscando a solução dos problemas de sala de aula tão somente no próprio âmbito pedagógico, como se este tivesse sentido em si (Vasconcellos, 2003, p. 51).

Dessa forma, ao assumir a

[...] postura de efetivo compromisso e realizar esta tarefa de construir uma nova prática pedagógica e social, temos convicção de que o professor estará resgatando seu papel histórico, sua própria cidadania, do poder de reflexão e da autorreflexão crítica, da autodeterminação, enfim, da autêntica cidadania das novas gerações que lhes são confiadas (Vasconcellos, 2003, p. 63).

Conforme Perrenoud (2002), dessa forma estará incentivando o desenvolvimento da pessoa e de sua identidade. Pois esses são seres únicos, subjetivos, e o processo de formação, segundo Ghedin (2005b, p. 2),

[...] deve garantir uma atenção especial para a manifestação do caráter de emoção e afetividade da educação. Não somos feitos apenas por racionalidade, mas também por sonhos, carinhos, afetividades e emoções.

É por esse motivo que se entende que o desenvolvimento da profissão do professor deve ser cada vez mais humanizado, pois ele é um ser que pensa e tem sentimentos e por isso deve ser formado para desenvolver essas potencialidades. Sobre a formação do professor atualmente tem sido desenvolvido diversas pesquisas com o intuito de melhorá-la cada vez mais, pois, segundo Vasconcellos (2003, p. 18), há algumas décadas tínhamos:

ESTÁGIO COM PESQUISA

- Valorização social da escola enquanto instrumento privilegiado de ascensão social;
- Valorização do professor como mediador desta ascensão;
- Formação mais consistente do professor (em termos da realidade e objetivos de então);
- Boa remuneração para os professores;
- Escola e professor como fontes privilegiadas de informação;
- Apoio incondicional da família à escola;
- A clientela que frequentava a escola (pelo menos a que conseguia ficar mais e ter "sucesso") tinha maior afinidade com o tipo de saber que ali era veiculado.

O autor comenta que num curto espaço de tempo aconteceram muitas mudanças do rumo que se tinha em virtude de:

- Avanço do processo de industrialização e exponencial urbanização, aumentando a demanda pela escola;
- Expansão quantitativa x deterioração qualitativa. Degradação progressiva e acentuada das condições de trabalho (número excessivo de alunos por sala, falta de instalações adequadas, equipamentos, material didático etc.);
- Aumento efetivo do número de vagas no ensino fundamental, e médio na escola pública, e no ensino superior nas faculdades particulares;
- Fragmentação e esvaziamento da formação dos professores;
- Diminuição drástica dos salários dos professores;
- Queda do *status* social do professor; deixa de ser referência cultural da comunidade;
- Crescimento da valorização social baseada na capacidade de consumo (não basta ter; é preciso mostrar que tem, consumindo) (Vasconcellos, 2003, p. 18).

Em outras palavras, o professor não deve limitar sua preocupação somente com que se passa em sala de aula, pois os seus estudantes antes de serem estudantes são cidadãos que têm uma vida que antecede a vida na escola. Assim, também o professor e sua profissão, pois por trás de seu trabalho está um professor que precisa de boas condições para trabalhar, precisa pensar em seus estudantes não só naquele momento, mas ir além, a fim de contribuir para o futuro da vida deles.

Além disso, Nóvoa (2002 apud Tepedino, 2004) argumenta que a reflexão possibilita a produção de práticas educativas eficazes e que o aprender é contínuo e se fundamenta em dois pilares: a pessoa e a escola, considerada como um lugar de crescimento profissional permanente. É na escola, no fazer cotidiano, que cresce o professor. Pois entendemos que nenhuma formação inicial é capaz de oferecer aos professores o conhecimento que eles precisam ter para desenvolver suas atividades, isso porque há conhecimentos que só se materializam através da experiência vivenciada.

O professor, ao valorizar o conhecimento adquirido ao longo de sua existência, fortalece a aprendizagem e constrói conhecimento a fim de proporcionar aos seus estudantes situações de aprendizagem que possibilitem o desenvolvimento do pensamento e do raciocínio lógico para que eles aprendam cada vez mais, adquiram valores, atitudes, habilidades, despertem sensibilidades e sentimentos, sem se distanciar da criticidade.

Quanto a isso, Barbosa e Sampaio (2008, p. 51) dizem que

> [...] a criticidade advém de uma educação crítica, reflexiva e não de uma educação bancária, onde a tônica é o antidiálogo, pois não é dado aos alunos o direito de falar. Somos frutos da escola do silêncio, e por mais que as teorias avancem em sua criticidade, elas não arrastam consigo a cultura, hábitos, estereótipos, valores, normas e princípios são repassados de geração a geração, e como a maioria da população não tem acesso ao saber sistematizado, os mitos tendem a se perpetuar, daí porque as mudanças serem lentas [...].

Há algum tempo isso era fácil de se contornar devido à educação no e para o silêncio. Conforme Hengemuhle (2007, p. 19) "os professores, com suas práticas tradicionais, não conseguem responder à natureza humana que, sempre mais, se manifesta. Limitados em sua formação, entram em conflito", pois a dinâmica da convivência o impele a assumir uma postura diferente daquela marcada pela individualidade, que geralmente se vivenciava quando ele se trancava em sua sala, fazendo do seu método de ensino um mistério. Essa realidade tem sido vencida com a propagação da importância do trabalho coletivo em detrimento da

> [...] perpetuação de um processo de formação que desrespeita a individualidade humana, ao preparar professores desprovidos de senso crítico que lhes permita ler e interpretar seu próprio mundo, para um diálogo com os alunos e atravessa a modernidade, necessita, assim, de ampla reformulação a fim de acompanhar o dinamismo da ciência e da tecnologia, que passam a exigir um profissional crítico, capaz de construir seus próprios conhecimentos, para uma atuação autônoma (Almeida, 2008, p. 59).

Assim, uma prática reflexiva é necessária na atualidade para vislumbrar uma nova perspectiva, na qual o outro seja respeitado eticamente como um ser legítimo, capaz de contribuir para a emancipação coletiva, pois é na coletividade que olhamos o outro e percebemos nossas deficiências e fortalezas e o que é deficiente em nós pode ser compensado com a fortaleza do outro.

Para isso, segundo Giroux (1990), é essencial tornar o pedagógico mais político, argumentando que as escolas representam um esforço para definir o significado e uma luta em torno das relações de poder. Nesta perspectiva, a reflexão e ação críticas tornam-se parte do projeto social de ajudar os estudantes a superarem injustiças econômicas, políticas e sociais, e a se humanizarem ainda mais; de tornar o político mais pedagógico, tratando os professores como agentes críticos e o conhecimento problemático; de utilizar o diálogo crítico e afirmativo; e de lutar por um mundo melhor para todas as pessoas. Em parte, isso sugere que os estudantes tenham voz ativa e desenvolvam uma linguagem crítica atenta aos problemas da experiência cotidiana.

Tendo em vista que a reflexão é, *a priori*, individual e depois coletiva nos faz pensar que ela é "a ontologia da compreensão no sentido de que ela é instauradora do sujeito e se constrói como uma negação de todas as formas de negação do ser humano" (Ghedin, 2008, p. 40-41). Para isso é preciso que o professor compreenda a cientificidade de sua profissão que não está limitada a transmitir informações; pelo contrário, seu trabalho além de pedagógico possui uma dimensão política e se configura numa prática social que está sempre relacionada a algum modelo de reprodução da ideologia e por isso não se constitui com neutralidade, mas pela tomada de decisão consciente que suas ações contribuirão para a formação de pessoas que além de ler e escrever saibam se posicionar e lutar por seus ideais a fim de serem críticos e capazes de perceber a realidade e transformá-la, ressignificando sua existência. Por isso, deve desenvolver uma estreita relação de amizade e confiança com seus estudantes como

> [...] um sujeito que adquire conhecimento, que é ensinado e que aprende, começa a emergir de um sujeito como construtor do conhecimento. Recomenda-se menos instrução, menos ensino, mais aprendizagem. Reconhece-se a importância de se ajudar os alunos a pensar, a refletir, a descobrir o mundo. Enfatiza-se os processos, a gestão da formação e da avaliação, indo ao encontro do sentido etimológico de educação, *ex-ducere*, ajudar a sair de, do fundo de si (Tavares e Alarcão, 2001, p. 100).

Com o avanço da ciência houve muitas especulações sobre a substituição do professor por outras formas de aprendizagem. Isso devido à facilidade ao acesso à informação. Vasconcellos (2003, p. 61) diz que

> [...] ao invés de tornar o professor descartável faz com que, mais do que nunca, seja necessário, face ao excesso de informação, ao lixo, ao estresse informacional. O educando tem necessidade de estruturas de conhecimento (organização das informações), de capacidade crítica, de

ser despertado para outros campos do saber, o que pede uma mediação qualificada.

Hengemuhle (2007, p. 65) diz que "desde os tempos primitivos, essa profissão vem se constituindo e sendo constituída, em geral, pelas classes sociais mais abastadas, a cujos interesses, na maioria das vezes, precisam servir". Elas são duas, as que dominam a economia e as que detêm o conhecimento. Os professores, em grande parte da história, ajudaram-nas e contribuíram para difundir o conhecimento científico. Assim, conforme Ghedin (2008, p. 56),

> [...] é possível afirmar que a identidade do professor é influenciada pela tendência pedagógica que marca a educação em cada período histórico, em termos de papel desempenhado pelo professor e que se traduz em concepção ideológica acerca da profissão.

A realidade do professor hoje não é consequência do acaso, pois sua condição de vida, suas práticas estão intimamente ligadas às situações históricas da organização social e do pensamento científico de maneira que não pode ser assumida como uma ação isolada. Para isso, ele precisa ter uma visão ampla em relação ao processo de desenvolvimento da sociedade para que saiba lidar com o ser humano, pois segundo Ghedin (2008, p. 70-71),

> O sistema político-econômico contemporâneo quer manter um único modo de pensar para domesticar o pensamento e, ao domesticar o pensamento, domestica também o ser humano e aí ele se animaliza de novo e, de certo modo, de forma apressada, podemos dizer que a injustiça e a desigualdade são resultados desse processo de ausência da reflexão e de pensamento.

O momento contemporâneo apresenta muitos desafios que não estão sendo respondidos pelos professores que estão sendo formados atualmente. Fala-se muito na formação do profissional reflexivo. No entanto, essa formação ainda está longe daquilo que é necessário para haver uma mudança no sentido de ter respostas positivas na educação.

Segundo Vasconcellos (2003, p. 53) a utopia parece ser o único caminho para se pensar no futuro:

> Além disto, assumir tal perspectiva não significa tirar os pés do chão; só para se ter uma ideia, segundo vários analistas hoje, com a informática, a autoformação flexível, a robótica, a telemática, a biotecnologia, já é possível a população economicamente ativa do mundo trabalhar no máximo 4 horas por dia, ter um salário digno, e manter os mesmos níveis de desenvolvimento e produção de riqueza. Insistimos: isto é possível hoje. Portanto, já não é uma questão técnica, mas política!

Essas condições requerem um professor de pensamento reflexivo que é entendido por Dewey (1979) como a conexão entre as ideias e que consiste em examinar mentalmente o assunto e atribuir-lhe consideração séria e consecutiva. Tem finalidade lógica que tende a uma conclusão. Sua função é transformar uma situação de obscuridade, dúvida, conflito, distúrbio de algum gênero, numa situação clara, coerente, assentada, harmoniosa. O processo de pensamento consiste numa série de juízos, que guardam entre si a relação necessária para um julgamento final.

Assim, entendemos que formar um profissional reflexivo é oportunizar possibilidades de mudança no sentido de valorizar o ser humano como um ser capaz de fazer de sua história uma sequência de situações de aprendizagens.

Em relação à formação da prática reflexiva, muitos trabalhos têm sido desenvolvidos no sentido de verificar a existência, na prática pedagógica do professor. A seguir, mostraremos como esses trabalhos têm tratado a temática da reflexão, no sentido de verificarmos o ponto de interesse dos investigadores, demonstrando em que sentido nosso trabalho avança na relação com esses trabalhos.

5.5 As pesquisas em educação sobre a formação da prática reflexiva de professores

Realizou-se uma busca no banco de teses e dissertações, a fim de verificar os trabalhos que de alguma forma tratassem sobre a prática reflexiva, no âmbito da formação inicial de professores, pois nosso interesse nessa investigação delimitou-se a incidência das pesquisas em relação a essa formação. Devido à pretensão dessa busca ser de mapear as dissertações existentes na área, nossa preocupação para esse objetivo foi o acesso apenas aos resumos dos trabalhos. As buscas realizadas foram delimitadas no período de 1998 a 2007. De mil e seiscentas e sessenta dissertações catalogadas verificou-se que quarenta e uma dissertações tratavam de alguma forma da temática pretendida. O critério utilizado na busca foi a observação do título e área da dissertação, levando-se em consideração todas as palavras que fossem atribuídas à prática reflexiva.

No ano de 1998 foram quatro trabalhos defendidos. Os resultados apresentados nas dissertações de Leite (1998), Lima (1998), Souza (1998) e Weimer (1998) demonstram que a formação da prática reflexiva é possível desde que desenvolvida através de uma ação sistemática. As quatro dissertações não foram desenvolvidas com foco na formação inicial. No entanto, todas estavam voltadas para a prática pedagógica do professor.

No ano de 1999 foram três trabalhos defendidos. As dissertações de Paaz (1999) e Ferreira (1999) apresentam um ponto em comum, que é a formação de grupos para desenvolver a reflexão. Em relação à Dall'Orto (1999), o resultado aponta como devem ser desenvolvidas as disciplinas em estudo a fim de que estas se tornem articuladoras na formação dos professores de Química. Esta última é a única entre as três que trata da formação inicial.

No ano de 2000 foram quatro trabalhos defendidos. As dissertações de Gomes (2000), David (2000), Jesus (2000) e Zibetti (2000) não são voltadas para a formação inicial. Elas apresentam possibilidades de formação da prática reflexiva. Cada um com sua especificidade, chegam a um resultado que, nas entrelinhas, é comum, que é a necessidade do outro no processo dessa formação. Zibetti (2000) vai além, em relação aos outros resultados, já que ressalta a importância de uma melhor formação dos formadores.

No ano de 2001, foram seis os trabalhos defendidos, que são de Almeida (2001), Melão (2001), Estefogo (2001), Guimarães (2001), Marion (2001) e Kaneoya (2001). Dentre esses trabalhos nenhum trata sobre a formação inicial de professores. No entanto, os resultados alcançados demonstraram a importância da formação do professor reflexivo, de maneira que possibilita uma nova perspectiva para responder aos problemas investigados.

No ano de 2002, foram defendidos dois trabalhos, dentre os quais nenhum tratou da formação inicial do professor, pois tanto o trabalho de Silva, (2002) quanto o de Souza (2002) se delimitaram à prática pedagógica no âmbito escolar. Em relação a Souza nota-se a presença do coordenador como sujeito significativo na formação reflexiva do professor.

No ano de 2003 foram dois trabalhos defendidos de Cunha (2003) e Ferreira (2003). Nenhum desses foi delimitado a formação inicial. Sobre as expressões "níveis de mudança" em Cunha (2003) e "evoluíram em sua aplicação" em Ferreira (2003) percebe-se as etapas de desenvolvimento dos sujeitos no decorrer da pesquisa, configurando-se a eficiência da formação da prática reflexiva.

No ano de 2004 foram cinco trabalhos defendidos. Dos cinco, apenas um está voltado para a formação inicial que é a dissertação de Sol (2004). No entanto, destaca-se o de Taminato (2004) que diz que a formação da prática reflexiva deve começar nos cursos de formação. Os de Utsumi (2004), D'Espósito (2004) e Leites (2004) estão voltados para a análise das práticas dos professores sem propor nenhum processo para melhorá-las.

No ano de 2005 foram quatro trabalhos defendidos. Dos quatro apenas o de Lombardi (2005), que investigou a contribuição de metodologias lúdico-reflexivas está voltado para a formação inicial do professor. No entanto, apresenta-se uma ênfase na formação do professor de Matemática, pois dentre os quatro trabalhos três se referem a essa formação que são os trabalhos de Ribeiro (2005), Meinicke (2005) e Suzuki (2005).

No ano de 2006 foram seis trabalhos defendidos. Dois dos seis trabalhos foram delimitados à formação inicial. Entre eles apresentou-se um ponto em comum. O de Gomes (2006) chegou à conclusão que a formação reflexiva deve ir além da formação inicial e o de Petrilli (2006) a formação inicial se complementa com a formação continuada. Os trabalhos de Marcon (2006), Silva (2006), Ciboto (2006), Barbosa (2006) apesar de apresentarem temáticas bem diversificadas todas têm ênfase na prática pedagógica do professor.

No ano de 2007 foram cinco trabalhos defendidos. Dentre os quais não houve nenhum que estivesse delimitado à formação inicial. Porém nesse ano apresentou-se em relação à formação da prática reflexiva uma diversidade de abordagens como o trabalho de Vieira (2007) que estudou sobre o professor alfabetizador, Gonçalves (2007) estudou sobre a educação infantil indígena, Bustamante (2007) se dedicou ao estudo da tecnologia e Gomes (2007) tratou sobre a gestão escolar. Finaliza-se os trabalhos realizados em 2007 com o estudo sobre o portfólio como instrumento de aprendizagem defendido por Torres (2007). Todos os trabalhos apresentaram um estudo sobre a prática docente.

De maneira geral constata-se que de quarenta e um trabalhos apresentados apenas cinco foram delimitados à formação inicial. Além disso, a maioria apenas desenvolveu o estudo, tendo em vista, a análise da prática pedagógica sem se preocupar em propor processos para a formação da prática reflexiva. Isso demonstra o interesse talvez em tentar resolver os problemas que se apresentam já no momento do desenvolvimento da profissão em vez de se preocuparem com a formação inicial, conforme o desenho da investigação em questão que se delimita a propor processos para a formação da prática reflexiva na formação inicial.

Estágio, pesquisa e a produção do conhecimento na formação de professores

A experiência de estágio na formação de professores representa uma primeira aproximação de seu campo de atuação profissional. Tal experiência o obriga a realizar um trabalho de síntese entre teoria e prática educativa. Acredita-se que tanto o desenvolvimento profissional quanto o curricular, só poderão dar-se no contexto de um processo que articule intimamente teoria e prática educativa. Em nosso entendimento, o eixo que articula estes dois espaços da formação é o conceito de pesquisa, enquanto instrumento epistemológico e metodológico do processo de construção do conhecimento do professor em formação. Compreendemos que o processo formativo fundado sobre a reflexão na ação e sobre a ação, ao mesmo tempo em que valoriza a prática docente como fonte de pesquisa e de autonomia do professor, lhe dá a responsabilidade por seu desenvolvimento profissional. O presente trabalho de pesquisa, em sintonia com o debate sobre a articulação teoria e prática, levanta a discussão sobre a importância da pesquisa na formação de professores, enfatizando-a como princípio formativo e científico. Trata-se de uma concepção de formação do professor que afirma que este deve ser capaz de produzir conhecimento a partir de sua prática educativa, superando, dessa forma, as tradicionais perspectivas acadêmica e técnica de formação de professores.

Dentro desta perspectiva destacam-se algumas propostas que estimulam uma revisão na formação acadêmica dos professores: o professor *investigador em aula* e o professor-*pesquisador*. No âmbito da formação especificamente acadêmica a perspectiva do *professor/pesquisador* traz algumas implicações que obrigam a uma revisão do processo formativo e da concepção curricular. Uma dessas implicações diz respeito às formas de superação do tradicional distanciamento entre pesquisa acadêmica e prática pedagógica. Nessa direção compreendemos que a *prática reflexiva* tem o mesmo sentido e direção da *prática orientada* pela pesquisa. Daí a necessidade de implementar no curso de formação de professores a pesquisa como alternativa de crescimento profissional para professores em formação.

6.1 A pesquisa como eixo interdisciplinar entre o estágio e a formação do professor-pesquisador reflexivo

O conhecimento produzido em educação não tem a mesma perspectiva da ciência, pois enquanto a ciência pensa matematicamente, em educação procura-se pensar o mundo real e imediato que, muitas vezes, condiciona o que somos ou potencializa o que podemos ser enquanto humanidade. Isso quer dizer que a educação, além de ser científica, é um processo que se desenvolve extrapolando o campo científico, pois preocupa-se fundamentalmente com as formas de ação que institui no campo político, ético, cultural e social.

Produzir conhecimento nas Ciências da Natureza e na Educação exige métodos e metodologias totalmente diferenciadas. Em educação o sujeito encontra-se mergulhado na realidade de modo que, a tradicional separação entre sujeito e objeto, posta por Aristóteles e tantos outros, confunde-se no ato da pesquisa. Isto existe porque em educação o próprio sujeito que investiga pode ser objeto de pesquisa. Neste caso, organiza-se um conjunto de perspectivas que procuram oferecer alternativas[1] a essa modalidade de produção do conhecimento.

O modelo tradicional de ensino de Estágio tem se caracterizado fundamentalmente por uma cultura de cunho tecnicista, seguindo um modelo técnico e científico (com base nas ciências naturais), fundado quase que exclusivamente no nível da informação e tendo como habilidade cognitiva básica a memória, a descrição dos dados e o relato da experiência como base do conhecimento. Pensamos que este procedimento como base para a formação de futuros professores não é suficiente, embora possa ser necessário para seu trajeto inicial. Este modelo de aprendizagem não dá conta da complexidade do conhecimento que o professor precisa dominar para responder às necessidades da sociedade do presente. O que se quer dizer é que somente o dado e a informação não são suficientes para que se possa produzir conhecimento na universidade. Especialmente aquele formador do modo como os estudantes (futuros professores) serão formados.

O conhecimento que se busca na universidade — que não é o caso de todas — é aquele que se produz e não a sua mera reprodução. Uma universidade que não se arvora na produção da pesquisa e na elaboração de novos conhecimentos cumpre uma função acadêmica, mas não desempenha seu papel político em fazer avançar o saber da sociedade. Sabemos que o conhecimento não consiste num conjunto de informações que vamos acumulando, mas num processo de

---

1. A pesquisa em educação, nas duas últimas décadas, tem revelado uma ampla e fértil discussão no campo epistemológico e metodológico de seu desenvolvimento no Brasil. Como exemplo, podemos destacar, entre outros: Alves (2002), André (2002), Demo (2002), Franco (2002), Gatti (1997). Em relação à Pesquisa-ação, podemos destacar Barbier (2002), em História de Vida; na Pesquisa Colaborativa, merece destaque o trabalho de Pimenta (1999); na Pesquisa Participante, são indispensáveis as reflexões de Brandão (1999; 2003), Freire (1999) e Borda (1999).

significação e de sentido que vamos construindo coletivamente. Neste sentido a formação consiste num processo de preparação intelectual que pretende responder às necessidades da realidade em que nos encontramos, enquanto sujeitos históricos.

É claro que este modelo responde a uma tradição na educação brasileira, pois a Universidade Brasileira foi — e em certos aspectos ainda é — marcada pelo tomismo de tradição jesuítica e pela tradição positivista que, de certo modo, negligencia a formação epistemológica (filosófica, teórico-prática) em detrimento de uma formação técnica (exclusivamente centrada na prática e no saber fazer).[2] Faz sentido aqui lembrar que quando a educação escolar era destinada às elites propunha-se uma formação cultural, quando ela se destina às massas é um ensino de caráter técnico voltado para a formação do trabalhador, negando-lhe o acesso à cultura produzida e organizada pelo ser humano ao longo de sua história.

Insiste-se que o conhecimento produzido na universidade exige uma postura investigativa, portanto outra pedagogia. Assim, o conhecimento há de ser produzido de forma competente, crítico e criativamente. Vale ressaltar que o curso de formação de professores, apesar de ser uma exigência histórica da sociedade brasileira, é algo que tem adquirido importância no país na última década do século XX. Por isso, faz-se necessário desenvolver um modelo de produção de conhecimento, no processo de formação de professores, que se oriente por padrões científicos de modo que possam sistemática e metodicamente criar um mapeamento das práticas que orientam as ações dos professores no exercício de sua profissionalidade.

Ao formar professores(as) para atuar nas escolas no nível do Ensino Infantil e Fundamental, é preciso ter como foco de aprendizagem e pesquisa este mesmo nível de ação e prática social. A

---

2. Com isso não queremos dizer que o aluno (futuro professor) não precisa aprender a fazer, mas queremos enfatizar que para aprender a fazer ele necessita, antes, aprender a pensar melhor a realidade. Isso só é possível se ele for munido com um conjunto de instrumentos que ampliem a possibilidade que tem de compreender e interpretar a realidade de modo significativo e que responda aos nossos desafios.

universidade, além do cuidado para com a formação voltada para o ensino, não pode descuidar-se de uma preocupação com a formação do cientista da educação — aquele estudioso que se volta para os problemas que atingem a educação na sua interface social. Isto pode dar-se mais na pós-graduação, mas nada impede que se inicie na graduação. Para isso, é preciso pensar um conjunto de articulações no interior do curso de graduação aliando-se um conjunto de disciplinas que permitam pensar sistematicamente um dado objeto a ser investigado ao longo do processo formativo. Assumir o estágio como prática orientada pela pesquisa pode ser uma maneira para criar condições para o surgimento de atitudes mais interdisciplinares.

Estamos buscando um "modelo" em que a construção da identidade profissional do futuro professor seja pensada e elaborada não somente em relação à prática, mas envolvida num conjunto de ações que lhe permitirão ampliar o horizonte de sua compreensão e de sua atuação no campo de trabalho, orientando-se pela construção do conhecimento a partir de um processo sistemático e metódico de pesquisa. Neste sentido, é significativa a pesquisa desenvolvida por Pimenta (2000) que procura verificar os processos de construção identitária dos futuros professores, oriundos das licenciaturas, através da elaboração dos saberes da docência que são produzidos no espaço pedagógico, na área de conhecimento e pela experiência. A autora questiona a possibilidade da construção do saber docente ser elaborado a partir da prática pedagógica dos professores. A categoria principal que norteia a pesquisa é a atividade prática que os professores realizam em escolas públicas, como forma de desenvolvimento profissional e, nessa atividade, como se dá o processo de construção de seu saber-fazer docente.

Pensa-se num profissional que seja capaz de atuar competentemente como docente e produzir conhecimento sistemático a partir dessa sua prática. Compreende-se que o professor é competente a medida que pesquisa. Ele alia a docência à pesquisa como forma de articular a teoria-prática como forma de expressar sua competência técnica e seu compromisso político com a práxis de professorar.

Entendemos que a atividade de ensinar algo a alguém é uma das atividades ligadas à ação educativa mais ampla que ocorre na sociedade. Na sua acepção corrente é definida como uma atividade prática. O professor em formação está se preparando para efetivar as tarefas práticas de ser professor. Dado que não se trata de formá-lo como reprodutor de modelos práticos dominantes, mas capaz de desenvolver a atividade material para transformar o mundo natural e social humano, cumpre investigar qual a contribuição que o estágio profissional pode dar nessa formação.

Colocando a atividade docente como objeto de investigação, necessário se fez compreendê-la em suas vinculações com a prática social na sua historicidade. Apreender na cotidianeidade a atividade docente dos alunos supõe não perder de vista a totalidade social, pois sendo a escola parte constitutiva da práxis social, representam no seu dia a dia as contradições da sociedade na qual se localiza. Assim, o estágio como estudo, pesquisa e prática pedagógica da atividade docente cotidiana, envolve o exame das determinações sociais mais amplas, bem como da organização do trabalho nas escolas.

Compreendendo o *ensino* como atividade específica, mas não exclusiva, do professor, entende-se o Estágio, enquanto teoria-prática do ensino-aprendizagem, como uma área de conhecimento fundamental no processo de formação de professores. Assim, no desenvolvimento da disciplina de Didática vincula-se com o Estágio profissional na medida em que colocamos o ensino como a atividade específica do professor e tema de estudos aos estudantes do curso de formação de professores. Coloca-se em questão o papel do conhecimento na sociedade contemporânea. O que é o conhecimento? O que é conhecer e produzir conhecimento, qual o papel da escola frente ao conhecimento, como a escola trabalha o conhecimento. Essas questões se colocam a partir das transformações tecnológicas e do mundo do trabalho que vem ocorrendo nos últimos anos. Os estudantes do curso de formação de professores, enquanto especialistas numa área do conhecimento, estão se indagando sobre o seu trabalho com o conhecimento na sociedade, e especialmente na escola (na sua atividade de ensinar). Por isso, no desenvolvimento da pesquisa é necessário introduzir uma nova categoria de análise que é o trabalho do professor com o conhecimento na escola (Machado, 1995; Morin, 1994).

As três grandes categorias da pesquisa, que emergem dos estudos teóricos no campo da formação de professores podem assim ser sintetizadas: como se dá o processo de construção do saber fazer docente (ensinar) na atividade prática de professores concretamente situados em escolas? Como a organização do trabalho na escola (ou o entorno administrativo, burocrático da sala de aula) determina essa construção? Como os professores se colocam diante do conhecimento na sociedade contemporânea (e como lidam com ele na atividade de ensinar nas escolas)? Essas categorias desdobraram-se em outras duas: saberes da docência e identidade do professor — saberes da experiência, das áreas de conhecimento e pedagógicos; e relações entre pedagogia, ciências da educação e didática. Que, por sua vez, indicaram a importância de conceitos como professor/pesquisador; reflexão/pesquisa da ação; metodologia investigação/ação/intervenção; a reflexão na ação/sobre a ação como metodologia de formação de professores.

Do ponto de vista metodológico uma questão fundamental emerge como central para o desenvolvimento da pesquisa: seria esta uma pesquisa-ação?

Considerar a prática na sua concretude como caminho para ressignificar as teorias (e as práticas) pedagógicas, no sentido de novas formulações teórico-práticas, requer, necessariamente, a utilização das abordagens qualitativas, especialmente a pesquisa-ação-colaborativa. Para compreender o fenômeno — prática docente — em suas múltiplas determinações, precisamos realizar investigação teórica sobre teoria didática, formação de professores e ensino de didática e o modo de conduzir o Estágio profissional.

Diante da proposta em que se assume o ensino por meio da pesquisa como possibilidade de desenvolvimento do *estágio profissional* requer assumir-se uma postura teórico-metodológica que responda ao desafio de formar o novo professor pela pesquisa como prática profissional.

6.2 Fundamentos epistemológicos para o estágio profissional centrado na prática da pesquisa

As pesquisas de Pimenta (1999; 2002a; 2002b), Abdalla (2000) e Guimarães (2001), realizadas com professores nas escolas, orientam e dão base para que possamos propor e desenvolver o estágio profissional numa perspectiva de pesquisa, como orientador da prática profissional do futuro professor. Destas pesquisas consolidam-se algumas questões que justificam uma proposta teórica na área da formação de professores. As pesquisas realizadas por Mizukami e Rodrigues (2002), Marin (1998), Brezinski (1996), Libâneo (1998), Contreras (1997), Sacristán (2002; 1999), Sacristán e Gomez (1992), Zeichener e Liston (1990), Perrenoud (1992), Heargreaves (1996), Elliot (1998), Gauthier (1998), Baird, Mitchell, Northfield (1987), Carr e Kemmis (1996), Porlán (1987), Charlot (1995), Alarcão (1996), Zaragoza (1999) evidenciam movimentos que orientam a possibilidade da organização do estágio centrado num processo de pesquisa que intervém na realidade educativa.

Podemos dizer que a profissão docente é uma prática educativa que como tantas outras é uma forma de intervenção na realidade social. Entende-se que esta é uma das atividades de ensino e formação ligadas à prática educativa mais ampla que ocorre na sociedade. Na sua acepção corrente é definida como uma atividade prática. O professor em formação está se preparando para efetivar as tarefas práticas de ser professor. Dado que não se trata de formá-lo como reprodutor de modelos práticos dominantes, mas capaz de desenvolver a atividade material para transformar o mundo natural e social humano.

Transformada a prática docente num processo de pesquisa é possível apreender na cotidianeidade a atividade docente supõe não perder de vista a totalidade social, pois sendo a escola parte constitutiva da práxis social, representa no seu dia a dia as contradições da sociedade na qual se localiza. Assim, a prática do professor como atividade docente cotidiana envolve a compreensão dos determinantes sociais mais amplos, bem como o conhecimento da organização do trabalho na escola. Esse conhecimento é fundamental para o futuro professor no processo da aprendizagem inicial na qual se desenvolve o estágio.

Os estudos de Pimenta (2002c) permitem estabelecer a importância da relação entre pesquisa e formação de docentes, realçando que a pesquisa deve se realizar a partir da formação e prática dos docentes e esta organizar-se a partir dos dados e informações advindas da pesquisa e referendadas como teoria do campo pedagógico.

Segundo Pimenta (2000), é importante ressaltar que o saber docente não é formado apenas da prática, sendo também nutrido pelas teorias da educação. Porém, o processo de acesso a teorização da prática só é possível por um processo de reorganização interpretativa do fazer à luz de outras interpretações a respeito da realidade. Deste modo podemos dizer que a teoria tem importância fundamental na formação dos docentes, pois dota os sujeitos de variados pontos de vista para uma ação contextualizada, oferecendo perspectivas de análise para que os professores compreendam os contextos históricos, sociais, culturais, organizacionais e de si próprios como profissionais.

A partir do pensamento de Habermas (1982) é possível compreender que a reflexão não é apenas um processo psicológico individual, uma vez que implica a imersão do homem no mundo da sua existência, um mundo carregado de valores, intercâmbios simbólicos, correspondências afetivas, interesses sociais e cenários políticos. Nesse sentido, quanto à abordagem da prática reflexiva, torna-se necessário estabelecer os limites políticos, institucionais e teórico-metodológicos relacionados a esta, para que não se incorra numa individualização do professor, advinda da desconsideração do contexto em que ele está inserido.

A transformação da prática dos professores deve se dar, pois, numa perspectiva crítica. Assim, deve ser adotada uma postura cautelosa na abordagem da prática reflexiva, evitando que a ênfase no professor não venha a operar, estranhamente, a separação de sua prática do contexto organizacional no qual ocorre. Fica, portanto, evidenciada a necessidade da realização de uma articulação, no âmbito das investigações sobre prática docente reflexiva, entre práticas cotidianas e contextos mais amplos, considerando o ensino como prática social concreta. Essa articulação, em nosso entender, só pode dar-se por um processo de investigação. Por isso é fundamental que os professores, já no seu processo de formação inicial possam fazer uma experiência de pesquisa. Pensamos que o estágio constitui-se um tempo e um espaço privilegiado para este processo formativo.

Esta dinâmica torna-se possível quando o estágio constitui-se em oportunidade coletiva para elaboração do conhecimento sobre a prática, além de ser espaço de reelaboração de saberes que se processam na prática de ensino. Para Stenhouse (1991, p. 12) o professor, como pesquisador de sua própria prática, transforma-a em objeto de indagação dirigida à melhoria de suas qualidades educativas. A pesquisa na docência constitui um diálogo e fusão de ideias educativas e de ações pedagógicas que se justificam mutuamente. A ideia do professor como pesquisador está ligada, portanto, à necessidade dos professores de pesquisar e experimentar sobre sua prática enquanto expressão de determinados ideais educativos.

Este processo de formação pode favorecer a compreensão dos estudantes ou estimular seu pensamento crítico. Essas são pretensões educativas que se abrem ao inesperado porque se referem a dimensões criativas das pessoas. Definem um potencial para desenvolver nos estudantes que pode abrir-se a possibilidades imprevistas, tanto por que se refere à experiência educativa a que pode dar lugar, como pelas aprendizagens que podem realizar-se.

Assim a atitude investigadora que propõe Stenhouse (1998) consiste em "uma disposição para examinar com sentido crítico e sistematicamente a própria atividade prática". Deste modo, o professor, como investigador de sua própria prática, converte-a em objeto de indagação dirigida a maioria de suas qualidades educativas. A investigação na prática docente constitui num diálogo e fusão de ideias educativas e de ações pedagógicas que se justificam mutuamente. A ideia do professor como investigador está ligada, portanto, a necessidade que têm os professores de investigar e experimentar sobre sua prática docente enquanto esta aspira a ser a expressão de determinados ideais educativos.

Segundo Elliott (1990), tanto o pensamento como a prática de Stenhouse estavam condicionados pela ideia de fazer experiência com o currículo. Para Stenhouse (1998) a pesquisa surge a partir da necessidade de colocar à prova as ideias expressas em uma proposta curricular.

Embora Stenhouse (1998) tenha iniciado esta reflexão sobre o professor-pesquisador, sua abordagem não inclui a crítica ao contexto social em que se dá a ação educativa. Assim, reduz a investigação sobre a prática aos problemas pedagógicos que geram ações particulares em aula. Para Carr e Kemmis (1996), por exemplo, a centralidade na aula como lugar de experimentação e de investigação e no professor como o que se dedica, individualmente, à reflexão e à melhoria dos problemas, é uma perspectiva restrita, pois desconsidera a influência da realidade social sobre ações e pensamentos e sobre o conhecimento como produto de contextos sociais e históricos. Nesse sentido, há que se aceitar a afirmação de Giroux (1997) de que a mera reflexão sobre o trabalho docente de sala de aula é insuficiente para uma compreensão teórica dos elementos que condicionam a prática profissional. Também Lawn (1993) analisa que uma coisa é identificar o lugar onde o professor realiza sua função; outra é reduzir o problema a esse lugar. Por isso, o processo de emancipação a que se refere Stenhouse, é mais o de liberação de amarras psicológicas individuais, do que o de uma emancipação social.

Segundo Contreras (2002, p. 121), foi Elliott (1989, 1990) quem melhor expressou o que significa a ideia do professor como pesquisador enquanto prática reflexiva. Para Elliott (1989, p. 250), o processo de reflexão que se dá pela pesquisa

[...] consiste em generalizações que são destilações retrospectivas a partir da experiência. Estas não são leis causais a partir das quais os professores podem predizer o resultado de um determinado curso de ação. Constituem, mais precisamente, relações entre fatores que, quando ponderados, parecem se repetir nas situações práticas com um grau razoável de frequência. Tais generalizações atraem a atenção do docente, para traços provavelmente relevantes da situação atual, que têm de ser examinados antes de selecionar um curso de ação. Diferentemente das leis causais, não dizem ao professor o que ele deve fazer, e sim proporcionam uma orientação geral para o diagnóstico de situações particulares. Se, ao deliberar, o docente verifica que algumas das relações antecipadas não se cumprem, isto não invalida as generalizações empregadas, já que cumpriram uma função muito importante de diagnóstico: ajudaram o docente a discernir qual é ou não o caso na situação atual. Apenas quando uma generalização deixa de ser aplicada à maioria das situações encontradas é que sua utilidade e valor como parte da provisão de conhecimento profissional começa a ser questionável.

Deste modo, a prática reflexiva, a partir da pesquisa e investigação na própria prática, constitui um processo dialético de geração da prática a partir da teoria e da teoria a partir da prática.

As críticas postas à concepção do professor como investigador desenvolvida por Stenhouse (1987) possibilitaram um avanço na reflexão e nas pesquisas sobre esta proposta de formação profissional centrada num processo de pesquisa. Concordando com a crítica desses autores, entendemos que a superação desses limites se dará a partir de teorias que permitam aos professores entenderem as restrições impostas pela prática institucional e histórico social ao ensino, de modo a identificar o potencial transformador das práticas. Na mesma direção, Libâneo (1998) destaca a importância da apropriação e produção de teorias como marco para a melhoria das práticas de ensino e dos resultados. Contreras (2002) chama a atenção para o fato de que a prática dos professores precisa ser analisada, considerando que a sociedade é plural, no sentido da pluralidade de saberes, mas também desigual, no sentido das desigualdades sociais, econômicas, culturais e políticas. Assim, concorda com Carr (1996) ao apontar sobre o caráter transitório e contingente da prática dos professores e da necessidade da transformação das mesmas numa perspectiva crítica.

6.3 Enfoque metodológico para a formação do professor--pesquisador reflexivo no processo de estágio

Pensamos que a perspectiva que mais contempla um processo de formação pela pesquisa no Estágio Profissional seja a Metodologia da *pesquisa-ação*, com enfoque direcionado a *pesquisa colaborativa*.

Essa perspectiva tem se configurado como fertilizadora para as pesquisas, cujo foco é o de colaborar com os processos de construção identitária de professores. Entendendo que o exercício da docência não se reduz à aplicação de modelos previamente estabelecidos, mas que, ao contrário, é construído na prática dos sujeitos-professores historicamente situados. Assim, um processo formativo mobilizaria os saberes da teoria da educação necessários à compreensão da prática docente, capazes de desenvolverem a competência e as habilidades para que os professores investiguem a própria atividade docente, e a partir dela, constituam os seus saberes-fazeres docentes, num processo contínuo de construção de novos saberes.

Entendemos que uma identidade profissional se constrói, a partir da significação social da profissão; da revisão constante dos significados sociais da profissão; da revisão das tradições. Mas também da reafirmação de práticas consagradas culturalmente e que permanecem significativas. Práticas que resistem a inovações porque prenhes de saberes válidos às necessidades da realidade. Do confronto entre as teorias e as práticas, da análise sistemática das práticas à luz das teorias existentes, da construção de novas teorias. Constroem-se, também, pelo significado que cada professor, enquanto ator e autor confere à atividade docente no seu cotidiano a partir de seus valores, de seu modo de se situar no mundo, de sua história de vida, de suas representações, de seus saberes, de suas angústias e anseios, do sentido que tem em sua vida o ser professor. Assim como a partir de sua rede de relações com outros professores, nas escolas, nos sindicatos e em outros agrupamentos.

Por isso, é importante mobilizar os saberes da experiência, os saberes pedagógicos e os saberes científicos, enquanto constitutivos da docência, nos processos de construção da identidade de professores (Pimenta, 2000).

Essa perspectiva apresenta um novo paradigma sobre formação de professores e suas implicações sobre a profissão docente. Tendo emergido em diferentes países nos últimos 25 anos, configura como uma *política* de valorização e desenvolvimento pessoal-profissional dos professores e das instituições escolares, uma vez que supõe condições de trabalho propiciadoras da formação *contínua* dos professores.

A denominar o desenvolvimento do estágio como atividade de pesquisa assume-se a perspectiva da pesquisa como colaborativa *e/ou* pesquisa-ação, entendendo que sua finalidade é criar uma cultura de análise das práticas tendo em vista suas transformações pelos professores com a colaboração dos professores da universidade e dos estagiários. Concordando com Zeichner (1998, p. 223), que "a *pesquisa colaborativa é um importante caminho para superar a divisão entre acadêmicos e professores, mas não é qualquer pesquisa colaborativa que faz isso*" importava-nos configurá-la como pesquisa-ação. E mais recentemente, como *"pesquisa-ação crítica"* (Kincheloe, 1998, p. 180).

Um dos principais desafios da pesquisa colaborativa será o estabelecimento dos vínculos entre os pesquisadores da universidade, os estagiários e os professores da escola. Uma maneira de superar este obstáculo inicial é partir das necessidades dos estagiários, dos professores e das escolas onde a prática se efetivará. Para isso, é preciso partir das inquietações fortemente vinculadas às suas práticas cotidianas, que emergem de suas necessidades. Evitar "começar" a pesquisa e o trabalho como se a universidade já tivesse a resposta para os problemas que a escola enfrenta. Também é necessário superar a representação de que os professores da universidade levam as respostas/receitas do que deveriam fazer para resolver seus problemas.

É importante que se diga que sem a conquista da relação de parceria e a confiança dos professores e estudantes não é possível desenvolver este trabalho de estágio como pesquisa. Por isso, é fundamental priorizar o diálogo sistemático das questões cotidianas com a colaboração dos professores que estão na escola e de outros instrumentos. Neste sentido, ao longo do processo de estágio e da presença desta atividade pode ser significativa a seleção de textos para estudos coletivos na escola, propor questões, escrever, dialogar com os autores, envolver os estudantes (futuros professores) e sistematizar as questões em torno de alguns eixos centrais no processo de reelaboração do conhecimento que se dá pela pesquisa no Estágio.

Neste sentido o trabalho de Garrido, Pimenta e Moura (2000) é central na evidência de uma experiência que pode ser significativa no processo de formação inicial de professores. Especialmente quando compreendem que o saber sobre o ensino não se dá antes do fazer, como estabelece o paradigma da racionalidade técnica, mas se inicia pelo questionamento da prática; respaldado em conhecimentos teóricos é produto do entendimento dos problemas vivenciados e da criação de novas soluções visando a sua superação. Daí a necessidade da introdução do futuro professor, desde o início da sua formação, no universo da prática. Ele aprenderia a ser professor refletindo sobre sua prática, problematizando-a, distinguindo as dificuldades que ela coloca, pensando alternativas de solução, testando-as, procurando esclarecer razões subjacentes a suas ações, observando as reações dos estudantes, verificando como aprendem, procurando entender o significado das questões e das respostas que eles formulam.

Estas atividades seriam próprias de uma atitude investigativa, caracterizando o professor como produtor de conhecimentos práticos sobre o ensino. Esta perspectiva deve reorientar os cursos de formação, especialmente no que diz respeito às relações dialógicas entre teoria e prática e à importância da aprendizagem de procedimentos investigativos e de interpretação qualitativa dos dados. Nesse processo, fica explícita a importância da atuação coletiva dos professores no espaço escolar, propiciador de trocas reflexivas sobre as práticas, o que qualifica a profissão do professor, definindo-o como intelectual em processo contínuo de formação.

Neste sentido, a pesquisa da prática na formação e identidade profissional de professores tem sido desenvolvida por diferentes autores. Na perspectiva do desenvolvimento de pequenos projetos teoricamente sustentados podemos lembrar os trabalhos de Sacristán (1983, 1992, 1999), Porlán (1987). Sobre equipe escolar, reflexão na ação e pesquisa da prática podemos destacar as pesquisas de Contreras (1997), Goodson (1993), Zeichner (1991, 1998), Fiorentini (1998), Elliot (1993), Heargreaves (1997), Baird (1986), Pimenta (1998), Penteado (1998), entre outros trabalhos significativos que procuram respaldar a produção do conhecimento na direção da pesquisa que se dá no espaço da escola, como ação-colaborativa em vista de mudanças no universo do ensino.

Tendo em vista melhor explicitar a o *Estágio Profissional* neste horizonte de trabalho assume-se como possibilidade de objetivos: articular o desenvolvimento profissional dos professores envolvidos; analisar os processos de construção dos saberes pedagógicos pela equipe escolar; estimular mudanças na cultura organizacional escolar; oferecer subsídios para as políticas públicas de formação contínua de professores.

Seu pressuposto: todo professor pode produzir conhecimentos (práticos/teóricos) sobre o ensino na medida em que propõem inovações nas práticas e transformando-as e re-orientando-as visando superar dificuldades e necessidades detectadas pela investigação reflexiva-colaborativa.

Os resultados esperados dessa colaboração podem assim ser resumidos: mudanças pedagógicas, produzindo valorização do trabalho, crescimento pessoal, compromisso profissional, desenvolvimento de uma cultura de análise e de práticas organizacionais participativas. Os capítulos seguintes deste livro, com base em diferentes pesquisas realizadas, esboça e apresenta outros resultados a esse processo formativo.

6.4 Questões que orientam a prática do estágio como processo de pesquisa

O esboço que até aqui realizamos da problemática epistemológica da pesquisa da prática na perspectiva da pesquisa ação-colaborativa, emerge do processo de pesquisas anteriores e tem sido colocada por outros pesquisadores de nosso país e de outros, evidenciando a importância de seu aprofundamento.

Segundo Pimenta e Lima (2004, p. 46), "a pesquisa no estágio é uma estratégia, um método, uma possibilidade de formação do estagiário como futuro professor. Ela pode ser também uma possibilidade de formação e desenvolvimento dos professores da escola na relação com os estagiários". A pesquisa no estágio se traduz na mobilização de saberes que permitem a ampliação e análise dos contextos onde os estágios se realizam como pesquisa. Essa perspectiva de estágio implica posturas diferenciadas diante do conhecimento. Supõe que se busque novo conhecimento na relação entre as explicações existentes e os dados novos que a realidade impõe e que são percebidos na postura investigativa.

É importante que se diga que o movimento de valorização da pesquisa no estágio no Brasil tem suas origens no início dos anos 1990, a partir do questionamento que então se fazia sobre a indissociabilidade entre teoria e prática. Assim, a formulação do "estágio como atividade teórica instrumentalizadora da práxis" (Pimenta, 1994, p. 121), tendo por base a concepção do "professor como intelectual" (Giroux, 1997) em processo de formação e a educação como um processo dialético de desenvolvimento do ser humano historicamente situado, abriu espaço para um início de compreensão do estágio como uma investigação das práticas pedagógicas nas instituições educativas (Pimenta e Lima, 2004).

Segundo Lima (2001b), essa visão mais abrangente e contextualizada do estágio indica, para além da instrumentalização técnica da função docente, um profissional pensante, que vive num determinado espaço e num certo tempo histórico, capaz de vislumbrar o caráter coletivo e social de sua profissão.

Do ponto de vista operacional, o estágio como processo de construção do conhecimento orientado pela prática da pesquisa, centrado no conceito de professor-pesquisador e professor reflexivo, pode ser melhor explicitado no que se segue.

Independentemente do *locus* e da modalidade, entende-se que a formação do professor não se esgota na formação inicial. Ele deve estar preparado para exercer uma prática pedagógica cotidiana de formação contínua, mediada pela teoria e pela constante reflexão contextualizada e coletiva. Assim, a formação deve estar voltada para uma atividade reflexiva e investigativa, para superação de uma matriz formativa tradicional baseada meramente na formação profissional, buscando o domínio do saber pedagógico. Para que a ação pedagógica do professor esteja pautada em uma *atitude reflexiva*, *crítica* e *investigativa* é fundamental que ele possa vivenciar essa mesma realidade durante os cursos que formam para o magistério (Ferraz, 2000). A formação do professor começa pela incorporação do perfil profissional definido considerando, especialmente, a inserção local e regional. Assim, o professor deve ser preparado para:

- propor seu modo próprio e criativo de teorizar e praticar a docência referenciada na pesquisa, renovando-a constantemente e mantendo-a como fonte principal de sua capacidade inventiva, por meio de um processo reflexivo sobre sua prática e o contexto social onde está inserido.

- estimular a aprendizagem que se desenvolve a partir de uma atitude investigativa, considerando o estágio social e intelectual de desenvolvimento do estudante, tendo como objetivo maior fazer dele um parceiro de trabalho, ativo, participativo, produtivo, reconstrutivo (Demo, 1997).

- ser um acolhedor da diversidade, aberto às inovações pedagógicas e tecnológicas, comprometido com o social, com o sucesso e as dificuldades de seus educandos.

A estrutura e a ação desta proposta quer possibilitar e permitir a formação do docente crítico, reflexivo, que incorpore a pesquisa como princípio educativo, numa perspectiva sócio-histórica.

Ao mesmo tempo em que se quer isso impõe superar o processo de ensino fragmentado, privilegiando ações integradas e pensando o currículo em sua amplitude de saberes e diversidade de modalidades de execução. Concebido desse modo, o currículo expressa as bases processuais de formação, contemplando os diversos processos relacionados com a formação profissional, cultural e humanística dos estudantes.

Convém ressaltar que o currículo se constrói a partir da definição coletiva do projeto pedagógico do curso, onde os critérios de seleção e organização dos referenciais de conhecimentos, metodologias, atitudes e valores, sejam estabelecidos por todos os atores do processo.

Com esse entendimento o curso há de propor-se, no seu currículo, um trajeto de formação que privilegie a:

- indissociabilidade entre ensino, pesquisa e extensão;
- Interdisciplinaridade e transdisciplinaridade;
- formação profissional para a cidadania;
- autonomia intelectual;
- responsabilidade, compromisso e solidariedade social.

Entende-se que a articulação teoria-prática deve fazer parte do direcionamento dado em todo o *processo de formação docente*. As experiências de pesquisa vivenciadas no decorrer da formação possibilitam ao estudante perceber que a prática atualiza e interroga a teoria.

Desse modo, reconhece-se como Esteban e Zaccur (apud Ferraz, 2000, p. 63) que: "a prática sinaliza questões e a teoria ajuda a apreender estas sinalizações, a interpretá-las e a propor alternativas. [...] A prática é o local de questionamento, do mesmo modo que é objeto deste questionamento, sempre mediado pela teoria".

Neste entendimento, a sala de aula tomada como espaço de investigação, apresenta ao professor esta possibilidade de conhecer, refletir e entender os processos individuais e dinâmicos de aprendizagem de seus estudantes, suscitando constantemente novos questionamentos, favorecendo a revisão de conclusões iniciais, à luz de novas observações e também do conhecimento já consagrado na literatura. A prática é o objeto de investigação permanente do professor, durante sua formação e na ação profissional. Esse olhar permite que se dê a construção de métodos de ensino que garantam o aprendizado dos conhecimentos e da maneira de produzi-los. É fundamental ainda considerar que o desenvolvimento pedagógico a partir das práticas, permite dar conta da complexidade do processo de formação humana, por sua sintonia permanente com o movimento da realidade.

De modo geral, a proposta articula todos estes elementos fundamentais no processo formativo, expresso na Figura 8.

O modelo apresentado na Figura 8 apresenta um modelo da dinâmica do planejamento e organização do currículo de formação do professor na perspectiva do estágio com pesquisa. Na parte superior colocam-se as disciplinas que compõem os conteúdos curriculares das ciências da educação, do projeto de curso e da especialidade. Transversalmente a estes as práticas são inseridas paralelamente ao seu oferecimento. Na parte abaixo, na representação, simultaneamente ao conteúdo curricular do curso as atividades que realizam, interdisciplinarmente o processo de investigação que culminara com a realização formal da pesquisa na conclusão do curso.

Na proposta apresentada na Figura 8 se faz necessário que se eleja, em cada semestre letivo, uma disciplina articuladora tendo em vista a realização da atividade e das práticas que serão desenvolvidas naquele semestre do curso. Isto quer dizer que um projeto desta

FIGURA 8 Desenho do processo interdisciplinar do *Estágio com Pesquisa*

PERÍODO	PRÁTICA DE ENSINO	EIXOS INTERDISCIPLINARES QUE PERPASSAM E ORIENTAM OS TRABALHOS E ATIVIDADES DO CURSO	PESQUISA/ESTÁGIO PROFISSIONAL/TCC	PESQUISA/TCC
8° PERÍODO				SISTEMATIZAÇÃO DA PESQUISA/TCC
7° PERÍODO				PRÁTICA DE ENSINO/ PESQUISA-AÇÃO
6° PERÍODO				PRÁTICA DE ENSINO/ PESQUISA-AÇÃO
5° PERÍODO				ESTRUTURAÇÃO DO PROJETO DE PESQUISA/ OBSERVAÇÃO PARTICIPANTE
4° PERÍODO				DIAGNÓSTICO DA ESCOLA ESCOLHIDA
3° PERÍODO				SONDAGEM E METODOLOGIA DO PRÉ-PROJETO
2° PERÍODO				FUNDAMENTAÇÃO TEÓRICA DO PRÉ-PROJETO
1° PERÍODO				PRÉ-PROJETO DE PESQUISA

natureza há de operar-se por ações e atividades coletivas dos docentes que compõem a formação no curso. Além disso, especialmente nas instituições que ainda não consolidadas, faz-se necessário definir linhas de pesquisa, área de atuação e a organização de grupos de estudo e pesquisa para que constituam articuladores e aglutinadores das atividades pedagógicas da formação.

O Estágio com Pesquisa na formação inicial de professores de Ciências como desenvolvimento da Educação Científica

O objetivo deste capítulo é mostrar um dos contextos em que se desenvolveu a presente investigação, do qual se faz o relato da experiência realizada, no processo de estágio com pesquisa, o qual visava à formação do professor reflexivo pesquisador.

Esta discussão dá-se primeiramente a partir das ideias sobre o estágio com pesquisa que sustentam uma proposta pedagógica de um curso de formação inicial para, em seguida, apresentar-se a visão de dez docentes daquele curso que relatam a experiência realizada na formação de professores do estágio com pesquisa, por último, faz-se uma análise do conceito de educação científica a fim de melhor compreender em que medida a proposta de estágio com pesquisa dá conta ou responde às necessidades de uma educação científica na formação inicial de professores nos anos iniciais do Ensino Fundamental.

7.1 O estágio como campo privilegiado da formação e a pesquisa como eixo articulador entre a teoria e a prática

Esta descrição é proveniente das reflexões do grupo de professores orientadores de estágio, bem como, do trabalho desenvolvido pela coordenação pedagógica do curso pesquisado.[1]

Ao ser elaborado o Curso Normal Superior por uma equipe de professores terceirizada, uma vez que a Universidade do Estado do Amazonas não tinha seu próprio corpo docente, o projeto foi encaminhado ao Conselho Estadual de Educação do Amazonas que o autorizou, iniciando-o no segundo semestre letivo de 2001 com as suas primeiras turmas, sendo seis em cada turno.

Sem muita clareza de que tipo de profissional pretendia formar, o Curso apresentava em sua matriz curricular um corpo de disciplinas, cujas ementas, traziam inúmeras repetições em seu conteúdo. Em vista disso, constituiu-se uma nova comissão para repensar o projeto do Curso Normal Superior.

Ao reavaliar a antiga estrutura a comissão decidiu que a formação deveria responder aos desafios da região amazônica e que a proposta deveria ser orientada e fundamentada em quatro dimensões do processo educativo: a ética, a política, a técnica e a estética visando uma sólida formação humana.

Mesmo com estas mudanças a proposta não conseguiu avançar muito até pela falta de articulação dos professores para realizarem estudos sistematizados que fortalecessem a proposta em andamento.

---

1. As fontes consultadas para esta análise constituem-se do Projeto Pedagógico do Curso Normal Superior, o Projeto de Estágio Profissional do Curso, as reflexões dos professores participantes do processo inicial de estágio (Ghedin, Brito e Almeida, 2006) e o trabalho de Ghedin, Almeida e Leite (2008).

Assim, chegado o período em que as turmas iniciadas em 2001 estavam no momento de exercitarem o estágio curricular, a coordenação do curso percebeu que este não tinha uma proposta pedagógica, pois o projeto pedagógico do curso oferecia uma ementa com uma parca bibliografia apontando para uma prática de ensino.

Em vista disso, criou-se uma equipe formada por professores que já estavam atuando na instituição com alguma experiência em estágio, porém, apenas uma integrante do grupo já havia trabalhado com estágio anteriormente no curso de pedagogia. A coordenação do curso então reuniu o grupo para estudo, debates e discussões para elaboração de uma proposta de estágio.

Esse grupo de professores começou a pensar alternativas sobre o desenvolvimento do estágio. Inicialmente, buscando saber como haviam sido suas experiências de estágio. Esse exercício de fazer uma releitura da própria formação é chamado por Fazenda (2006) de processo de *nidação*, no qual o pesquisador faz uma revisão do percurso teórico-prático que veio norteando sua formação, uma releitura do que mais o marcou em sua concepção de educação.

No final dos relatos, o grupo concluiu que o modelo de formação obtida por eles durante o estágio não atendia às necessidades formativas que os desafios do contexto escolar exige do professor marcado radicalmente pelo pouco conhecimento de teorias que orientem e articulem-se à prática e por um ensino centrado na transmissão de conteúdos.

Diante disto, o grupo buscou traçar um perfil de estágio que se diferenciasse daquelas experiências vivenciadas por eles em sua formação inicial. Assim, desencadearam as discussões e os debates movidos por algumas questões.

Que professores queremos formar? Para que sociedade? Que práticas docentes queremos para os futuros professores? O que é conhecimento? Como produzir conhecimento? Como o professor pode formar cidadãos críticos se não desenvolveu a criticidade em seu processo de formação? Estas e outras perguntas orientaram o processo de pesquisa que pudesse ajudar o grupo a compreender e buscar respostas significativas às questões levantadas.

Assim foi feito um levantamento da literatura capaz de subsidiar as discussões, cujos textos foram divididos entre os integrantes do grupo, ficando cada um com a responsabilidade de realizar leitura, fichamento e análise, trazendo as contribuições para se pensar o estágio.

Após um mês de estudo e reflexões a equipe concluiu que dentre as tendências sobre formação estudadas os conceitos que mais se coadunavam com as perspectivas de uma formação inovadora na literatura recorrida era o de *professor reflexivo* e *professor-pesquisador*.

Entrando em consenso sobre os conceitos orientadores da proposta, o grupo perguntava-se se era possível instituir uma prática de estágio mais coletiva, em que os estudantes pudessem "desenvolver práticas reflexivas através da atividade investigativa das próprias práticas em espaços coletivos" (Ghedin, Almeida e Leite, 2008, p. 63).

A medida em que a equipe tinha clareza sobre os conceitos norteadores da proposta de estágio levantavam-se alguns problemas: como conduzir um processo de estágio na prática cotidiana da escola que fosse capaz de uma reestruturação cognitiva para superação de uma cultura viciada que se faz presente nas escolas?

Como articular a teoria e a prática de modo que os estudantes dominem os instrumentos teórico-metodológicos da construção do conhecimento ao desenvolverem o estágio com pesquisa para a formação do professor-pesquisador-reflexivo? Essas e outras questões surgiam exigindo da equipe de professores a constante reflexão e estudo no acompanhamento do estágio dos futuros docentes.

Então diante das questões levantadas, o grupo concluiu ser mais adequado e coerente ao modelo de professor que queriam formar orientado pela reflexão e pela pesquisa que tanto o professor orientador quanto o estudante deveriam adotar uma postura investigativa durante o processo de estágio e esse princípio deveria nortear os procedimentos metodológicos da formação.

A partir dessa ideia central, o grupo elaborou um plano-programa intitulado: *Projeto de Estágio Curricular: As condições sócio-histórico-políticas da Educação Infantil e Séries Iniciais do Ensino Fundamental na*

Cidade de Manaus, visando à orientação da formação dos estudantes e professores orientadores por meio de um processo de pesquisa.

As características teórico-metodológicas, assumidas no projeto, configurava a necessidade de um trabalho articulado entre os docentes com um caráter interdisciplinar, o que requeria do grupo de professores maior diálogo e esforço coletivo, uma vez que a pesquisa tornava-se o eixo articulador dos quatro semestres de estágio, passando a orientar tanto o trabalho dos professores como o dos estudantes.

Após os estudos, debates e discussões sistemáticos sobre o que deveria ser priorizado no estágio com pesquisa o projeto assumiu o seguinte *objetivo geral*: formar professor, enquanto profissional reflexivo, capaz de compreender e atuar na realidade educacional contemporânea, propondo novas alternativas pedagógicas a partir da prática de estágio centrado num processo de pesquisa.

Com base no tipo de profissional a ser formado, foram elaborados os seguintes *objetivos específicos*:

1) buscar um referencial teórico que fundamente a prática do estágio como atividade de pesquisa;

2) orientar os alunos na elaboração dos projetos de pesquisa;

3) acompanhar, incentivar, apoiar e assessorar as atividades de investigação do objeto de estudo;

4) subsidiar os alunos na análise dos dados obtidos na investigação;

5) auxiliar na análise dos dados, compatibilizando-os com os objetivos propostos no projeto de pesquisa;

6) criar oportunidade de socialização e divulgação dos resultados;

7) proporcionar a interdisciplinaridade entre o estágio profissional e as disciplinas dos cursos de formação de professores, com vistas à elaboração do trabalho de conclusão de curso no formato de uma monografia originada pelo desencadeamento de um processo de pesquisa metódica e sistematicamente orientado;

8) criar a partir dos projetos de pesquisa dos estudantes e do projeto de estágio, um Núcleo de estudo e pesquisa em educação para conjugar a sistematização da produção de conhecimento elaborado neste contexto investigativo;

9) acompanhar os estudantes na prática de ensino na educação infantil, ensino fundamental, educação de adultos e outras modalidades de ensino em que venha atuar como parte integrante do projeto de estágio.

Em vista dos objetivos propostos, as atividades do Estágio I foram divididas entre Pesquisa e Prática de Ensino, sendo que, na pesquisa os alunos começariam com um diagnóstico da escola para compreensão do contexto e dos sujeitos fazendo, ao mesmo tempo, a revisão da literatura para subsidiar a metodologia de acordo com os objetivos da investigação.

Todo esse trabalho de elaboração teórico-metodológica seria acompanhado e orientado pelos professores de estágio até a fase de construção do relatório e monografia, bem como, nas atividades de divulgação das atividades desenvolvidas por professores e alunos com vistas à publicação através do Núcleo de Estudo e Pesquisa.

Na parte das atividades de prática de ensino, o trabalho teve começo com um estudo geográfico feito pelo grupo de professores para saber onde encaminhar os estudantes através de acerto prévio com a escola, que designaria um supervisor ou professor para avaliar o estagiário.

A partir daí, o estagiário era encaminhado a uma sala de aula de educação infantil, no ensino fundamental ou educação de adultos para observar e colaborar com o professor na prática docente, sendo acompanhado pelo professor de estágio no decorrer destas atividades, onde ao final, a escola preenchia a ficha de acompanhamento do estagiário.

A carga horária do período de Estágio foi dividida em quatro momentos da seguinte forma: Estagio I com uma carga horária total de 120 horas distribuídas nas seguintes atividades: elaboração do projeto de estágio; construção da fundamentação teórica do projeto;

assessoria aos alunos na elaboração de seus projetos de pesquisa; acompanhamento dos alunos em campo; atendimento individual para acompanhamento, avaliação e elaboração do relatório final dos alunos; seminário de socialização dos projetos de pesquisa.

Estágio II com um total de 120 horas, desenvolvido no 6º período objetivando que o estagiário cumprisse um mínimo de carga horária com a prática de ensino (60h) e o restante com atividades de pesquisa, seguindo o desenvolvimento desenhado no semestre anterior.

O Estágio III, também com uma carga horária de 120 horas desenvolvido durante o 7º período, destinou-se ao processo de prática de ensino e de pesquisa, compreendendo a investigação (coleta de dados), a sistematização dos dados coletados e o relatório parcial da pesquisa desenhado no projeto proposto no Estágio I.

Finalmente, o Estágio IV desenvolvido no 8º período, com um total de 120 horas destinou-se à elaboração final da pesquisa, à monografia e sua apresentação mediante três professores avaliadores em evento especialmente organizado para socialização dos trabalhos de pesquisa.

À medida que o projeto desenvolvia-se, as limitações iam aparecendo, exigindo um repensar e um planejamento constante das ações pedagógicas. Um desses ajustes foi a inclusão da disciplina *Pesquisa e Prática Pedagógica* em dois semestres. Os estudantes seriam orientados no processo da pesquisa em educação e acompanhados na sua experiência de estágio de forma que as atividades por eles vivenciadas servissem de fonte de pesquisa e reflexão.

Ao perceberem que os alunos não tinham recebido uma sólida orientação sobre como fazer um projeto de pesquisa o grupo de professores e professoras optou por um acompanhamento mais sistemático de modo a fazer com que cada estudante pudesse desenvolver sua autonomia na elaboração de seu projeto de pesquisa durante o período de estágio.

No entanto, para que essa iniciativa tivesse êxito, o Curso foi reestruturado interdisciplinarmente, pois houve a necessidade da participação dos professores de todas as disciplinas do semestre para colaborar no trabalho de orientação dos alunos, dando suporte na compreensão e na articulação entre teoria e prática por meio de um processo reflexivo, a partir da contribuição de cada disciplina para a pesquisa do estudante.

De acordo com essa proposta, de formação o perfil do professor formado pelo Curso Normal Superior se caracterizaria pelo seu contínuo desenvolvimento e construção de sua autonomia. Assim, deveria ser capaz de:

> a) refletir e investigar seu próprio agir (dentro de condições estruturais, sociais e históricas concretas); b) construir conhecimento crítico; c) propor situações inovadoras e criativas diante das necessidades emergentes (Brito, 2006, p. 39).

Percebe-se no perfil desejado para a formação do professor reflexivo pesquisador todo um trabalho articulado apoiado no tripé: prática docente, a reflexão e a atividade de pesquisa. Esse formato representava o esforço de superação de um modelo tradicional, tanto de formação, quanto de uma prática de supervisão de estágio marcadamente burocrática com base na racionalidade técnica e distanciada da realidade escolar.

Tornar o estágio esse espaço de aprendizagem que leva a refazer continuamente a prática e a descobrir novos jeitos de conviver e compreender o fazer pedagógico, é o desafio enfrentado nos diversos cursos de formação por alunos e professores na superação entre o abismo que se criou entre teoria e prática.

> [...] Talvez o que devêssemos pensar em termos de formação, é que ela tem que ser práxis, ou seja, o curso de formação tem de tomar a realidade com o objeto de estudo, como ponto de partida para a formação de professores.
>
> Tomar essa questão como objeto de estudo, significa fazer a formação com pesquisa, a pesquisa da realidade, a pesquisa do real em todas as disciplinas como é num bom curso de formação [...] (Pimenta, 2007, p. 47-48).

ESTÁGIO COM PESQUISA

Esse esforço de compreensão sobre como conduzir a prática pedagógica dos futuros professores tomando como base a realidade escolar é o que aponta a autora como o ponto alto da formação. À medida que o exercício da docência se faz pelo viés da pesquisa institui-se na prática desses docentes um processo contínuo de reflexão na e sobre a ação, sobre como conduzir o processo de ensino articulado à pesquisa revendo o papel do ensino superior não só na formação dos estudantes, como também, na formação dos formadores.

Mas como conseguir um trabalho de orientação efetiva mobilizada pela pesquisa num trabalho de parceria entre o professor orientador do estágio e o estagiário?

De acordo com Brito (2006), a qualidade relacional é condição essencial para o trabalho de orientação, pois esta é percebida entre o supervisor e o estagiário, pelo nível de maturidade entre os sujeitos envolvidos no processo formativo.

É durante o processo de orientação que se estabelece a corresponsabilidade por meio do diálogo e do clima de parceria que é estabelecido nas orientações sobre como o estagiário deve inserir-se na prática cotidiana da escola, bem como nas horas de acompanhamento individual sobre a produção da pesquisa.

De acordo com Brito (2006), esse clima de abertura e autenticidade que evita melindres e prepara o futuro professor para a aproximação com a realidade escolar foi fundamental para formar nos estudantes atitudes básicas para a pesquisa.

O grupo de professores orientadores percebeu que seria necessário um conjunto de condições metodológicas básicas para que os estudantes compreendessem o processo de pesquisa e adquirissem uma postura investigativa.

Dentre estas condições destacou-se: a *observação fenomenológica*[2] que se faz no sentido de o pesquisador não levar para o campo de

---

2. A observação fenomenológica é entendida aqui na visão de Barros (1990 apud Ghedin, Almeida e Leite, 2008, p. 71) que consiste, sobretudo, em suspender o juízo, os preconceitos e os modelos teóricos e práticos subjacentes que, normalmente, direcionam e unilateralizam o olhar do pesquisador.

observação, no caso, a escola, seus preconceitos e críticas provenientes de uma visão já formada sobre esta.

Nesse sentido, Brito (2006) destaca que o supervisor de estágio deve alertar o estudante quanto ao olhar e a linguagem depreciativa sobre as experiências observadas no cotidiano escolar, para que este, use da "imparcialidade" ao observar os fenômenos educativos, evitando uma visão unilateral.

Quando as experiências de estágio não levam em conta esse requisito na formação do futuro profissional, este passa a enxergar apenas o lado negativo da escola, que no dizer de Pimenta (2008, p. 40) transfigura-se num "criticismo vazio" fazendo com que muitas escolas não aceitem ou emperrem a chegada do estagiário em seus ambientes.

Outra condição necessária para a postura investigativa dos futuros professores *era o registro atento de situações e acontecimentos*, capaz de mostrar a real face da escola, seus problemas e desafios, bem como seus pontos fortes, revelando-se em cada setor suas peculiaridades. Para o grupo de professores, esta atitude permitiria que o diagnóstico da escola feito pelos estudantes revelasse o dinamismo que existe na escola, distanciando-se da imagem estereotipada e negativa que se faz dela.

A superação da visão fragmentada dos problemas da escola. Nesse particular, o grupo de professores pretendia que os estagiários desenvolvessem um olhar mais sistêmico sobre a escola, de modo que, por meio da criticidade e da reflexão, pudessem analisar as contradições do contexto escolar com mais profundidade, percebendo a interdependência entre os diferentes problemas detectados, a fim de construir uma visão interdisciplinar do próprio conhecimento.

> A caminhada do estágio curricular é carregada de lições que precisam de um olhar sensível e competente para que se revelem os novos conhecimentos, que a prática pode mobilizar para a construção da identidade docente (Lima, 2009, p. 3).

Esse olhar sensível, no dizer da autora, refere-se à compreensão do estágio como campo de conhecimento em que os estudos possam dar um novo sentido e um novo significado à prática, contribuindo efetivamente na formação do futuro professor.

Para Pimenta (2008), é no estágio dos cursos de formação docente que os futuros professores adquirem a compreensão da complexidade das práticas institucionais e das alternativas aí praticadas para a inserção em sua profissão.

Ao perceberem como os profissionais formadores agem no contexto complexo das instituições, os estudantes têm uma visão mais aproximada dos desafios da profissão de professor e um olhar mais crítico sobre o contexto educativo em que a cultura, a política, a economia influenciam diretamente.

Outra atitude incentivada durante o processo de formação foi *autoperceber-se como profissional da educação*. Diz respeito ao futuro professor comprometer-se com sua formação, no sentido de superar os limites e desafios do cotidiano escolar sem perder de vista o objetivo da educação, não se conformando com as situações limitantes. Neste sentido, o estagiário é orientado a superar a indiferença e o conformismo ao deparar-se com os desafios educacionais.

No dizer de Freire (1986), ser um sujeito da esperança aquele que não deixa a desesperança imobilizá-lo e nem disseminar um pensamento e uma conduta pessimista diante da vida, das pessoas, de seus estudantes, por saber que é capaz de construir algo novo à medida que pensa esse "novo" coletivamente.

Assim, o trabalho de supervisão e orientação completavam-se interagindo prática docente e pesquisa num processo contínuo que se retroalimentava. Nesse caminhar, uma situação percebida pelo trabalho de orientação e supervisão foi o dilema vivido pelos estagiários em conseguir atuar como pesquisadores enquanto estavam na situação concreta da escola.

Essa dificuldade talvez tenha origem na crença que ainda predomina no meio acadêmico de que o pesquisador tem que ser alguém neutro, uma pessoa que esteja "fora" da escola (Ghedin, Almeida e Leite, 2008).

A este respeito, Pimenta (2007) compreende que professor-pesquisador é aquele que investiga a própria prática, aquele que tem o domínio dos instrumentos da pesquisa e desenvolve-se como um cientista da educação. Desta forma, conhecer e aprofundar-se na ciência da pedagogia, durante sua formação é fundamental para saber operar e construir os saberes da profissão.

A autora aposta que uma formação que privilegie a pesquisa com o estágio e faça da realidade e dos problemas educacionais objeto de investigação torne possível que esse professor, ao concluir sua formação inicial, não seja tão facilmente absorvido pela cultura escolar existente.

Como vemos, o percurso desenvolvido na proposta de estágio, ao preparar os futuros professores desde a elaboração do projeto de pesquisa, orientados pelos princípios norteadores, conduziram o trabalho de supervisão e orientação no esforço de criar, no espaço da formação, um trabalho de iniciação científica, visando à formação do professor-pesquisador reflexivo, no qual a identidade profissional fora construída pelos discentes e docentes envolvidos no processo.

No entanto, nenhum percurso é linear e como é próprio de um processo de investigação marcado pelas incertezas apresenta-se, na sessão seguinte, o resultado de pesquisa documental elaborada a partir dos relatos de experiências[3] de dez professores(as) que criaram,

---

3. Os relatos escritos pelos docentes que vivenciaram a primeira experiência no Curso Normal Superior, de Estágio com Pesquisa, encontram-se publicados em Ghedin, Almeida e Brito (2006). Como cada docente assume a autoria do próprio relato, a pesquisa não se utilizou dos manuscritos (digitados), por isso usa-se a ABNT, apresentando suas reflexões na forma de citação. Neste caso, a pesquisa considera estes docentes como autores do próprio processo vivenciado por eles, do mesmo modo que as frases aqui citadas literalmente constituem-se em elementos que constroem uma visão do professor a respeito da sua vivência do processo de estágio com pesquisa. Por se tratar de relatos de uma experiência, optou-se por não realizar uma entrevista estruturada aberta com aqueles(as) docentes, pois considerou-se que a maturidade das reflexões apresentadas na publicação garantem uma profundidade significativa para que a pesquisa compreenda como se deu esse processo na voz dos(as) professores(as).

ESTÁGIO COM PESQUISA

vivenciaram e desenvolveram o estágio com pesquisa no Curso Normal Superior. Os relatos apresentados pelos docentes descrevem os desafios e as possibilidades vivenciadas naquele processo.

Como o objetivo deste capítulo é compreender em que medida a formação do estágio com pesquisa contribuiu para a educação científica dos egressos, entendeu-se relevante obter, a partir dos relatos destes professores, pistas de uma formação balizadora de um professor-pesquisador reflexivo ao buscar conhecer seus avanços e recuos.

7.2 O projeto de estágio com pesquisa: desafios e possibilidades da prática na perspectiva dos docentes de um curso

De acordo com Ghedin, Almeida e Leite (2008), dentre as dificuldades encontradas na implementação do projeto de estágio com pesquisa, algumas estão ligadas à própria proposta de estágio e outras às questões institucionais.

Das dificuldades enfrentadas por discentes e docentes, àquelas ligadas à proposta do estágio, destacou-se primeiramente as que sinalizam a falta de preparo dos estudantes, e, em seguida, as que sinalizam as limitações sentidas pelos professores com relação à orientação dos projetos de pesquisa na intercessão com as de natureza institucional.

A falta de domínio dos estudantes dos princípios balizadores da pesquisa, bem como do processo de elaboração e execução do projeto investigativo, tem sido um dos problemas mais sentidos pelos professores. Ao descrever os limites e as possibilidades da implementação do projeto, Oliveira (2006, p. 91) diz que:

> No quinto período, no processo de elaboração do projeto de pesquisa, os alunos não tinham o domínio para a preparação de um projeto de pesquisa, mesmo sendo ministrada a disciplina Metodologia do Trabalho Científico no primeiro período. Essa situação acrescentou muitas

outras dificuldades, talvez pelo fato dos estudantes não terem dado a devida atenção à disciplina no momento de seu oferecimento.

A dificuldade sentida pela professora é também vivenciada por este discente ao falar da necessidade de compreender os elementos de um projeto de pesquisa e como fazê-lo:

> *A gente tinha que saber como fazer um projeto de pesquisa e entender quais eram os métodos de pesquisa. Depois de realizar a pesquisa, apresentávamos os relatórios com os resultados parciais, pois tínhamos que saber como ia ser e tínhamos que correr atrás. A minha monografia era sobre o Ensino de Ciências e eu tinha que saber a fundamentação teórica para saber como era o Ensino de Ciências nas escolas* (Egresso 1).

A preocupação presente no relato de Oliveira (2006) e na fala do egresso quanto à elaboração de um projeto de pesquisa dentro daquele contexto de formação ia muito além do cumprimento de uma exigência acadêmica, mas revelava o compromisso com a construção do conhecimento para a compreensão da realidade investigada e a autonomia do futuro professor em dominar as ferramentas de sua profissão.

Tendo a pesquisa como eixo articulador do processo, difícil era para professores e estudantes se distanciarem desta questão de caráter epistemológico, pedagógico e social, pois,

> [...] o processo de ensino/aprendizagem no ensino superior tem seu diferencial na forma de se lidar com o conhecimento. Aqui, o conhecimento deve ser adquirido não através de seus *produtos*, mas de seus *processos*. O conhecimento deve se dar mediante a construção dos objetos a se conhecer e não mais pela *representação* desses objetos [...]
>
> O professor precisa da prática da pesquisa para ensinar eficazmente; o aluno precisa dela para aprender eficaz e significativamente; a comunidade precisa da pesquisa para poder dispor de produtos do conhecimento; e a universidade precisa da pesquisa para ser mediadora da educação (Severino, 2007, p. 25).

ESTÁGIO COM PESQUISA

Um outro limite apresentado mais especificamente na estrutura dos projetos diz respeito à distinção entre um projeto de investigação e um projeto de ação. "A orientação era a de que a ação fosse recomendada após a pesquisa, pois só a partir do conhecimento adequado daquela realidade é que adequadamente pode-se intervir nela" (Ghedin, Almeida e Leite, 2006 p. 88).

Esta situação foi comentada por vários professores em seu relato, pois era comum no início do estágio este tipo de postura por parte dos estudantes, o que Oliveira (2006, p. 95) chama atenção dizendo que: "o que mais nos deparávamos eram com alunos salvadores da pátria, querendo chegar nas escolas para resolver problemas mesmo antes de investigá-los".

Esta distinção foi sendo trabalhada em conjunto com os professores, exigindo um trabalho de orientação sistemático e gradativo, pois essas dificuldades eram superadas à medida que os estudantes adquiriam maturidade.

Outra dificuldade apresentada na elaboração dos projetos de pesquisa pelos estudantes era quanto à problematização, isto é, colocar uma temática na situação problemática para evidenciar o objeto de pesquisa. "Confundia-se o problema com uma dificuldade e não como algo a ser conhecido, talvez pelo modelo que circula no pensamento dos docentes universitários da produção do conhecimento na linha do positivismo científico" (Ghedin, Almeida e Leite, p. 88).

No entanto, a formação centrada no processo possibilitou que os estudantes superassem essa visão fragmentada do saber e de uma ciência estruturada aos moldes do positivismo (Ghedin, Almeida e Leite, 2006, p. 94).

Percebeu-se na proposta de estágio que sua base epistemológica ao se propor formar o professor-pesquisador reflexivo tem fundamentos do modelo de currículo por processo, pois,

> O modelo de processo se situa na posição segundo a qual semelhantes princípios educativos, junto com a especificação de um conteúdo e de um amplo propósito, podem proporcionar uma base para princípios de

procedimentos e normas de críticas adequadas a manutenção da qualidade do processo educativo sem referência a resultados de aprendizagens pretendidos e estritamente especificados (Stenhouse, 2007, p. 129).

O currículo por processos é um modelo que não se coaduna com exigências de caráter exclusivamente burocráticos e fragmentados na construção do conhecimento, requer, na verdade, professores conhecedores e dotados de sensibilidade, capacidade de reflexão e comprometimento profissional. Uma proposta dessa natureza não tem possibilidade de se efetivar se não houver um grupo de professores que se coadunem em torno de um objetivo comum e coletivo, com espaço institucional e autonomia intelectual para implementar a proposta.

Percebeu-se também no relato de alguns professores que não havia entre estes e os estudantes uma competição pelo poder que o saber proporciona, mas, uma busca coletiva na aquisição desse poder. Ao desenvolverem a autonomia dos discentes por meio da pesquisa, professores e estudantes educavam-se cientificamente, por meio do questionamento da prática e do exercício argumentativo em sala de aula no espaço da reflexão e dos diálogos. Isso se evidencia no comentário das professoras.

> Gostaria de ressaltar que aprendemos muito com nossos alunos estagiários, pois socializaram conosco o conhecimento adquirido nas outras disciplinas do seu curso de formação inicial (Oliveira, 2006, p. 106).
>
> O princípio da reversibilidade mais do que nunca se fez presente. O ir e voltar, o riscar, o refazer, o reformular, fazem parte da postura de um pesquisador, não importa se aprendiz ou veterano (Monteiro, 2006, p. 86).

A educação pela pesquisa, quando incentivada no espaço escolar e universitário, ao ser orientada por princípios éticos, cria relações intersubjetivas em que um não objetiva superar o outro, mas se cria numa nova cultura a partir do desenvolvimento da autonomia, de modo que estudantes e professores sejam sujeitos na tomada de decisões e o poder seja compartilhado (Ramos, 2002).

Um aspecto positivo conquistado durante o desenvolvimento do estágio é destacado por Gadelha (2006) ao dizer que o trabalho de orientação em algumas experiências ganhou a parceria dos outros professores que não estavam envolvidos diretamente no estágio. Com isso, foi possível superar outras dificuldades sentidas pelos estudantes, tais como:

1. Fazer uma ponte entre as teorias pedagógicas e educacionais com o cotidiano das escolas. Sobre este ponto, Montenegro (2006, p. 18) diz que,

Para aqueles que ainda não tinham tido contato com a prática pedagógica no papel de professor, saíram de uma posição de perplexidade, insegurança e desorientação de como agir, para atitudes conscientes na sua relação com a escola.

2. A dificuldade de relacionar o conteúdo de estágio com a pesquisa que eles deveriam realizar foi sendo superado no trabalho lento e processual da orientação com as reflexões sobre a prática é o que mostra Costa (2006, p. 55)

Alguns alunos sentiam dificuldade de relacionar o conteúdo de estágio com a sua pesquisa. Esses desafios foram sendo vencidos individualmente por meio dos acompanhamentos personalizados aos mesmos e foi possível, na maioria dos casos, reorganizarmos alguns elementos do processo em função da construção da pesquisa.

3. A falta de experiência na apresentação pública de trabalhos acadêmicos constituiu-se numa outra dificuldade no processo de socialização dos projetos e mais à frente na apresentação das monografias, pois,

os projetos até então eram vistos pelos alunos como mais um trabalho acadêmico, ao expor e colocar em público suas propostas na I Mostra de Projeto de Pesquisa houve como um "despertar", e a partir daí eles assumiram verdadeiramente a pesquisa (Montenegro, 2006, p. 76).

Como é visível no relato de vários professores que participaram da proposta de estágio, um trabalho como este não pode acontecer desvinculado das outras disciplinas que lhes dão base, portanto, dos outros professores que ministram essas disciplinas no curso de formação.

No transcurso do processo, evidenciou-se algumas limitações vivenciadas pelos professores, a partir de suas falas compartilhadas mediante o relatório do estágio do grupo:

a) A falta de clareza por parte dos professores quanto à articulação que deveria haver entre os conteúdos das disciplinas e o projeto de pesquisa dos estudantes, além da forte cultura disciplinar na prática docente, desencadeou problemas na operacionalização da proposta,

Isso se deveu em seu primeiro momento, pela falta de consistência e articulação, que deveriam existir a partir dos conteúdos de metodologia do trabalho científico. Em parte, os professores que trabalharam esses conteúdos logo no início não tinham clareza da necessidade de trabalhar determinados conteúdos que ajudassem o estudante a formatar um projeto de investigação. Por outro lado, também os professores de outras disciplinas não tinham clareza de seu papel neste tipo de processo (Ghedin, Almeida e Leite, 2008, p. 85-86).

b) O desenvolvimento de um trabalho de formação que rompe com os modelos tradicionais de um ensino marcado pela transmissão dos conteúdos de forma mecânica, mostra-se sempre desafiador por exigir dos integrantes do processo educativo pensar continuamente nas soluções para a superação da fragmentação do trabalho pedagógico, seja para os docentes como para os discentes, conforme se expressa a egressa:

Primeiro, quando nós começamos trabalhar a questão da pesquisa, lá no primeiro período tudo era muito mágico. Algumas vezes, eu dizia: Ah! eu não sei se é isso que eu quero. Se confirmou que era isso mesmo a partir do quinto período. A partir daí eu fui atrás, e a leitura é base de tudo porque eu acho que

ESTÁGIO COM PESQUISA

eu tinha uma prática muito mecânica, muito técnica no magistério, depois da universidade eu passei a querer entender a ter uma leitura das dificuldades dos meus alunos, a tentar ler as dificuldades dos meus alunos. A universidade faz eu querer, eu sentir a necessidade de ir atrás, de investigar, faz com que eu queira ir atrás de pesquisar e isso que acontece em mim eu também acabo fazendo com meus alunos (Egresso 2)

A fala da egressa nos faz refletir sobre o papel da educação científica na formação do professor, pois como diz Ramos (apud Moraes e Lima, 2002, p. 47) "educar pela pesquisa propõe que os sujeitos assumam o comando da viagem. Isso significa assumir o comando da aprendizagem". Ao se envolver no processo de pesquisa, para ela que já atuava no magistério, o estágio articulado à pesquisa foi a oportunidade de refletir sobre a própria prática, repensar a profissão, a assumir sua autonomia e diz que hoje incentiva seus alunos a percorrerem o mesmo processo de busca do conhecimento.

Quantos estagiários assim como a ex-aluna não se questionam quando entram em contato com a prática ou quando se deparam com as exigências da pesquisa num curso?

Ao definir a pesquisa como *questionamento reconstrutivo*, Demo (2002, p. 53) destaca dois aspectos fundamentais: primeiro, "a pesquisa não se faz sem questionamento sistemático, metódico e argumentado", colocando a pesquisa de uma maneira mais global. Segundo, "o questionamento representa a face desconstrutiva da pesquisa, porque não se inova sem desfazer alguma coisa".

Para Demo (2002), o *processo reconstrutivo* é que torna o sujeito capaz de intervir e inovar, articulando a teoria e a prática naturalmente.

Tal como a professora que promove com seus alunos em sua sala de aula elementos do processo de investigação que foi desenvolvido com ela, construindo uma nova cultura em seu modo de agir como docente, os professores orientadores do estágio sentiam-se mais que limitados, sentiam-se desafiados a construir uma prática diferente daquela a que tinham sido formados. Costa (2006, p. 58) relata como via este momento do grupo e entendia que:

[...] as dificuldades de caráter metodológico que ao nosso ver mais que um limite constitui-se num desafio, pois a tarefa de construir a postura investigativa não é simplesmente uma questão técnica e exige uma postura coletiva de construção, um desafio para o grupo de professores.

A exigência de um olhar sistêmico e interdisciplinar fazia com que aqueles professores repensassem seu modo de agir, de olhar o fenômeno educativo, no caso em questão, a formação do professor -pesquisador reflexivo. Nesse processo iam adquirindo "a percepção de sua própria interdisciplinaridade, melhor dizendo, de sua singular atitude frente ao contexto" (Fazenda, 2006, p. 6).

Como foi possível perceber por meio dos relatos dos professores e professoras, a condução da primeira fase do Estágio foi marcada por três problemas de caráter mais desafiadores e que já foram mencionados: *o aspecto metodológico, o acompanhamento dos alunos pelos professores em escolas muito distantes,* que somado à sobrecarga de trabalho para o professor orientador de estágio, *com 30 alunos para acompanhar, orientar e assessorar na engenharia teórico-metodológica da monografia dos estudantes,* ainda ministravam a disciplina de Didática II.

A este respeito Monteiro (2006, p. 84) questiona: "Como ministrar uma disciplina, gerenciar as atividades de trinta alunos, em suas respectivas escolas, e orientar trinta projetos de pesquisa? Como atingir a qualidade desejada com um quantitativo de atividades extremamente sufocantes?"

Também apontam-se dificuldades vinculadas aos procedimentos metodológicos:

> Nós também tínhamos nossas limitações, pois não tínhamos domínio total das metodologias de pesquisa. Era uma "salada mista", os alunos confundiam métodos com técnicas e estas com instrumentos de pesquisa. Quando pensávamos que estávamos acertando, descobríamos que estávamos errados, especificamente, quando tínhamos oportunidade de aprofundar nossas leituras. Isso nos possibilitou criar um grupo de estudos na sala de aula e foi a saída encontrada para tirar a tremenda angústia e, em alguns casos o desespero. Chegamos a acreditar que

seria impossível dar conta da tarefa que tínhamos nos incumbido de realizar (Oliveira, 2006, p. 94).

Uma prática pedagógica que se queira emancipadora não tem respostas definitivas. Percebeu-se na narrativa das professoras este sentido de inacabamento conduzido pela intenção direcionada na superação dos limites institucionais. O trabalho docente está em constante construção e reconstrução revelando as tensões e contradições entre o que é e o que deveria ser (Giroux, 1997).

A diferença entre o profissional reflexivo e o profissional crítico reflexivo é que enquanto o primeiro reflete as contradições de um ponto de vista circunscrito aos problemas da sala de aula, o segundo analisa as questões sócio-históricas, políticas e econômicas que geram as contradições na sociedade, com vistas a desmascará-las e neste processo de construção professores e estudantes ao vivenciarem na prática a teoria num processo de recursividade enfrentam suas dificuldades (Kemmis apud Contreras, 2002).

De acordo com Brito (2006), das temáticas dos trabalhos desenvolvidos nas monografias, de um total de 15 estudantes, 10 focalizavam mais especificamente às práticas de ensino e os aspectos psicológicos do processo ensino-aprendizagem.

O elevado número de pesquisas voltadas para as questões didático-pedagógicas revelaram, entre outras coisas, que ao realizar a pesquisa na escola, os problemas mais alarmantes saltaram aos olhos dos professores pesquisadores, exigindo-lhes a superação de um olhar ingênuo e a superação da busca de "culpados".

Este olhar simplista cedeu lugar gradativamente a um exame aprofundado à luz das teorias, orientado por um rigor metodológico a fim de superar uma visão ingênua sobre os problemas enfrentados na escola a partir de uma análise crítico-reflexiva. Sob esta ótica Ghedin, Almeida e Leite (2008, p. 78) sustentam que

[...] o educador, ao assumir-se como professor-pesquisador não distancia-se dos problemas reais e alarmantes da escola, mas, ao contrário, os torna mais próximos na medida em que os toma como objeto de investigação e amplia as formas de compreendê-los. Neste sentido o professor deixa de ser somente aquele que ensina. Existe sobre ele uma nova e complexa demanda de habilidades, não apenas incorporadas ao processo de ensinar, mas, sobretudo às formas de refletir e avaliar este processo. A reflexibilidade crítica sobre as práticas e as experiências cotidianas da escola adicionada à atividade da pesquisa viabilizam a reformulação da identidade do professor como profissional e como indivíduo.

No entanto, mesmo com o trabalho desenvolvido pelos orientadores algumas explicações presentes na fala dos estudantes, futuros professores, ainda refletiram análises ingênuas e circunscritas aos sujeitos e envolvidos mais diretamente ligados à escola, manifestando a deficiência dos próprios atores do processo ao resumir os problemas educativos à escola, à família e à falta de recursos financeiros, por exemplo.

Para Brito (2006), esta é uma crítica detectada no desenvolvimento do projeto presente em alguns trabalhos, o que mostra o quanto a orientação de estágio é uma tarefa exigente para quem orienta e para quem é orientado porque balizadora da formação docente, requisitando dos formadores o conhecimento adequado para apontar caminhos teórico-metodológicos e o exercício constante da escrita por parte do estagiário, de modo que este desenvolva um olhar crítico e interdisciplinar sobre os fenômenos educativos de natureza tão complexa.

Neste sentido, pondera-se que,

> [...] na condição de aprendizes, formadores e formandos transitarão dos espaços da universidade para a escola e da escola para a universidade. Até que ponto o estagiário tem elementos teóricos para construir uma reflexão crítica sobre as vivências do estágio? Como fazer para que as reflexões feitas com o professor formador e com os colegas ultrapassem os limites do senso comum pedagógico observável?
>
> O estágio como reflexão da práxis possibilita aos alunos que ainda não exercem o magistério aprender com aqueles que já possuem experiência

na atividade docente. No entanto, a discussão dessas experiências de suas possibilidades, do porquê de darem certo ou não, configura o passo adiante à simples experiência. A mediação dos supervisores e das teorias possui importante papel nesse processo (Pimenta e Lima, 2008, p. 102-103).

Apesar das limitações e desafios enfrentados pelo grupo, não só abalaram as estruturas intelectuais e emocionais de professores e estudantes, mas também com a estrutura institucional que naquele contexto permitiu o desenvolvimento da proposta e apoiou a sua execução, embora não na sua integralidade, como se percebe no seguinte relato:

> Sem querer apontar uma resposta destaco que o estágio não é autônomo, necessita de todas as disciplinas que envolvem o curso de formação, ou seja, de uma ação articulada, possibilitando compreender dimensões de saberes teóricos/práticos a partir do contato com a realidade e, nesta experiência, poderá fortalecer um importante espaço de formação que desperte para a necessidade de construir coletivos que visem contribuir na transformação social (Costa, 2006, p. 59).

Costa (2006) deixa claro que uma proposta de formação não tem condições de ser desenvolvida se não for posta em prática pelo coletivo que a institui ou propõe. No caso em questão, viu-se um esforço coletivo de colocar em prática um modelo de formação que, sobretudo, exigiu dos próprios docentes e coordenadores um repensar constante de suas práticas.

Percebeu-se também que em geral os professores sempre esperam que seus estudantes estejam aptos a apresentarem determinados conhecimentos e habilidades condizentes ao grau de ensino no qual se inserem, ou que já domine os conteúdos ministrados na disciplina anterior, como, no caso da disciplina de Metodologia do Trabalho Científico, que chocou os professores no período de estágio que tiveram que trabalhar sistematicamente a fim de que os estudantes tivessem o domínio sobre como elaborar um projeto de pesquisa.

Diante de tudo o que já foi visto até agora sobre professor-pesquisador, a proposta de um Curso de Formação inicial de professores nesta perspectiva e o relato de professores que vivenciaram um processo que privilegiou o estágio com pesquisa, pergunta-se: será que este esforço deu conta de contribuir para a educação científica destes egressos?

7.3 Estágio com pesquisa como Educação Científica na formação inicial

Não há formação do professor-pesquisador sem Educação Científica. Até agora foi possível constatar que a proposta de formação do professor-pesquisador reflexivo não acontece sem uma educação científica, pois para que este venha a se utilizar dos processos de investigação para compreender a realidade e construir conhecimento faz-se necessária uma educação científica que dê conta desta autonomia sobre os processos da construção do conhecimento. Do mesmo modo, torna-se inviável querer-se um professor que investigue a própria prática fazendo do seu fazer pedagógico objeto de reflexão e estudo para um ensino mais significativo sem uma educação científica como base de sua formação docente.

No entanto, como se pode dizer que um professor é educado cientificamente? Ou, ainda, até que ponto pode-se dizer que um curso deu conta de uma educação científica ao formar seus egressos na perspectiva do professor-pesquisador reflexivo? Como é possível perceber pistas de uma educação científica na prática pedagógica destes professores no Ensino de Ciências? Essas são questões que este livro, pela presente discussão, visa esclarecer.

Vem-se discutindo veementemente que a falta de uma educação científica por parte dos cidadãos está colocando muitos povos à margem do conhecimento científico e tecnológico e que é necessário, em caráter de urgência, criar meios de que o conhecimento acadêmico esteja mais próximo da sociedade a fim de incluir um número cada vez maior de pessoas ao acesso desse conhecimento científico.

Este pensamento é claro na fala de muitos autores. Toffler (1970) diz que é fundamental aumentar o capital humano da população através de uma educação científica voltada para o aprender como apreender.

Paulo Freire (1967) propõe que somente a partir das relações do homem com a realidade, resultantes de estar com ela e de estar nela, pelos atos da criação, recriação e decisão, este vai dinamizando o seu mundo. E, na medida em que cria, recria e decida, vão se transformando as épocas históricas. Defende ainda a necessidade de uma permanente atitude crítica, como modo pelo qual o homem realizará a sua vocação natural para integrar-se. Para isso, fala da urgência de uma educação para a decisão, para a responsabilidade social e política, uma educação que possibilitasse ao homem a discussão corajosa de sua problemática e que o colocasse em diálogo constante com o outro, que o identificasse com métodos e processos científicos.

A Declaração da Unesco coloca: "A educação científica, em todos os níveis e sem discriminação, é requisito fundamental para a democracia. Igualdade no acesso à ciência não é somente uma exigência social e ética: é uma necessidade para realização plena do potencial intelectual do homem."

Outros pesquisadores compreendem que a educação científica não é uma questão somente para a comunidade científica preocupar-se mas uma questão de política pública, pois se deposita alta carga de responsabilidade à escola enquanto lugar onde o saber sistematizado é desenvolvido e construído em vez de somente "repassado".

É o que fala Zancan (2000, p. 6) ao defender que,

> Os membros da comunidade científica brasileira tem hoje mais uma tarefa: lutar para mudar o ensino de informativo para transformador e criativo. Este desafio é uma tarefa gigantesca, pois abarca todos os níveis de ensino sem privilegiar um em detrimento de outro. Para que se atinjam os objetivos de alterar o sistema educacional, é preciso con-

centrar esforços na formação dos professores. O Plano Nacional de Educação, elaborado pelo Congresso Nacional, desenha corretamente a formação do magistério, calcando-a na pesquisa como princípio orientador. Os professores de todos os níveis precisam estar conscientes de que a ciência não é só um conjunto de conhecimentos, mas sim um paradigma pelo qual se vê o mundo. Para colocar o sistema educacional em novo patamar, próprio do novo século que se inicia, o professor deverá ser um orientador de seus alunos no processo da descoberta e da reflexão crítica. Logo, a pesquisa educacional precisa ser ampliada, pois as experiências educacionais nem sempre podem ser transportadas de uma realidade sociocultural para outra, exigindo que sejam estimuladas por investimentos apropriados.

Percebe-se na fala da autora a urgência em romper-se com um ensino memorístico, que as academias privilegiem a formação e não se reduza a informação, e que a ciência seja compreendida como uma forma de ver o mundo, o que resulta que de acordo com a maneira que se vê o mundo seus processos de construção vão nesta direção. Logo, é necessário saber como vai se formar este professor para que ele educado cientificamente também eduque seu aluno, fazendo-o ver de modo diferente o mundo, recriando-o, pois,

> Importa sublinhar que a Sociedade do Conhecimento não é uma inevitabilidade histórica, ou seja, que a sua ocorrência não é guiada por qualquer determinismo histórico. Assim sendo, depende em boa parte de nós, como cidadãos e como professores, o sentido das transformações que formos capazes de, responsavelmente, imprimir tendo em vista a formação de cidadãos cientificamente cultos. As transformações que se sugerem no âmbito da Educação em Ciência (e muito particularmente na Ciência escolar) inscrevem-se precisamente nessa lógica de argumentos. Como é regra em estudos prospectivos, também este tem bem presente que o melhor modo de prever o futuro é ajudar a criá-lo (Cachapuz, Jorge e Praia, 2004, p. 364).

Ao recorrer à literatura que aborda a Educação Científica percebeu-se que existe um consenso entre os autores em dizer que um sujeito cientificamente educado seria capaz de desenvolver habilidades que o permitiriam utilizar conceitos científicos para a tomada de decisões responsáveis sobre sua própria vida.

Vale ressaltar que o conceito de Educação Científica é interligado ao conceito de Educação em Ciência, definida por Cachapuz, Jorge e Praia (2004) como área interdisciplinar que integra, por apropriações e transposições educacionais, campos relevantes do saber, tais como a Filosofia da Ciência, a História da Ciência, a Sociologia da Ciência e a Psicologia Educacional. Além disso, foi perceptível em pelo menos dezoito artigos que tratam exclusivamente sobre a educação científica que esta corresponde ao processo de formação científica do cidadão para que ele participe com autonomia intelectual da vida social o que está atrelado epistemologicamente ao conceito de *Alfabetização Científica*.

Como refere Chassot (2000) a Educação em Ciência deve dar prioridade à formação de cidadãos cientificamente cultos, capazes de participar ativamente e responsavelmente em sociedades que se querem abertas e democráticas.

Cachapuz, Jorge e Praia (2004, p. 367) ao citarem Hodson (1998) esclarecem que o sentido dado ao "cientificamente culto" é:

> um conceito multidimensional envolvendo *simultaneamente* três dimensões: aprender Ciência (aquisição e desenvolvimento de conhecimento conceitual); aprender sobre Ciência (compreensão da natureza e métodos da Ciência, evolução e história do seu desenvolvimento bem como uma atitude de abertura e interesse pelas relações complexas entre Ciência, Tecnologia, Sociedade e Ambiente); aprender a fazer Ciência (competências para desenvolver percursos de pesquisa e resolução de problemas). Registre-se que o aprofundamento de tais dimensões não é naturalmente o mesmo quando se trata da formação de futuros especialistas (em particular cientistas) ou na óptica da educação para a cidadania.

Diante dos conceitos sobre a educação científica, educação em ciência e alfabetização científica, percebeu-se a correlação entre eles e a interligação entre seus objetos de estudo que tratam dos processos de construção do conhecimento e sua apropriação por professores, alunos, enfim todos os cidadãos.

Neste sentido, vê-se todo um sentido e um significado na formação do professor-pesquisador em consonância com a proposta de uma educação científica que lhe garanta autonomia sobre a utilização dos instrumentos de sua profissão, mediante a construção dos processos mais significativos a uma prática docente emancipatória.

Muito embora se questione o modo como a escola vem desenvolvendo dentro de seu espaço a socialização do conhecimento, quando se fala no papel do professor-pesquisador que necessita de uma educação científica, está se falando também que esse professor seja um profissional que em vez de comprar os "produtos encaixotados" de quem participa da dinâmica do mercado, ele próprio construa seus materiais didáticos, as suas cartilhas, use da tecnologia no espaço escolar como modo de dinamizar a aula e inserir o estudante no universo do conhecimento tecnológico para melhor compreender os conceitos científicos, mas porque também conhece os processos de produção desse saber.

Muitos são os desafios e as exigências feitas ao professor diante da necessidade de transformação social, das contradições que ocupam o campo micro da sala de aula refletindo as contradições das estruturas sociais, muitas vezes culpabilizando o professor e a escola pela conservação do sistema vigente. Entretanto, romper com esse tipo de postura docente e com a função conservadora da escola não é tarefa para quem está somente no trabalho de ponta dentro do espaço da sala de aula.

Requer muito mais do que boa vontade e conhecimento técnico. Seria ingênuo pensar que bastasse professores educados cientificamente para mudar o contexto social de exclusão. Se assim fosse, os países desenvolvidos científica e tecnologicamente, cujos cidadãos contam com maior acesso ao conhecimento científico, ainda que houvessem professores educados cientificamente em todas as escolas, qualquer transformação é marcada pelo processo dialético da contradição, pelo enfrentamento dos desafios engendrados no contexto de lutas sociais.

8

O Estágio com Pesquisa: a experiência dos estagiários

Entende-se que no processo formativo as atividades de estágio, amparadas pelos instrumentos e técnicas que viabilizam o processo de investigação, o docente em formação também passará por um processo de Educação Científica que contribuirá para a sua legitimação como professor-pesquisador. A experiência de pesquisa aqui apresentada visa demonstrar como esse processo se consolida na formação inicial de professores, na articulação dos processos de produção do conhecimento que se dão pela pesquisa ao exercício da experiência profissional no estágio curricular.

Essa experiência aqui documentada parte-se da contextualização do Ensino de Ciências nas escolas do campo evidenciando-se os procedimentos de pesquisa adotados e a trajetória percorrida no processo para poder apresentar o contexto e seus sujeitos. Em seguida discute-se a questão do processo de estágio e a retroalimentação do conhecimento a partir da Educação Científica, isto é, demonstra-se como a relação *estágio-pesquisa* constitui-se instrumento de educação científica dos professores em formação.

8.1 O método na investigação do estágio com pesquisa

A fase da pesquisa de campo dessa investigação desenvolveu-se no transcorrer do período de estágio dos estudantes de uma turma de um curso de licenciatura, do qual dois pesquisadores constituíram-se, também, orientadores do estágio com pesquisa e da monografia (trabalho de conclusão de curso). Esse acompanhamento deu-se com uma turma de cinquenta graduandos, dos quais quarenta e oito concluíram seu curso, dentre estes, vinte e cinco tornaram-se sujeitos desta investigação que desenvolveu-se por um período de dois anos. Adotou-se na pesquisa a abordagem qualitativa pautada na pesquisa-ação por se buscar a realização da pesquisa com os professores e não sobre eles. De acordo com Thiollent (1986, p. 25):

> a pesquisa-ação não é considerada como metodologia. Trata-se de um método, ou de uma estratégia de pesquisa agregando vários métodos ou técnicas de pesquisa social, com os quais se estabelece uma estrutura coletiva, participativa e ativa ao nível de captação de informação.

Ao se trabalhar com a pesquisa-ação, deve-se traçar objetivos e metas comuns a todos os envolvidos, fazendo com que ocorra uma interação que propicie a retroalimentação do conhecimento. Neste sentido, Pimenta e Ghedin (2006, p. 37) assumem que a pesquisa-ação

> considera justo que esses sujeitos participem das observações do pesquisador, interfiram nas suas conclusões, apropriem-se de seu olhar, partilhando e contribuindo com a qualidade do conhecimento produzido nesse processo, constituindo-se também eles como pesquisadores e autores das mudanças necessárias nas escolas.

Ao formar professores-pesquisadores, a partir da perspectiva voltada para uma Educação Científica que contemple os conceitos que sustentam o processo formativo, tais como: identidade, saberes, profissionalidade, autonomia, organizamos a trajetória metodológica em quatro dimensões que visam trabalhar os conceitos mencionados. Denominamos estas dimensões como: *Percepção do Contexto, Discussão do Conteúdo, Diálogo com a Realidade* e *Construção do Conhecimento*. Vale ressaltar que estas etapas se articulavam em todos os momentos da pesquisa, tal como defende Morin (2007) ao conceber a circularidade como uma alternativa para evitar a fragmentação do conhecimento. Ao se deparar com o contexto real, procurou-se uma metodologia que permitisse que as informações registradas tornassem possível capturar a subjetividade do objeto. Para Ghedin (2004, p. 239):

> o real é uma "revelação", uma descoberta, uma interrogação, uma "criação", nunca um dado, isto é, a realidade se nos mostra na mesma proporção que criamos a habilidade de interrogá-la em seu sentido e em seu significado. Nisto consiste a árdua tarefa do conhecimento: destrinchar a complexidade do real no singular, sem perder de vista e sem deixar de ter como horizonte a totalidade daquilo que nos parece como particular.

No processo investigativo, as dimensões apresentadas desenvolveram-se: (1) na *Percepção do Contexto*, lançou-se mão da técnica de observação participante ao se realizar as observações *in loco* no contexto da pesquisa dos estudantes, nos Estágios I, II, III e IV, e, nas reuniões de orientações que ocorreram durante todo o período de investigação e formação do grupo de estudantes; (2) na *Discussão do Conteúdo* lançou-se mão da perspectiva da hermenêutica-crítica (Ghedin e Franco, 2011); (3) no *Diálogo com a Realidade*, durante as orientações individuais dos estudantes, após as exposições orais, onde recorreu-se à técnica de entrevista semiestruturada para entender como estes percebiam o seu processo de formação, visando amenizar possíveis dificuldades encontradas; (4) na *Construção do Conhecimento*, durante todo o processo de pesquisa, a cada etapa, elaborou-se relatórios com os registros das atividades observadas, fundamentando-as à luz da literatura que trata da formação de professores.

8.1.1 O contexto e os sujeitos da pesquisa

A pesquisa de campo foi realizada com uma turma de licenciatura em Educação do Campo composta por assentados ou filhos de assentados. Estes estudantes têm idades que variam de dezoito a cinquenta anos, alguns com dificuldades de aprendizagem, porém o compromisso com a própria formação fez com que superassem seus limites ao longo do processo pedagógico.

Iniciou-se a pesquisa com o grupo de estudantes do 5º período do curso. No momento em que se iniciava o processo de estágio, os pesquisadores assumiram a condição de professores-orientadores dos estudantes, participando do início da elaboração dos projetos que culminaram na construção de suas monografias. Por se entender que um projeto de estágio deve levar em consideração as peculiaridades culturais dos envolvidos no processo e a própria relação dos estagiários com a escola, redimensionou-se, de forma que contemplassem as dimensões propostas por Pimenta e Lima (2004): (1) *dimensão pedagógica*, que envolve o currículo, ensino, práticas docentes etc.; (2) *organizacional*, que está relacionada à administração, projeto político-pedagógico, biblioteca etc.; (3) *profissional*, que se refere à formação continuada e a postura do professor; (4) *social*, a qual diz respeito ao contato com a comunidade e o poder público. Neste sentido, organizaram-se as orientações a partir dos temas dos projetos apresentados pelos estudantes, visando ampliar o leque de referências que sustentariam teoricamente este trabalho.

Desde os primeiros contatos com os sujeitos da pesquisa, percebeu-se que o processo de retroalimentação de conhecimentos e experiências seria o sustentáculo do processo, pois tanto se ensina quanto se aprende com os estudantes.

8.2 O processo de estágio e a retroalimentação do conhecimento a partir da Educação Científica

Respeitar e valorizar as peculiaridades culturais dos estudantes e manter uma estreita relação entre ciência e cultura é um dos caminhos para a promoção de uma Educação Científica ainda no processo de formação inicial dos professores. Nessa perspectiva, iniciou-se o período de estágio com os docentes em formação, evidenciando desde os primeiros encontros que sustentaríamos nossas práticas a partir da retroalimentação do conhecimento, fazendo da troca de vivências um exercício constante durante processo.

Considerando a peculiaridade cultural daqueles estudantes, como forma de entender a condição em que se encontravam, recorreu-se às discussões sobre os *Estudos Culturais da Ciência* levantadas por Wortmann e Neto (2001).

A primeira atividade consistiu em reorganizar os projetos de pesquisa dos estudantes, uma vez que alguns não possuíam coerência metodológica para o seu desenvolvimento. Para tanto, se iniciou as orientações a partir de uma exposição teórica a todo o grupo onde se destacava a importância da delimitação da pesquisa, bem como a elaboração de objetivos coerentes e viáveis. Também ministrou-se uma oficina de produção textual na qual se apresentou técnicas para a elaboração do texto que culminaria no referencial teórico do trabalho. Vale ressaltar, que, neste momento, os estudantes estavam iniciando a segunda fase da pesquisa, ou seja, o Estágio II, conforme o cronograma do curso.

De início, percebeu-se a ansiedade dos estudantes com a construção da monografia, pois não se sentiam preparados para produzir um texto de sua autoria.

Para se iniciar as orientações individuais, dividiram-se os trabalhos a partir das temáticas dos projetos de pesquisa dos estudantes que se havia reorganizado em momento anterior. As primeiras atividades desenvolvidas pelos estudantes foram os fichamentos dos livros

indicados e a elaboração do relatório de Estágio II, os quais sustentariam a primeira parte da Revisão da Literatura e da Pesquisa de
Campo dos professores em formação.

8.3 A interface estágio-pesquisa no processo de pesquisa-formação

Ao registrar as suas práticas, o professor se municia de material
teórico para construir o seu próprio conhecimento, o qual se desconstrói e reconstrói a partir de um olhar crítico sustentado por meio da
literatura. Foi a partir desta perspectiva que os professores em formação foram construindo sua identidade profissional, tal como afirmam Pimenta e Lima (2004) quando comentam que o estágio é a
primeira experiência profissional do professor.

A monografia deste grupo de professores em formação compôs-se
da revisão da literatura sobre a temática escolhida para a pesquisa,
além dos históricos da escola, da comunidade e do município, análise reflexiva dos dados coletados durante o Estágio I, que foi realizado na perspectiva da pesquisa participante (diagnóstico da escola); a
observação participante e docência na Educação Infantil foi realizada
durante o Estágio II; a observação participante e docência nas séries
iniciais do Ensino Fundamental foi realizada durante o Estágio III; a
observação participante e docência na Educação de Jovens e Adultos
foi realizado durante o Estágio IV. O contexto da pesquisa e docência
foi conduzido com o intuito de possibilitar a educação científica dos
professores em formação, pelos resultados da investigação pode-se
afirmar e sustentar que tal processo garantiu aqueles estudantes um
rigoroso desenvolvimento de sua iniciação científica.

Aqueles estudantes enfrentaram muitas dificuldades desde o
início do processo, especialmente porque a maioria revelava seus
problemas em relação à escrita e a interpretação da realidade à luz
de uma teoria de referência. Seu nível de abstração ainda era muito

elementar, e seu pensamento vinculado a situações concretas, deixando de inferir abstrações do contexto real.

Outra dificuldade evidenciada pela análise do processo relacionava-se aos relatórios das atividades de estágio, pois os resultados do processo da docência e da observação participante de cada momento do estágio seria, depois de passar por um processo sistemático de reflexão, elaborados na forma de um texto analítico e fundamentado. Esta perspectiva não foi percebida nas primeiras correções, pois os registros das observações contidas no relatório do Estágio I foram meramente descritivas.

A dificuldade de fazer a passagem do concreto ao abstrato e deste ao concreto real é demonstrado pelo raciocínio dos estudantes, exemplificado pela seguinte fala: "Relatório de estágio para mim é simplesmente descrever o que se vê na observação sem me preocupar em fundamentar ou analisar" (Estudante 1). O que se apresenta no discurso dos estudantes é que o professor internaliza uma dicotomia entre ensino e pesquisa que acaba influenciando decisivamente na legitimação de sua identidade de docente pesquisador; o que nos deixa claro o significado e a necessidade de uma educação científica que leve o estudante a construir, de forma autônoma, o seu próprio conhecimento como condição de sua identidade.

Visando instigar nos estudantes uma perspectiva formativa sustentada pela pesquisa, uma vez que se entende que a principal característica do professor-pesquisador é o registro de suas práticas de forma reflexiva, os docentes orientadores vincularam a produção dos relatórios das atividades de estágio ao objeto de estudo a ser pesquisado no trabalho de conclusão de curso, levando-os, ao mesmo tempo em que descreviam, a analisar e fundamentar teoricamente os seus relatos. Isso instituiu um processo sistemático de reflexão sobre a prática pedagógica assumida pelos estudantes.

No início do Estágio II, os estudantes já haviam organizado seus projetos de pesquisa de modo que os docentes orientadores puderam começar a discutir com os estudantes a construção da revisão da literatura que sustentaria a pesquisa de campo. Este foi um momento crucial do processo da formação dos estudantes, pois foi quando eles, de fato, começaram a construir as possibilidades de ir além do conhecimento já sistematizado para reconstruí-lo significativamente a partir de uma visão voltada para o seu contexto, a partir de fichamentos e resenhas analíticas da temática de seu projeto de investigação. Para tanto, os estudantes foram orientados a proceder metodicamente por meio de "categorias de análise" que articulassem sua temática proposta no projeto de pesquisa como forma de iniciar a construção da revisão de literatura para compor a monografia.

Vale ressaltar que um dos momentos mais importantes do processo de pesquisa aconteceu no transcorrer das disciplinas *Pesquisa e Prática Pedagógica I e II*, nas quais os estudantes conheceram as teorias que sustentam uma investigação científica, principalmente no que diz respeito ao método de investigação. Dessa forma, entende-se que, ao buscar a legitimação de uma Educação Científica para o professorado, tendo em vista a pesquisa, há de propiciar, nos cursos de formação inicial, a oportunidade de conhecer e discutir as várias perspectivas metodológicas de um processo de pesquisa.

No caso particular deste movimento, o momento fulcral da pesquisa foi aquele em que se verificou o contexto da escola multisseriada. Para os estagiários, esse momento também foi de suma importância, uma vez que cada um deles exerceu a docência nas quatro séries do Ensino Fundamental, o que lhes possibilitou iniciar a legitimação de sua identidade profissional. Nessa etapa do Estágio, os relatórios começaram a assumir elementos de análise. Daí o significado de considerar-se o estágio como o momento articulador de todo o processo da formação inicial de professores, especialmente na criação de situações que levem os estudantes à reflexão sobre sua própria condição existencial. De acordo com Leite (2007, p. 19):

> o estágio deve oferecer ao aluno da licenciatura condições para que compreenda que o professor é profissional, inserido em um determinado espaço e tempo histórico, capaz de questionar e refletir sobre a sua prática, assim como sobre o contexto político e social no qual esta se desenvolve.

ESTÁGIO COM PESQUISA

Formar um professor-pesquisador do campo e para o campo foi um comprometimento assumido pelos professores orientadores, ao longo de todo o processo de pesquisa. Para tanto, utilizou-se os quatro momentos de estágio, especialmente o terceiro, como o contexto principal da investigação.

A última etapa do processo culminou com a fase final de orientações dos estudantes quando os orientadores deslocaram-se até o contexto de origem dos sujeitos para definir os ajustes finais das monografias. Entretanto, este momento final sintetizou um pouco de tudo que foi vivenciado no transcorrer da pesquisa e orientação, principalmente no que se refere à questão emocional, pois já era visível o tom de despedida colocado pelos estudantes.

Das dez visitas realizadas anteriormente[4] aos professores em formação, esta foi a que apresentou maiores dificuldades. Como de praxe, iniciaram-se as atividades de orientação pela reflexão sobre os trabalhos realizados em fase anterior e sobre as atividades de pesquisa e docência projetados na sequência. Tendo em vista a proximidade com a finalização do curso, das monografias e sua apresentação pública, os estudantes tornavam-se mais apreensivos, especialmente porque seriam avaliados. Mas não é só isso, pois eles se percebem em processo:

> eu por exemplo, estava olhando um dia desses os meus primeiros relatórios e fui comparar com os últimos e observei a diferença. Mas a gente fica preocupado se vamos ter que fazer mais coisas (Estudante 2).

Os procedimentos adotados pelos orientadores garantiram a aprendizagem metodológica da pesquisa em educação, de tal modo que conseguiram explicitar o significado dos elementos metodológicos e as suas distinções, evidenciando o conhecimento adquirido no transcorrer do processo que visava legitimá-los como professores pesquisadores. No processo de investigação dos estudantes durante o período do Estágio IV mostrou avanços significativos, pois os

---

4. Cada visita realizada por parte dos docentes orientadores dava-se ao longo de duas semanas e mais de dois mil quilômetros de percurso.

relatórios vieram carregados de análise pertinente, ao contrário dos anteriores, que tinham características predominantemente descritivas, embora neste momento primava-se pela descrição. Sobre esse momento, um estudante comentou: *"Eu sabia que era um relatório apenas descritivo, mas preferi fundamentar e fazer as análises do que eu fiz e observei, até porque era EJA (Educação de Jovens e Adultos) e eu não tinha tido contato algum com essa modalidade"* (Estudante 3).

O que a pesquisa constatou naquele momento foi que cada um dos estudantes procurou, por meio do registro de suas práticas, expressas nos relatos, definir e fundamentá-las metodológica, teórica e epistemologicamente seu processo de investigação, procurando, por aqueles registros, legitimar a sua identidade de pesquisador. Aqueles estudantes ultrapassaram as observações de Signorine (2006) quando fala que os estudantes, assim como professores em formação, costumam entender a pesquisa como o ato de ler um livro para produzir determinado trabalho, não se atentando para a amplitude do processo de pesquisar. Nisso é preciso considerar que para dar início à construção de uma identidade de pesquisador, é necessário a criação de rotinas pedagógicas, processos metódicos e não somente centrar-se em atividades esporádicas, sendo que, neste sentido, o estágio vinculado à pesquisa, como processo de Educação Científica, pode legitimar e ajudar o estudante a superar estes reducionismos.

A fase final da pesquisa coincidiu com a quarta etapa de estágio dos graduandos. No transcorrer das orientações percebeu-se um clima de despedida por parte dos alunos, principalmente porque lhes foi dito no momento anterior que 80% das monografias não mais precisariam de correções, o que para eles representava o fim das orientações.

Ao final do desenvolvimento do processo da prática da pesquisa há um forte clima de emoção no ar: *"formar-se professora, após tudo o que eu passei, e ainda aprender o que eu aprendi,[5] é o que vai marcar toda minha carreira que vai começar"* (Estudante 4).

---

5. Por motivos de saúde, a estudante, ao contrário dos demais alunos, participou apenas da última etapa de orientações.

Além da emoção, a superação dos limites enfrentados exemplifica o sentido e o significado do processo investigativo na formação:

em alguns momentos eu tinha até vergonha de ir para a orientação porque eu achava que todas aquelas correções que o senhor pedia eu não ia conseguir fazer. Mas como se dizia que não trabalhava com a ideia de erro eu "metia a cara". Pra se ter uma ideia, os relatórios e as revisões da literatura da etapa final, eu paguei o rapaz pra digitar e formatar com farinha de mandioca e goma.

Evidencia-se a importância e o significado do processo de acompanhamento do estudante ao longo da formação do conhecimento e da identidade:

No início fiquei um pouco assustada porque não estava acostumada a escrever. Principalmente os relatórios que a gente tinha que analisar o que escrevia e ainda fundamentar, mas conforme foi andando as orientações eu vi que dessa forma as aulas ficam melhores porque era assim que eu fazia no estágio (Estudante 5).

Os estudantes demonstram que à medida que as práticas investigativas iam avançando, também iam incorporando-se ao trabalho pedagógico:

Entender o aluno, ver que eles são diferentes, que eu tenho que sempre estar estudando para poder dar uma boa aula. Também não esquecer de registrar as minhas experiências em sala de aula, isso eu já estou fazendo nas minhas aulas, do jeito que eu fazia no estágio. Eu espero ser uma boa professora (Estudante 6).

O comprometimento com a educação, imperativo ético da profissão docente, constitui elemento central de identidade que se constrói na relação com o objeto de conhecimento. Ao mesmo tempo em que a formação lhes possibilitara a construção de critérios para avaliar as suas e as outras práticas pedagógicas:

Pra mim foi muito importante porque eu via como eram as professoras lá da vicinal e sabia que daquele jeito que elas lecionavam não era correto. Eu acho que eu não vou ser uma grande pesquisadora porque eu não levo muito jeito pra escrever, mas o senhor pode ficar certo que tudo que eu aprendi nesses quatro anos eu vou lembrar todo dia que ministrar aula (Estudante 7).

Entende-se que, ao final da trajetória de estágio, nem todos os professores que passaram por um processo de Educação Científica tornam-se pesquisadores; mesmo assim, após o percurso, o docente em formação terá adquirido elementos que contribuem na legitimação de sua identidade docente. Ao se escolher as escolas do campo como contexto de nossa pesquisa, e como sujeitos os graduandos daquele curso, sabia-se do desafio que se enfrentaria, uma vez que promover a formação do professor-pesquisador de ciências no campo sempre foi algo que exige a superação de muitos obstáculos, principalmente no que se relaciona à própria condição em que se encontra o professor campesino.

Entretanto, ao se chegar ao final do processo, percebeu-se que os sujeitos da pesquisa apropriaram-se dos instrumentos que lhes possibilitou uma formação que evidencia a legitimação da sua identidade de pesquisador, seja por meio do registro de suas práticas docentes com o intuito de superar uma problemática apresentada, ou mesmo construindo textos de sua autoria para serem trabalhados em sala de aula. Isso nos leva a crer que todo o processo de formação do professor-pesquisador desenvolvido no período de estágio possibilitou-lhes despertar para a necessidade da pesquisa no transcorrer de seu trabalho pedagógico.

8.4 Resultados oriundos desta prática

Ao término do processo de formação no Estágio Supervisionado IV do oitavo período, os trabalhos dos graduandos foram apresentados durante o II *Seminário de Educação do Campo*. Nesta ocasião, as pesquisas desenvolvidas pelos estudantes foram organizadas para serem apresentadas em salas temáticas, nas quais, individualmente, explanaram os resultados de suas investigações. Nesse momento, o nervosismo era visível, pois enfrentariam uma plateia de universitários além dos docentes avaliadores dos trabalhos.

De uma turma iniciada com cinquenta estudantes, apresentaram-se, no total, quarenta e oito graduandos orientados por nós durante toda a trajetória de estágio, dentre eles os vinte e cinco sujeitos de nossa investigação. Percebeu-se, no transcorrer das apresentações, o quanto foi importante buscar formar o professor-pesquisador a partir de um processo de Educação Científica voltado para a pesquisa, pois os trabalhos de pesquisa por eles apresentados demonstravam coerência metodológica, conforme avaliação das bancas avaliadoras e estes evidenciavam segurança quando descreviam os resultados dos dados analisados relacionando-os aos instrumentos e técnicas da pesquisa.

Entende-se que, ao realizar pesquisas, ainda na formação inicial, o professor torna-se capaz de ressignificar as suas práticas pedagógicas de forma crítica a partir das situações ocorridas no seu contexto escolar. Dessa forma, ele contribui com a formação de um sujeito autônomo e crítico. No campo educacional, este professor contribuirá na construção de um currículo crítico ao ajustar os conteúdos tendo em vista a realidade dos estudantes e as perspectivas teóricas. Tal como propõe Ghedin (2004, p. 250) quando diz que: "O ensino com pesquisa pode provocar a superação da reprodução para a produção de conhecimento, com autonomia, espírito crítico e investigativo".

A intenção durante toda a trajetória de investigação era formar professores-pesquisadores por meio de um processo de pesquisa-ação-crítico-colaborativo. Neste sentido, procurou-se entender como estes se percebiam na condição de professores formados e qual o sentimento destes em relação a sua identidade de pesquisador. Dentre as várias respostas apresentadas, é interessante destacar a de um estudante: *"Na verdade eu já me sentia professor, até porque já estava lecionando. No entanto, depois de defender a monografia eu percebi que tenho que buscar uma pós-graduação"* (Estudante 8). Para este estudante, buscar uma pós-graduação é fundamental para a sua legitimação como professor-pesquisador, pois, segundo ele:

> *Para mudar alguma coisa na educação do campo é preciso mudar a formação do professor do campo. Igual como o PRONERA fez com a gente ao nos formar como pesquisadores, pois assim o professor pode fazer a diferença na sala de aula. Por isso, eu pretendo fazer uma pós visando ser professor universitário para poder continuar formando outros professores-pesquisadores aqui na nossa cidade* (Estudante 8).

O que se percebe nas falas destes professores é uma evidente preocupação com a sua formação contínua. Já uma graduanda fez o seguinte comentário: *"Eu agora depois de formada me sinto mais segura para poder criar outras estratégias de ensino em sala de aula, principalmente, envolvendo a leitura que foi o tema da minha monografia"* (Estudante 9). Outro relata: *"a responsabilidade agora ainda é maior, porque nós ficamos quatro anos estudando, e destes quase dois anos fazendo a monografia, então a gente tem que colocar em prática o que aprendeu na faculdade"* (Estudante 10).

Vale ressaltar que um dos fatores expressos pelos estudantes que mais nos chamaram a atenção foi a intenção de continuar trabalhando no contexto da Educação do Campo depois de formado. Entretanto, para que isso de fato ocorra, é necessário que as secretarias de educação realizem concursos públicos para que haja uma renovação de professores do campo.

O Estágio com Pesquisa: a experiência dos egressos

O presente capítulo apresenta a pesquisa realizada a partir da organização de um curso de aperfeiçoamento nomeado *A dimensão prática da formação do professor de Ciências no Ensino Fundamental*, que foi elaborado como produto da pesquisa servindo também como estratégia de pesquisa-ação em que se estuda a prática de um grupo de quinze sujeitos, egressos de um curso de graduação, cujo estágio deu-se na relação com a pesquisa. Nesse processo, faz-se uma análise interpretativa na qual se confronta o referencial teórico que subsidia a pesquisa com as vozes dos sujeitos sobre a educação científica.

Tal curso foi projetado e desenvolvido em cinco grandes encontros presenciais com diferentes atividades: conferências de especialistas, atividades com vídeos, oficinas pedagógicas, oficinas de produção textual e avaliação de cada encontro. O objetivo deste curso, para a pesquisa, visava avaliar em que medida os egressos de um curso de formação de professores cujo projeto de estágio articula-se à pesquisa, após alguns anos de atuação, utilizam estes instrumentos no seu trabalho pedagógico cotidiano. A questão que tínhamos era: a formação do estágio com pesquisa possibilita uma estrutura cognitiva aos sujeitos de modo que estes sejam capazes de instituir novas culturas no contexto da escola?

O processo investigativo assumido aqui foi a pesquisa-ação. O curso foi planejado inicialmente por dois pesquisadores e depois replanejado com os sujeitos da pesquisa. Como forma de registro utilizou-se caderno de campo, entrevista estruturada aberta, câmera de gravação em vídeo. Todas as oitenta horas do curso foram videogravadas, transcritas, analisadas e avaliadas tendo como critério o objetivo e a questão proposta. É a pesquisa decorrida desse processo que aqui apresentamos.

Estudar a pesquisa no contexto da formação de professores, como um princípio cognitivo de compreensão da realidade e como princípio formativo na consciência profissional, foi o desafio experienciado nesta investigação.

Neste sentido, o desenvolvimento da pesquisa permitiu refletir sobre a Universidade enquanto instituição formadora dos professores na condição de sujeitos desta formação e em que medida a formação docente, mediada pelos processos da pesquisa, é capaz, nesta triangulação, da ação educativa de formar professores como intelectuais autônomos, instrumentalizados por uma educação científica.

Para nortear uma resposta plausível a questão apresentada, buscou-se fundamentos nas teorias sobre a formação de professores pesquisadores, discutiu-se a educação científica com os egressos e se desenvolveu o curso proposto.

Em relação às questões teóricas, os estudos sobre a epistemologia do professor-pesquisador revelaram que este é aquele sujeito que tem o domínio da escolha dos processos de construção do conhecimento e que, por isso mesmo, faz da sua prática educativa uma experiência de articulação entre teoria e prática;

Ao estudar *o estágio com pesquisa* na triangulação entre a *epistemologia do professor-pesquisador*, na intercessão com o *Ensino de Ciências* e a *Educação Científica*, pode-se afirmar que um professor formado nesta perspectiva tem mais condições de dominar as ferramentas da construção do conhecimento pelo caminho da pesquisa que outro formado só a partir dos conceitos, isto é, dos produtos da Ciência.

Na relação Estágio com Pesquisa, o presente estudo detectou que os professores têm dificuldade em ir de encontro à cultura escolar, por isso acabam rendendo-se a ela, conservando os hábitos que já encontram ao chegarem à escola. No entanto, os docentes pesquisados também manifestam sentimentos de que a formação lhes deu uma visão mais alargada da realidade e lhes permite perceber com mais clareza as injustiças sociais e os mecanismos de coerção. Têm uma visão diferenciada da realidade, especialmente no sentido de perceber algumas "brechas" para fazer diferença no contexto escolar em que se encontram.

Na relação Ensino com Pesquisa, os egressos participantes do curso assumem que, durante a sua formação, foi muito discutida a postura do professor-pesquisador, mas eles não se sentiam professores pesquisadores, sentiam que esta era uma enorme responsabilidade e que a atitude investigativa exigia uma mudança radical na forma como é desenvolvido o ensino, por isso, não se diziam professores-pesquisadores.

O professor *egresso* demonstrou, durante o curso, a compreensão da importância da atitude investigativa com algumas intervenções na realidade da criança com uso de instrumentos como entrevistas aos familiares, pesquisa documental em jornais, internet, revistas e outros, observação de conceitos estudados em algumas aulas experimentais. Porém, as aulas, em sua maioria, acontecem a partir dos produtos e não a partir dos processos de pesquisa.

Esta experiência foi, portanto, de grande aprendizado não só para os cursistas, mas para os pesquisadores. Decorrente disso ficou evidente o quanto a prática educativa é um trabalho exigente e, como tal, requer condições para se efetivar uma prática pedagógica emancipatória. Não basta uma formação com processos de desenvolvimento da autonomia, é necessário que esta se constitua numa ação cotidiana do exercício democrático que deve acontecer por meio de conquistas que decorrem do caráter coletivo e histórico da educação escolar.

De acordo com a pesquisa, a proposta do estágio com pesquisa garantiu aos professores uma visão mais crítica da realidade, além de despertar-lhes o interesse pelos processos de pesquisa desenvolvidos na escola, mesmo que dentro de espaços e condições limitadas por um currículo que incorpora a velocidade e o interesse do mercado e não a construção do conhecimento, que demanda tempo e um novo currículo a ser elaborado, estudado e testado pelo coletivo escolar.

Constatou-se que no Ensino de Ciências, embora as iniciativas em levar alguns dos processos da pesquisa para sala de aula, ainda se faz, em sua maioria, pelo estudo dos conceitos consolidados pela ciência com apoio do livro didático e não com os processos de construção da ciência.

Quanto à postura do egresso, em relação ao que foi desenvolvido durante o estágio com pesquisa, há tentativas de resistência à cultura escolar, que prioriza um ensino memorístico e reforçado pelo uso do questionário como atividade única de fixação dos conteúdos de ensino.

Levando em conta que o processo de formação do professor é inconcluso, acredita-se que os egressos formados na perspectiva do Estágio com Pesquisa dão pistas, em sua prática, de um ensino com processos que fazem parte da investigação em aula, mas pode-se dizer que a marca mais evidente dessa atitude investigativa é o inconformismo com a realidade escolar. A resposta que dão os professores está na necessidade que sentem de buscar constantemente o desenvolvimento de práticas educativas mais críticas pela busca constante do saber construído em colaboração com os estudantes.

Constatou-se que não basta ter conhecimento para mudar uma realidade como a escola. O conhecimento é uma ferramenta e o professor, por mais que saiba utilizar bem essa ferramenta, não tem condições de fazer uma transformação enquanto indivíduo, por isso, a educação sozinha não muda uma sociedade, mas é capaz de construir a mudança por meio dos processos de reorganização do conhecimento, do trabalho coletivo e da renovação do currículo centrado nos processos e não exclusivamente nos produtos de ensino.

Construir processos de conhecimento é acercar-se da realidade. Portanto, ao estudar o estágio com pesquisa compreendeu-se que a construção do conhecimento é feita a partir de todo um processo de pesquisa. Percebeu-se que a maior dificuldade dos professores da educação básica é que não se apropriaram dos processos de conhecimento da Ciência em que se graduaram, por isso tem grandes limitações na construção do conhecimento com seus estudantes, reduzindo-se a aula apenas ao repasse de informações que são os conceitos pertinentes ao conteúdo programático do componente curricular ministrado.

Isto acontece porque a compreensão dos conceitos de Ciências tem sido, durante décadas, enfatizado nos programas de formação continuada como questões que carecem de soluções meramente técnicas e práticas, reflexo da tradição acadêmica que toma como premissa que o domínio da matéria pelo professor é o mais importante para a formação docente.

O processo dialógico que o Curso possibilitou agregou valores tanto na formação dos sujeitos quanto nos pesquisadores, pois foi um trabalho que, inicialmente, até a fase da coleta de dados sobre os egressos teve seu caráter solitário, mas depois que o curso passou a ser implementado a partir da pesquisa-ação, surgiu a solidariedade, porque o problema em questão "a formação do estágio com pesquisa e sua contribuição na prática dos sujeitos no Ensino de Ciências" passou a ser compartilhado entre todos os participantes.

Decorrente da investigação pode-se dizer que a Ciência é vista como disciplina decorativa presente no currículo escolar com uma carga horária mínima e o ensino com base predominante no livro texto. Em contraposição a esse dado, a Ciência como forma de ver o mundo, com instrumentos próprios de construção do conhecimento, a ser desenvolvido com os estudantes mediante processos de investigação em aula de diferentes modos, inclusive através de jogos, como aqueles construídos pelos professores, pode-se dizer que:

- o Ensino de Ciências é um componente curricular que, por ser trabalhado de forma disciplinar e com menor carga horária em relação as atividades referentes à Língua Portuguesa e Matemática, que tem prioridade em detrimento dos outros componentes, é desenvolvido quase que exclusivamente por meio do livro texto em que se aplica um conteúdo que é explicado e depois os estudantes fazem a atividade. Como o tempo é muito curto, algumas vezes os professores deixam os exercícios para serem concluídos em casa e corrigidos em sala de aula.

- Os professores demonstraram interesse em realizar aulas mais significativas, e até fazem com certo limite experiências que envolvem alguns passos da pesquisa, como a observação de um objeto, o registro dessa observação e socializam com os colegas os resultados. Quando tem apoio do gestor e do pedagogo utilizam alguns espaços não formais, muito raramente em datas comemorativas, mas sem um planejamento voltado para a pesquisa, e sim como atividade de passeio.

Ao longo do processo do curso, os momentos de reflexão sobre a prática foram essenciais para o diálogo a respeito do Ensino de Ciências desenvolvido pelos professores do 1º ao 5º ano do Ensino Fundamental.

Entre os pontos limitantes da pesquisa destaca-se a inviabilidade de participação efetiva dos egressos em todos os encontros dado a sua carga horária de trabalho. No entanto, é preciso relembrar que a formação contínua deve acontecer mesmo é na escola onde os professores desenvolvem a docência, o que não foi possível neste caso. Contudo, embora as desistências tenham acontecido, essa falta foi suprida com relação ao objeto em estudo com a participação dos egressos nas entrevistas.

Outro ponto que deixou a desejar durante a pesquisa foi o não acontecimento dos diários por parte dos professores, fato este que se deu pela desistência dos professores e devido ao ritmo da formação que com a participação dos professores surdos exigiu tempo para a interpretação que sucedia a cada debate de modo que todos pudessem participar.

Diante dos estudos realizados sobre *O Estágio vinculado à Pesquisa na Formação de Professores* foi possível conhecer com esta investigação um pouco da história institucional, assim como dos sujeitos que desenvolveram este projeto de formação na perspectiva do professor-pesquisador reflexivo.

Acredita-se que até por isso mesmo, como a pesquisa é constituída por sujeitos, como diz Freire *gente como a gente*, muitas vezes, foi desafiador estudar a realidade na qual se trabalha e interage com seus pares, talvez porque desnude o fazer pedagógico cotidiano, em que ao estudar sobre a formação desenvolvida por terceiros, reflete-se também sobre o papel de formadora além de pesquisadora.

Ao buscar responder em que medida o estágio vinculado à pesquisa contribuiu para a educação científica na formação inicial de professores para um Ensino de Ciências mais significativo nos anos iniciais do Ensino Fundamental, fez-se um caminho que trouxe como resposta as seguintes conclusões:

1. O curso de formação inicial frequentado pelos egressos do curso de aperfeiçoamento, até certo momento de sua trajetória, conseguiu desenvolver naqueles sujeitos uma ideia mais sólida da proposta do professor-pesquisador reflexivo, o que fica visível na compreensão que os professores egressos (tanto os que participaram do curso como os entrevistados) apresentam sobre os instrumentos da pesquisa no Ensino de Ciências.

2. A maior referência de uma postura investigativa sentida pela pesquisa com os egressos se deu pela resistência às condições de um ensino memorístico e a postura de constante busca pelo conhecimento, uma vez que nenhuma transformação

para ser sentida num espaço maior acontece de forma individual, pois ela é coletiva e processual, embora se saiba que parte das ações de cada sujeito para o coletivo.

3. Outra ideia que resulta desse processo é que o conceito de professor-pesquisador, enquanto não foi bem-compreendido em sua proposta pelos professores, não foi compreendido pelos estudantes que só depois de perceberem os professores mais afinados com a proposta se apropriaram melhor do conceito.

4. O trabalho de gestão da instituição enquanto esteve articulado com a coordenação com o devido apoio a professores e alunos deu resposta positiva ao modelo de docente que se pretendia, ficando claro na fala dos sujeitos que, à medida que a coordenação pedagógica não articulou com a clareza adequada a organização do trabalho pedagógico com professores e alunos, estes últimos sentiram a ruptura de um processo de formação que se iniciou valorizando a pesquisa e depois a deixou em segundo plano, perdendo o nível epistêmico da formação reflexivo-pesquisadora.

Foi possível também perceber com a pesquisa que o Curso deu força e movimento para a criação de uma cultura voltada para a pesquisa na formação docente. A integração entre especialistas, pesquisadores e professores egressos gerou um clima de cordialidade e colaboração que vale ser destacado nesse momento.

Conclui-se que os professores que vêm de uma jornada de trabalho de quarenta horas precisam de maior energia física e intelectual para dar conta de não cair no adormecimento de suas capacidades intelectuais diante do sistema opressor e alienante que devora aqueles que não estão preparados para resistir à cultura escolar hegemônica, desesperançados com as condições que exigem ruptura com as ideias de uma educação discriminadora.

Esta pesquisa também teve seus limites e um deles diz respeito à forma como foi desenvolvido o curso "A dimensão prática de professores de Ciências no Ensino Fundamental", pois embora a tentativa de desenvolvê-lo em uma escola que servisse de polo para reunir um grupo de professores egressos dentro de seu local de trabalho, não foi possível, tendo um horário mais alargado durante o final de semana que, sabe-se, é o único tempo que o professor dispõe para estar em família e ter um pouco de tempo para o lazer que, em sua grande maioria, é ocupado com os trabalhos burocráticos, correção de prova e planejamento que continua quando chega da escola.

Apesar de todos os imprevistos próprios da pesquisa, esta trouxe para os pesquisadores uma outra resposta que diz respeito a uma indagação, cujo problema consistia em saber por que os professores de Física, Química e Biologia tinham uma transposição didática que revelava um alto índice de reprovação do rendimento bimestral, e por que apesar de todo o esforço, aqueles alunos não aprendiam aqueles conceitos?

Ao estudar a literatura que trata do conceito de professor-pesquisador foi possível compreender que quando o professor desconhece como se constrói o conhecimento, não domina os processos de construção dos conceitos da Ciência da qual se origina a sua disciplina, e concentra todos os seus esforços em fazer com que os estudantes decorem os conceitos, ou os aprendam mecanicamente, sem a construção do processo, que vai requerer utilizar elementos da pesquisa que na sua formação também não foi desenvolvido. Isso resulta em uma prática conteudista em que professor e aluno saem frustrados e incompreendidos, engolidos pela cultura centrada em um currículo carregado que tem que ser executado em um curto espaço de tempo. O que lhe resta é trabalhar no mesmo ritmo dos outros, preparando os estudantes mecanicamente para as questões do vestibular.

Diante destas reflexões, conclui-se que a formação desenvolvida no estágio com pesquisa deixou marcas de uma educação científica na inquietação sentida em todos os egressos cursistas e entrevistados e nos próprios pesquisadores em não se conformar com a realidade e buscar alternativas mais adequadas para modificá-la.

É possível concluir também que estes não encontram condições para agirem em todas as ocasiões como professores pesquisadores, mas deixam claro que a luta que travam consigo mesmos na condição de intelectuais da cultura, embora em número menor, é vivenciada com seus estudantes para a formação destes em estudantes inquietos com a realidade e sonhadores de novos tempos.

Conclusão

Por aquilo que fica evidenciado ao longo dos capítulos que compõem este trabalho pode-se afirmar que a realização do estágio com pesquisa constitui um processo de educação científica do professor que caracteriza sua identidade docente enquanto profissional que, pelo domínio dos processos de construção e produção do conhecimento, se constitui sujeito de sua autonomia.

Concluímos, então, que serão necessárias determinadas atitudes que viabilizem a formação do professor-pesquisador, dentre elas: o desenvolvimento de um período de estágio vinculado à pesquisa, a discussão dos conceitos que constituem o processo formativo docente, a apresentação dos elementos técnico-científicos que instrumentalizam a Pedagogia como ciência articuladora das ciências da educação, pois considera-se que dessa forma esta trajetória também se caracteriza como um processo de Educação Científica.

Consideramos o período de estágio, na formação inicial de professores, como o primeiro momento em que ele tem contato com a realidade da sala de aula, desenvolvendo suas práticas pedagógicas por meio das atividades realizadas nesse período. Neste contexto, faz-se necessário um processo de estágio que apresente os elementos instrumentalizadores das ciências da educação e discuta os conceitos constitutivos da formação docente, porém, entende-se que esta trajetória apenas se consolidará quando articulada à pesquisa.

Nessa perspectiva de estágio, o estudante de licenciatura conhece os instrumentos com os quais operam as ciências da educação, tendo contato com projetos de natureza variada (pedagógicos, político-pedagógicos, pesquisa etc.), planejamentos diversos (de aula, de curso, de unidades) e desenhos curriculares. Esta modalidade também evidencia os conceitos que caracterizam a formação docente, tais como: identidade, saberes, autonomia e profissionalização, além de trabalhar as técnicas que viabilizam uma trajetória metodológica. Entende-se que é o conjunto da operacionalização destes elementos que propiciam ao professor intervir na realidade educacional permitindo-lhe encontrar respostas para as situações-problemas ocorridas na sala de aula e ao mesmo tempo construir, desconstruir e reconstruir o conhecimento.

Para que esse modelo de formação obtenha êxito no âmbito escolar é preciso que ele seja sustentado pela compreensão da Pedagogia como ciência articuladora das ciências da educação, pois dessa forma acredita-se que o próprio processo de estágio vinculado à pesquisa também se constituirá num processo de Educação Científica do docente em formação inicial.

Durante todo este livro, procurou-se demonstrar a importância do estágio vinculado à pesquisa para que o professor inicie a legitimação de sua identidade docente a partir de um olhar reflexivo sobre o seu contexto, pois dessa forma ele dá início à busca por sua autonomia profissional/intelectual.

Ao longo do texto procurou-se entender os vários nuances teóricos discutidos por inúmeros autores que tratam da formação de professores para que nos posicionássemos sobre a temática visando contribuir na construção da epistemologia do professor-pesquisador. Ao expor as informações e os relatos das diferentes experiências realizadas, analisou-se e interpretaram-se os significados destes à luz das teorias, com o intuito de demonstrar que após passar por um processo de formação em que foi educado cientificamente pela pesquisa, o professor ressignificará as suas práticas e construirá o seu próprio conhecimento.

Nossa intenção nesta investigação é contribuir com a perspectiva epistemológica que sustenta a formação do professor-pesquisador, tendo em vista um processo de estágio vinculado à pesquisa onde o estudante dará início à construção de sua identidade docente e despertará para a necessidade de desenvolver sua autonomia intelectual/profissional. Entende-se que o próprio processo de formação docente quando articulado com a pesquisa, que prioriza a discussão dos conceitos que constituem a formação do professor e discute os elementos técnico-científicos que operam nas ciências da educação, pode ser considerado também um processo de Educação Científica.

Assume-se aqui a necessidade de tratar a Pedagogia como a ciência articuladora das ciências da educação. Nesse contexto, a incorporação da pesquisa no espaço do ensino constitui-se elemento articulador da construção de uma prática desta ciência no contexto da escola. Assume-se que a articulação do estágio com a pesquisa no momento da formação do professor constitui instrumento formativo para a própria compreensão da Pedagogia como ciência, pois seus processos são incorporados às práticas dos docentes.

Ao defender essa ideia, também assumimos uma perspectiva de Educação Científica na formação de professores, que vai além da discussão de conceitos científicos, abarcando uma reflexão sobre os próprios conceitos constituidores do processo formativo docente. Ao refletir sobre este processo, enfatiza-se a necessidade de o professor tornar-se sujeito do conhecimento agindo com autonomia no espaço escolar para ressignificar as suas práticas a partir da problematização de seu contexto. Para isso, se faz necessária a articulação das teorias trabalhadas na escola às práticas que ele desenvolverá em sala de aula, daí considerarmos o período de estágio como o primeiro momento desta articulação.

Compreender o estágio como um dos principais espaços para o estudante realizar pesquisas pode constituir-se no primeiro passo para a construção de sua identidade de professor-pesquisador, pois neste momento ele pode adquirir postura e habilidades que propiciem uma leitura crítica do contexto educativo a partir da problematização das situações que o observem.

Dessa forma, considera-se que, apesar de todos os limites desse trabalho, os resultados obtidos durante o seu desenvolvimento nos levam a concluir que o estágio com pesquisa, pelos processos que engendra, possibilita a articulação dos elementos constituidores da formação docente. Entretanto, para o êxito deste processo, faz-se algumas recomendações às instituições responsáveis pelos cursos de formação de professores:

- Proporcionar aos estudantes do magistério um processo de estágio voltado para a pesquisa.
- Tratar o período de estágio como um momento de articulação dos conteúdos curriculares às atividades desenvolvidas.
- Disponibilizar, ao professor de estágio, ferramentas teórico-metodológicas que possibilitem a ressignificação de suas práticas no transcorrer do processo.
- Promover a interação entre os professores de estágio a partir dos registros de suas experiências.
- Incentivar os professores e estudantes a desenvolverem pesquisas no espaço de estágio.
- Possibilitar aos professores e estudantes meios para a comunicação e publicação dos resultados de suas pesquisas.
- Viabilizar a prática do acompanhamento da docência e da pesquisa por meio de condições objetivas de trabalho.

A consolidação destas diretrizes por meio dos cursos de formação de professores contribui para o desenvolvimento de um modelo de estágio que propicia a formação do professor-pesquisador. No entanto, se faz necessária uma junção de forças entre quem dirige a instituição, a coordenação de curso, os professores e estudantes em torno de um projeto que é, por natureza, inter e transdisciplinar.

Vale ressaltar que estudar a pesquisa no contexto da formação de professores, como um princípio cognitivo de compreensão da realidade e como princípio formativo da consciência profissional, foi o desafio experienciado nesta investigação.

Neste sentido, o desenvolvimento da pesquisa permitiu refletir sobre a Universidade enquanto instituição formadora dos professores na condição de sujeitos desta formação e em que medida a formação docente, mediada pelos processos da pesquisa, é capaz, nesta triangulação, da ação educativa de formar professores como intelectuais autônomos, instrumentalizados por uma educação científica.

O percurso dos estudos sobre a epistemologia do professor-pesquisador revelaram que este é um sujeito à medida que tem o domínio da escolha dos processos de construção e produção do conhecimento e que, por isso mesmo, faz de seu trabalho educativo uma experiência de articulação entre teoria e prática.

Ao estudar *o estágio com pesquisa* na triangulação entre a *epistemologia do conceito de professor-pesquisador*, na intercessão com o *conceito de professor reflexivo*, articulado, fundamentado e organizado aos *processos de investigação da realidade* pode-se afirmar que um professor formado nesta perspectiva tem mais condições de dominar as ferramentas da construção do conhecimento pelo caminho da pesquisa que outro formado só a partir dos conceitos, isto é, dos produtos da Ciência.

Este estudo constata que os professores recém-formados possuem sérias dificuldades no enfrentamento à cultura escolar, por isso acabam rendendo-se a ela, conservando os hábitos que já encontram ao chegar na escola. No entanto, os docentes pesquisados também manifestam sentimentos de que a formação lhes deu uma visão mais alargada da realidade e lhes permite perceber com mais clareza as injustiças sociais e os mecanismos de coerção. Têm uma visão diferenciada da realidade, especialmente no sentido de perceber algumas "brechas" para fazer diferença no contexto escolar em que se encontram.

Na relação Ensino com Pesquisa, os egressos participantes do curso de formação contínua assumem que, durante a sua formação, foi muito discutida a postura do professor-pesquisador, mas eles não se sentiam professores-pesquisadores, sentiam que esta era uma enorme responsabilidade e que a atitude investigativa exigia uma mudança radical na forma como é desenvolvido o ensino, por isso, não se diziam professores-pesquisadores.

O professor *egresso* demonstrou, durante o curso de formação contínua, a compreensão da atitude investigativa com algumas intervenções na realidade da criança ao fazerem uso de instrumentos como entrevistas aos familiares, pesquisa documental em jornais, internet, revistas e outros, a observação de conceitos estudados em algumas aulas experimentais. Porém, as aulas, nas escolas, em sua maioria, acontecem a partir dos produtos da ciência (e por que não dizer, dos agentes do mercado editorial) e não a partir dos processos de pesquisa.

De acordo com a pesquisa, a proposta do estágio com pesquisa garantiu aos professores uma visão mais crítica da realidade, além de despertar-lhes o interesse pelos processos de pesquisa desenvolvidos na escola, mesmo que dentro de espaços e condições limitadas por um currículo que incorpora a velocidade e o interesse do mercado e não a construção do conhecimento, que demanda tempo e um novo currículo a ser elaborado, estudado e testado pelo coletivo escolar.

Constatou-se que o Ensino de Ciências, embora as iniciativas em levar alguns dos processos da pesquisa para sala de aula, ainda se faz, em sua maioria, pelo estudo dos conceitos consolidados pela ciência com apoio do livro didático e não com os processos de construção da ciência.

Levando em conta que o processo de formação do professor é inconcluso, acredita-se que os egressos formados na perspectiva do *Estágio com Pesquisa* dão pistas, em sua prática, de um ensino com processos que fazem parte da investigação em aula, mas se pode dizer que a marca mais evidente dessa atitude investigativa é o inconformismo com a realidade escolar. A resposta que dão os professores está na necessidade que sentem de buscar constantemente o desenvolvimento de práticas educativas mais críticas pela busca constante do saber construído em colaboração com os estudantes.

Constatou-se que não basta ter conhecimento para mudar uma realidade como a escola. O conhecimento é uma ferramenta e o pro-

ESTÁGIO COM PESQUISA

fessor, por mais que saiba utilizar bem essa ferramenta, não tem condições de fazer uma transformação enquanto indivíduo, por isso, a educação sozinha não muda uma sociedade, mas é capaz de construir a mudança por meio dos processos de reorganização do conhecimento, do trabalho coletivo e da renovação do currículo centrado nos processos e não exclusivamente nos produtos de ensino.

Construir processos de conhecimento é acercar-se da realidade. Portanto, ao estudar o *Estágio com Pesquisa* compreendeu-se que a construção do conhecimento é feita a partir de todo um processo de pesquisa. Percebeu-se que a grande dificuldade dos professores da educação básica é que não se apropriaram dos processos de produção do conhecimento da Ciência na graduação. Uma formação estreita implica limitações na construção do conhecimento com seus estudantes, reduzindo-se a aula ao repasse de informações e não a apropriação do conteúdo por parte dos discentes.

Isto acontece porque a compreensão dos conceitos de Ciências tem sido enfatizada nos programas de formação contínua como questões que carecem de soluções meramente técnicas e práticas, reflexo da tradição acadêmica que toma como premissa que o domínio da "matéria", pelo professor, é o mais importante para a formação docente. Entende-se aqui que isso é importante, mas que somente o conteúdo, desprovido dos processos metodológicos, tornam o ensino uma condição precária de aprendizagem!

A pesquisa revela que *o Ensino de Ciências* é visto, de um lado, como disciplina decorativa presente no currículo escolar, com uma carga horária mínima, e seu ensino se dá predominantemente a partir do livro-texto. De outro, como visão de mundo que, com seus instrumentos de construção do conhecimento, possibilita o desenvolvimento dos estudantes mediante processos de investigação em aula de diferentes modos, inclusive por meio de jogos e dinâmicas grupais.

Os professores compreendem que o Ensino de Ciências é um componente curricular que, por ser trabalhado de forma disciplinar e com menor carga horária em relação às outras disciplinas do Ensino Fundamental, o desenvolvem prioritariamente com o uso do livro didático, fazendo dele o principal instrumento para o ensino dos conteúdos e dos métodos para a aprendizagem de conceitos científicos, deixando de lado a maior parte dos processos do ensino de ciências em espaços não formais ou numa perspectiva significativa.

A partir do processo no curso de formação, os professores demonstraram interesse em realizar aulas mais significativas. A pesquisa demonstrou que eles até fazem, com certo limite, experiências que envolvem alguns passos da pesquisa, como a observação de um objeto, o registro dessa observação e socializam com os colegas os resultados. Quando têm apoio do gestor e do pedagogo, utilizam alguns espaços não formais, muito raramente em datas comemorativas.

Ao longo do processo do curso de formação, os momentos de reflexão sobre a prática foram essenciais para o diálogo a respeito do Ensino de Ciências desenvolvido pelos professores do 1º ao 5º ano do Ensino Fundamental.

Um achado da pesquisa foi a participação dos professores surdos. Esta foi uma experiência radicalmente marcante para todos os professores formadores, egressos, não egressos. pois foi um momento significativo para a pesquisa, especialmente por aquilo que nos tornou possível aprender sobre a inclusão dos professores com necessidades especiais, o retorno que nos proporcionaram e as necessidades que despertaram em particular.

Entre os pontos limitantes da pesquisa, destacam-se a inviabilidade de participação efetiva dos egressos em todos os encontros dado a sua carga horária de trabalho. No entanto, é preciso relembrar que a formação contínua deve acontecer mesmo é na escola onde os professores desenvolvem a docência, o que não foi possível neste caso. Contudo, embora as desistências tenham acontecido, essa falta foi suprida com as entrevistas estruturadas abertas com os egressos que atuaram nas escolas públicas.

Acredita-se que como a pesquisa é constituída por sujeitos, de *gente como a gente*, muitas vezes, foi desafiador estudar a realidade na qual se trabalha e interagir com os pares, talvez porque desnude o fazer pedagógico cotidiano em que, ao estudar sobre a formação desenvolvida por terceiros, reflete-se também sobre o "papel" de formador, para além da responsabilidade de pesquisador.

A busca da resposta à pergunta: em que medida o estágio vinculado à pesquisa contribuiu para a educação científica na formação inicial de professores? Fez-se um caminho que trouxe como resposta as seguintes conclusões:

- O curso de licenciatura estudado, até certo momento de sua história, conseguiu desenvolver naqueles sujeitos das primeiras turmas, cujo recorte se dá no período de 2003 a 2005, a ideia mais sólida da proposta do professor-pesquisador reflexivo. O que fica visível na compreensão que os professores egressos (tanto os que participaram do curso como os entrevistados) nos apresentaram.

- A maior referência de uma postura investigativa sentida nos egressos se dá pela resistência às condições de um ensino memorístico e a postura de constante busca pelo conhecimento, uma vez que nenhuma transformação coletiva acontece, enquanto sentimento, de forma individual, pois ela é coletiva e processual, embora se saiba que possa partir das ações de cada sujeito na direção do coletivo.

- O conceito de professor-pesquisador, enquanto não foi bem compreendido em sua proposta pelos professores do curso, não foi compreendido pelos estudantes, que só se apropriaram depois de perceber os professores mais afinados com o conceito e sua prática.

- O trabalho de gestão da instituição pesquisada enquanto esteve articulado com a coordenação do curso pesquisado com o devido apoio a professores e estudantes deu resposta positiva ao modelo de docente que se pretendia, ficando claro, pela fala dos sujeitos, que à medida em que a coordenação pedagógica não articulou com a clareza adequada a organização do trabalho pedagógico com professores e estudantes, estes últimos sentiram a ruptura de um processo de formação que se iniciou valorizando a pesquisa e depois a deixou em segundo plano, perdendo sua epistemologia vinculada ao conceito de formação reflexiva-pesquisadora.

- É possível perceber que o curso pesquisado deu força e movimento para a criação da formação *stricto sensu* e postura de uma cultura voltada para a pesquisa na formação docente.

- Outro aprendizado diz respeito à presença dos professores surdos no Curso desenvolvido como processo de pesquisa-ação. Foi possível compreender que os sujeitos surdos não se sentem deficientes, mas pertencentes à cultura surda com vocabulário próprio que lhes dá autonomia intelectual para interagir com os ouvintes, desde que se tenha um intérprete; e que eles sentem tanta necessidade quanto os professores ouvintes de utilizar as estratégias inovadoras no ensino como instrumento emancipatório para o aluno surdo, de forma que este sinta-se capaz de mudar e provocar a mudança no contexto em que vive.

- Concluiu-se também que os professores que vêm de uma jornada de trabalho de quarenta horas precisam de maior energia física e intelectual para dar conta de não cair no adormecimento de suas capacidades intelectuais diante do sistema opressor e alienante que devora aqueles que não estão preparados para resistir à cultura escolar hegemônica, desesperançados com as condições que exigem ruptura com as ideias de uma educação discriminadora.

Esta pesquisa teve seus limites. Um deles diz respeito à forma como foi desenvolvido o Curso de Aperfeiçoamento: "A dimensão prática de professores de Ciências no Ensino Fundamental", pois embora a tentativa de desenvolvê-lo em uma escola que servisse de polo para reunir um grupo de professores egressos dentro de seu local de trabalho, não foi possível, tendo um horário mais alargado durante o final de semana que, sabe-se, é o único tempo que o professor dispõe para estar em família e ter um pouco de tempo para o lazer que, em sua maioria, é ocupado com os trabalhos burocráticos

ESTÁGIO COM PESQUISA

de correção de prova e planejamento que continua quando ele chega a sua casa.

Ao estudar a literatura que trata do conceito de professor-pesquisador foi possível compreender que quando o professor desconhece como se constrói o conhecimento, não domina os processos de construção dos conceitos da Ciência da qual se origina sua disciplina. O professor, por sua vez, concentra todos os seus esforços em fazer com que os estudantes decorem os conceitos, ou os aprendam mecanicamente, sem a construção do processo, que vai requerer utilizar elementos da pesquisa que na sua formação também não foi desenvolvida. Isso reflete uma prática conteudista em que professor e estudante saem frustrados e incompreendidos, engolidos pela cultura centrada em um currículo carregado de conceitos que deve dominar num espaço de tempo que não coincide com tempo necessário para a construção significativa do conhecimento escolar.

Diante destas reflexões conclui-se que a formação desenvolvida no *Estágio com Pesquisa* deixa marcas de uma educação científica na inquietação sentida em todos os egressos cursistas e entrevistados.

É possível concluir, também, que estes não encontram condições para agir em todas as ocasiões como professores-pesquisadores, mas deixam claro que a luta que travam consigo mesmos na condição de intelectuais da cultura, embora em número menor, é vivenciada com seus estudantes para a formação destes a partir de processos que articulam ensino com processos de investigação.

Na experiência com os concluintes constatou-se um movimento que foi da falta dos pressupostos (conhecimentos, planejamento e projeto consistente) que influenciou negativamente tanto na proposta de integração entre estágio e pesquisa quanto de uma Educação Científica sustentada na concepção de professor-pesquisador. Mas, depois do percurso, com o desenvolvimento das atividades, observou-se avanços referentes ao processo de Educação Científica, principalmente porque os estudantes se empenharam em superar a falta dos pressupostos, que não tiveram acesso em disciplinas anteriormente, possibilitando-os perceber a educação desenvolvida por meio do ato de pesquisa, que permite uma mudança de perspectiva de um ensino formativo para uma prática criativa e transformadora.

No contexto daquela experiência com os concluintes é importante frisar que a sociedade proclama os princípios democráticos, mas pouco investe no cultivo da autonomia, da habilidade argumentativa e do valor da diversidade. De certo modo, o modelo de estágio com pesquisa contrasta com esta contradição, pois busca formar justamente esse sujeito crítico e participativo. Decorrente disso e por meio da pesquisa, o professor terá maiores condições de cultivar as características necessárias para operar mudanças significativas no desenvolvimento coletivo da sociedade. Desta forma, a ressignificação da concepção do professor-pesquisador por parte dos estudantes dessa pesquisa, no processo vivenciado por aqueles sujeitos, demonstra o desenvolvimento da Educação Científica.

O desenvolvimento do *Estágio com Pesquisa* enfatiza que o processo da formação científica é construído a partir da valorização, planejamento e acompanhamento dos diversos professores das disciplinas no transcorrer do curso, do mesmo modo que, ao longo do estudo, os estudantes devem ser estimulados a uma perspectiva crítico-reflexiva na e sobre a prática. No caso desta pesquisa, a proposta do *estágio com pesquisa*, constata-se que houve a ressignificação da concepção do professor-pesquisador, levando os estudantes a perceberem a necessidade de reflexão sobre o espaço de articulação do estágio com a pesquisa. Além disso, também perceberam a proposta do estágio com pesquisa presente naquele momento formativo, gerando um avanço no momento de Educação Científica. Desse modo, entenderam que o espaço destinado à proposta de se pesquisar no estágio contribui no desenvolvimento do pensamento articulador entre prática e teoria, isto é, educação e ciência.

Embora não seja muito adequado no momento da conclusão, considera-se importante retomar algumas falas dos sujeitos, pois sintetizam elementos significativos do processo. Um dos professores orientadores entrevistados apresentou bem as fortalezas e debilidades no processo de articulação entre estágio e pesquisa: *"as fortalezas são:*

engajamento dos professores, compreensão de universalidade de conhecimentos e práticas, oferta de possibilidade de ida às escolas desde os primeiros períodos do curso, exercícios interdisciplinares e confecção de projetos de pesquisa e propostas de ações. As debilidades são: desarticulação entre os docentes e as disciplinas que ministram, falta de uma escola de aplicação dos saberes e fazeres do curso".

O docente demonstra que possui compreensão do processo formativo proposto, em teoria, para os estudantes do curso em questão. Mesmo assim, diante das debilidades e fortalezas que ele aponta, qual a ação destinada a esta problemática por parte daqueles? Onde está o engajamento para superar as debilidades? Não é contraditório o que vivenciam e o que pensam sobre a e na prática?

Por meio da atividade do painel integrado com os concluintes obteve-se sugestões dos estudantes sobre a melhoria do processo formativo no curso em questão, sendo as seguintes: (1) readequação da proposta de estágio, visando estabelecimento de parcerias entre a universidade e escolas públicas para contribuir significantemente com a prática educativa; (2) discutir com estudantes, desde o início da formação inicial, a proposta do curso em atrelar estágio à pesquisa, contribuindo para o avanço das pesquisas desenvolvidas; (3) iniciar o processo de orientação e estágio logo no início do processo formativo mantendo o corpo docente no acompanhamento da pesquisa.

Para ratificar, apresentam-se trechos das falas de dois estudantes que experienciaram a condição de sujeitos nessa pesquisa. O primeiro disse que "[...] *a coordenação deve ser mais politicamente independente, para que tenha maior liberdade para tomar decisões, sobretudo quanto às questões de extensão. Isso aproximará o objeto das pesquisas à realidade contextual em que as mesmas são produzidas. Quanto aos professores, muitos estão bitolados a linhas epistêmicas ortodoxas, algumas muito distantes do foco local, sem falar de que não estão em sintonia com as próprias propostas de pesquisa da universidade, já que não passaram pelos mesmos processos a que empurra os discentes, algo que cria abismos conceituais e metodológicos*" (Egresso 4).

O segundo afirmou que: "[...] *todas as disciplinas ligadas diretamente à pesquisa (Pesquisa e Prática I e II; Epistemologia da pesquisa e outras), devem ser priorizadas no processo formativo, levando o aluno ao conhecimento real em relação ao universo geral da Pesquisa educacional. A instituição deve procurar e proporcionar ao maior número de acadêmicos possíveis a participação em projetos de iniciação científica remunerado ou não, ressaltando sempre a importância desses projetos na formação profissional e acadêmica. A coordenação deve procurar conscientizar os acadêmicos desde seu ingresso sobre a proposta da Universidade de formar o professor-pesquisador [...], mostrando alternativas e promovendo, se preciso, encontros e eventos que esclareçam definitivamente este processo para todos. Os professores devem apoiar a coordenação e sempre que possível esclarecer temas relacionados à pesquisa, independente da disciplina a qual estejam ministrando, pois todos são no mínimo mestres em seus respectivos campos de conhecimento e estão capacitados a orientar e ajudar os alunos em relação a estes temas"* (Egresso 5).

A partir da compreensão da expressão dos sujeitos, o processo vivenciado na realização do *plano de ação* com os concluintes levou-os a repensar a sua própria formação evidenciando aspectos do *Projeto Pedagógico* do Curso, que propõe que a pesquisa seja o eixo articulador entre as disciplinas. Por outro lado, mesmo que alguns estudantes não tenham tido conhecimento sobre o Projeto Pedagógico do Curso, percebe-se que reconheceram a proposta de estágio como processo de pesquisa centrado na ideia de que a aprendizagem da profissão leva o professor a produzir conhecimento a partir da prática.

Constata-se, depois da análise, que a elaboração do trabalho de conclusão do curso, quando conduzida a partir da valorização da pesquisa, é um processo formativo que contribui para que a educação científica efetivamente ganhe sentido na formação do professor.

Ficou evidente também que quando o processo em questão é evidenciado no período de estágio, mais significativa fica aquela experiência. Os estudantes concluintes passaram a vivenciar um momento ímpar em que lhes foi possível articular o que foi dito pelos professores em sala de aula, durante o processo de formação, com o que os professores que atuam na docência faziam e fazem no cotidiano das escolas, não apenas como um compromisso a ser cumprido por exigência do curso, mas como um momento de aprendizado de como é possível ser professor-pesquisador, na articulação entre teoria e prática. Ao mesmo tempo em que essa experiência também ajuda o professor a compreender a sala de aula como um espaço de construção da cidadania, princípio básico da Educação Científica.

Decorrente de todo o trabalho aqui apresentado, podemos afirmar que o desenvolvimento do estágio com pesquisa fundamenta-se em uma "pedagogia do conhecimento" que constitui a estrutura de uma educação científica constitutiva de uma identidade que possibilita um trabalho docente centrado nos processos de conhecimento como condição de autonomia intelectual, política e científica do professor. Por isso, abre novos horizontes na direção da crítica ao instituído...

Referências

ABBAGNANO, Nicola. *Dicionário de filosofia*. 4. ed. São Paulo: Martins Fontes, 2000.

ABDALLA, Maria de Fátima B. *Formação e desenvolvimento profissional do professor*: o aprender da profissão (um estudo em escola pública). Tese (Doutorado em Educação) — Faculdade de Educação, Universidade de São Paulo, São Paulo, 2000.

ALARCÃO, Izabel (Org.). *Formação reflexiva de professores*: estratégias de supervisão. Porto: Porto Editora, 1996.

_____. Por que da admiração dos professores por Donald Schön? *Revista da Faculdade de Educação da USP*, v. 22, n. 2, 1996.

_____ (Org.). *Escola reflexiva e nova racionalidade*. Porto Alegre: Artmed, 2001.

_____. *Professores reflexivos em uma escola reflexiva*. Porto Alegre: Artmed, 2007.

ALMEIDA, Benedita de. *Vídeo e Televisão na Sala de Aula*: limites e possibilidades para mobilizar a reflexão e promover a formação integral. Dissertação (Mestrado em Educação) — Faculdade de Ciências e Letras, Unesp, Araraquara, 2001.

ALMEIDA, Maria Isabel de. *O Sindicato como instância formadora dos professores*: novas contribuições ao desenvolvimento profissional. 1999. Tese (Doutorado em Educação) — Faculdade de Educação, Universidade de São Paulo, São Paulo, 1999.

ALMEIDA, Whasgthon Aguiar. *A fertilidade do conceito de professor-pesquisador a partir do desenvolvimento do estágio vinculado à pesquisa*. Dissertação

(Mestrado) — Escola Normal Superior da UEA, Universidade do Estado do Amazonas, Manaus, 2008.

ALVES, Nilda (Org.). *Criar currículo no cotidiano*. São Paulo: Cortez, 2002.

AMABIS, José Mariano. A premência da Educação Científica. In: WERTHEIN, Jorge; ANDRADE, L. A. B.; SILVA, E. P. da. O conhecer e o conhecimento: comentários sobre o viver e o tempo. *Ciências & Cognição*, ano 2, v. 4, mar. 2005. Disponível em: <http://www.cienciasecognicao.org>. Acesso em: 27 abr. 2010.

ANDRÉ, Marli. *O papel da pesquisa na prática e na formação dos professores*. Campinas: Papirus, 2002.

_____. Pesquisa, formação e prática docente. In: ANDRÉ, Marli. *O papel da pesquisa na formação e na prática dos professores*. 4. ed. Campinas: Papirus, 2005. p. 55-69.

ARRUDA, Maria Roseane Rodrigues. *Práticas reflexivas na formação inicial de professores para os anos iniciais do ensino fundamental*. Manaus: UEA Edições, 2009.

AZZI, Sandra. Trabalho docente: autonomia didática e construção do saber pedagógico. *In*: PIMENTA, Selma Garrido. *Saberes pedagógicos e atividade docente*. 4. ed. São Paulo: Cortez, 2005. p. 35-60.

BACHELARD, Gaston. *Formação do espírito científico*. Rio de Janeiro: Contraponto, 2002.

BAIRD, J. R.; MITCHELL, I. J.; NORTHFIELD, J. R. Teachers as researchers: the rationale; the reality. *Research in Science Education*, n. 17, p. 129-38, 1987.

BARBOSA, Ierecê; SAMPAIO, Eliana Santos. *Comunicação e marketing na gestão escolar*. Manaus: UEA Edições, 2008.

BARBOSA, Waldirene Maria. *Projeto Veredas*: vozes docentes sobre a prática reflexiva. 2006. Dissertação (Mestrado em Educação) — Faculdade de Educação, Universidade Federal de Juiz de Fora, Juiz de Fora, 2006.

BARRENECHEA, C. A. A formação da identidade do aluno na educação a distância: reflexões para um debate. *Educar em Revista*, n. 21, p. 117-31, jan./jun. 2003.

BEILLEROT, J. A "pesquisa": esboço de uma análise. In: ANDRÉ, Marli (Org.). *O papel da pesquisa na formação e na prática dos professores*. 4. ed. Campinas: Papirus, 2005. p. 71-90.

BOGDAN, Robert; BIKLEN, Sari. *Investigação qualitativa em educação*: uma introdução à teoria e aos métodos. Porto: Porto Editora, 1982.

BONALS, Joan. *O trabalho em pequenos grupos na sala de aula*. Porto Alegre: Artmed, 2003.

BORAKOVA, H. *Metodos activos*. Havana: Universidade de Havana, 1982.

BORGES, Heloísa da Silva. Educação do campo como processo de luta por uma sociedade justa. In: GHEDIN, Evandro; BORGES, Heloísa da Silva. *Educação do campo*: a epistemologia de um horizonte de formação. Manaus: Valer, 2007. p. 63-110.

BORGES, Rita de Cássia M. Barbugiani. O professor reflexivo crítico como mediador do processo de inter-relação da leitura-escritura. In: PIMENTA, Selma Garrido; GHEDIN, Evandro (Orgs.). *Professor reflexivo no Brasil*: gênese e crítica de um conceito. São Paulo: Cortez, 2002. p. 201-18.

BRANDÃO, Carlos R. Pesquisa participante. São Paulo: Brasiliense, 1984.

BREZINSKI, Íria. *Pedagogia, pedagogos e formação de professores*. Campinas: Papirus, 1996.

BUSTAMANTE, Silvia Branco Vidal. *Tecnologia e prática reflexiva na formação de professores*. 2007. Dissertação (Mestrado em Educação) — Universidade Católica de Petrópolis, Rio de Janeiro, 2007.

CACHAPUZ, Antonio et al. (Orgs.). *A necessária renovação do ensino de ciências*. São Paulo: Cortez, 2005.

CAMPOS, Casemiro de Medeiros. *Saberes docentes e autonomia dos professores*. Petrópolis: Vozes, 2007.

CAPPECHI, Maria Cândida de Morais. Argumentação numa aula de física. *In*: CARVALHO, Ana Maria Pessoa de (Org.). *Ensino de ciências*: unindo a pesquisa e prática. São Paulo: Pioneira Thomson Learning, 2006. p. 59-76.

CAPRA, Fritjof. *A teia da vida*. São Paulo: Cultrix, 1997.

_____. *O ponto de mutação*. 22. ed. São Paulo: Cultrix, 2001.

CARR, Wilfred. *Una teoría para la educación*. Hacia una investigación educativa crítica. Madrid: Morata, 1996.

_____. *Una teoría para la educación*: hacia una investigación educativa crítica. Madrid: Morata, 2002. 173 p.

_____; KEMMIS, Stephen. *Becoming critical*: education, knowledge and action research. Londres: Falmer Press, 1986.

CARVALHO, Ana Maria Pessoa de. Critérios estruturantes para o Ensino de Ciências. In: CARVALHO, Ana Maria Pessoa de Carvalho (Org.). *Ensino de Ciências*: unindo a pesquisa e a prática. São Paulo: Pioneira Thomson Learning, 2006. p. 1-17.

CARVALHO, Anna M. Pessoa de; GIL-PÉREZ, Daniel. *Formação de professores de ciências*: tendências e inovações. São Paulo: Cortez, 2003.

CASTRO, Alda Maria Duarte Araújo. Mudanças tecnológicas e suas implicações na política de formação do professor. *Ensaio*: avaliação em políticas públicas e educação, Rio de Janeiro, v. 13, n. 49, out./dez. 2005. Disponível em: <http://www.scielo.br/pdf/ensaio/v13n49/29242.pdf>. Acesso em: 6 set. 2007.

CHARLOT, Bernard. Formação de professores: a pesquisa e a política educacional. In: PIMENTA, Selma Garrido; GHEDIN, Evandro. (Orgs.). *Professor reflexivo no Brasil*: gênese e crítica de um conceito. 4. ed. São Paulo: Cortez, 2006. p. 89-108.

_____; BEILLEROT, Jacky (Orgs.). *La construction des politiques d'éducation et de formation*. Paris: PUF, 1995.

CHARUR, Carlos Zarzar. Diseño de estratégia para el aprendizaje grupal: una experiencia de trabajo. *Perfiles Educativos*, n. 1, p. 34-36, abr./maio 1983.

_____. La dinámica de los grupos de aprendizaje desde un enfoque operativo. *Perfiles Educativos*, n. 9, p. 14-36, jul./set. 1980.

CHASSOT, Attico. *Alfabetização científica*: questões e desafios para a educação. 4. ed. Ijuí: Ed. da Unijuí, 2006.

CHEVALLARD, Y.; JOSHUA, M. A. *La transposition didactique*. Paris: La Penseé Sauvage, 1991.

CHEVITARESE, L. As razões da pós-modernidade. In: SAF/PUC, 1., Análogos, *Anais...*, Rio de Janeiro, Booklink, 2001. Disponível em: <http://www.saude.inf.br/filosofia/posmodernidade.pdf>. Acesso em: 23 nov. 2008.

CIBOTO, Tais. *Fonoaudiologia escolar*: proposta de práticas reflexivas de linguagem para o ensino fundamental. Dissertação (Mestrado em Educação) — Faculdade de Educação, Universidade de São Paulo, São Paulo, 2006.

CONTRERAS, José. *Autonomia de professores*. São Paulo: Cortez, 2002.

_____. *La autonomia del profesorado*. Madrid: Morata, 1997.

CUNHA, Ana Maria Affonso. *A prática reflexiva do professor de inglês*: mudanças de representações e construção de identidade. 2003. Dissertação (Mestrado em Educação) — Programa de pós-graduação em Educação da Pontifícia Universidade Católica, São Paulo, 2003.

CUNHA, Maria Isabel da. Conta-me agora!: as narrativas como alternativas pedagógicas na pesquisa e no ensino. *Rev. Fac. Educ.* [on-line], v. 23, n. 1-2, jan./dez. 1997. Disponível em: <http://www.scielo.br/scielo.php>. Acesso em: 10 set. 2009.

D'ESPÓSITO, Maria Eugenia Witzler. *O olhar e o enxergar*: em busca de uma prática reflexiva para o desenvolvimento da escrita em Língua Inglesa. 2004. Dissertação (Mestrado em Educação) — Programa de Pós-graduação em Educação, Pontifícia Universidade Católica, São Paulo, 2004.

DALL'ORTO, Hilda Léa Rabello. *Do professor técnico ao professor reflexivo*: contribuições e limitações da didática e da prática de ensino na formação docente em Química. 1999. Dissertação (Mestrado em Educação) — Universidade de Campinas, Campinas, 1999.

DAVID, Marciana Almendro. *Desenvolvimento profissional e o prático reflexivo*: análise de uma experiência de educação a distância, via internet, para professores de ciências. Dissertação (Mestrado em Educação) — Belo Horizonte, 2000.

DEMO, Pedro. *Pesquisa*. Princípio científico e educativo. 9. ed. São Paulo: Cortez, 2002.

DEWEY, John. *Como pensamos*. 4 ed. São Paulo: Editora Nacional, 1979.

DONZELE, Patrícia Fortes L. *Uma noção acerca da escola reflexiva*. Disponível em: <http://www.direitonet.com.br/textos/x/55/77/557/DN>. Acesso em: 19 ago. 2007.

DUTRA, Luis Henrique de A. *Introdução à teoria da ciência*. 2. ed. Florianópolis: Ed. da UFSC, 2003.

EINSTEIN, Albert; INFELD, Leopold. *A evolução da física*. Rio de Janeiro: Zahar, 1976.

ELLIOT, John. Recolocando a pesquisa-ação em seu lugar original e próprio. In: FIORENTINI, GERALDI; PEREIRA (Orgs.). *Cartografias do Trabalho Docente*. Campinas: Mercado de Letras, 1998.

ELLIOTT, John. Teacher evaluation and teaching as a moral science. In: HOLLY, M.; MALOUCHLIN, C. S. (Orgs.). *Perspectives on teacher professional development*. Barcome: Falmer Press, 1989. p. 239-58.

_____. *La investigación-acción en educación*. Madrid: Morata, 1990.

_____. *Reconstructing teacher education*. London: The Falmer Press, 1993.

_____. *La investigación-ación en educación*. Madrid: Morata, 2005.

ESTEFOGO, Francisco. *Reflexão crítica*: caminhos para novas ações. Dissertação (Mestrado em Educação) — Programa de Pós-graduação em Educação da Universidade Católica, São Paulo, 2001.

ESTRELA, A. *Pedagogia*: ciência da educação? Porto: Porto Editora, 1992.

FAZENDA, Ivani C. Arantes. *Interdisciplinaridade*: história, teoria e pesquisa. 12. ed. Campinas: Papirus, 2005.

FERREIRA, Aurélio Buarque de Holanda. *Novo Aurélio século XXI*: o dicionário da língua portuguesa. 3. ed. Rio de Janeiro: Nova Fronteira, 1999.

_____. *O minidicionário da língua portuguesa*. 4. ed. rev. ampliada. Rio de Janeiro: Nova Fronteira, 2001.

FERREIRA, Glória Isabel Sattamini. *A prática reflexiva do professor de Biblioteconomia*: transposição Didática, 1999. Dissertação (Mestrado em Educação) — Faculdade de Educação, Universidade Federal do Paraná, Curitiba, 1999.

FERREIRA, Marli Cardoso. *O papel da prática reflexiva do professor*: uma experiência de aprimoramento de jogos com questões de Física. 2003. Dissertação (Mestrado em Educação) — Faculdade de Ciências, Unesp, Bauru, 2003.

FERREIRO, Emília. *Passado e presente dos verbos ler e escrever*. 2. ed. São Paulo: Cortez, 2005. (Col. Questões da nossa época; v. 95.)

FOERSTE, Erineu. *Parceria na formação de professores*. São Paulo: Cortez, 2005.

FOLLACA, Emma Hernández. *Algunas reflexiones sobre la investigación de grupos escolares*. Havana: Universidade de Havana, Facultad Pedagogía, 1993.

_____. Trabajo grupal con adolescentes: una habilidade profesional. *Revista Educación*, Havana, n. 23, p. 13-29, 1996.

FOSTER, Peter. Never mind the quality, feel the impact: a metodological assessment of teacher sponsered the teacher training Agency. *British Journal of Educational Studies*, n. 4, v. 47, p. 380-98, 1999.

FOUREZ, Gerard. *A construção das ciências*: introdução à filosofia e à ética das ciências. São Paulo: Ed. da Unesp, 2000.

FRANCO, Luiz F. Racionalidade técnica, pesquisa colaborativa e desenvolvimento profissional de professores. In: PIMENTA, Selma Garrido; GHEDIN, Evandro (Orgs.). *Professor reflexivo no Brasil*: gênese e crítica de um conceito. 1. ed. São Paulo: Cortez, 2002. p. 219-24.

FRANCO, Maria A. *A pesquisa fecundando a prática docent*e: fundamentos epistemológicos. 2000. Dissertação (Mestrado em Educação) — Faculdade de Educação, Universidade de São Paulo, São Paulo, 2000.

FRANCO, Maria Amélia Santoro. *Pedagogia como ciência da educação*. Campinas: Papirus, 2003.

FRANCO, Maria Amélia Santoro; LISITA, Verbena. Pesquisa-ação: limites e possibilidades na formação docente. In: _____; PIMENTA, Selma Garrido (Orgs.). *Pesquisa em educação*: possibilidades investigativas formativas da pesquisa-ação. São Paulo: Loyola, 2008. p. 50-64.

FRANCO, Maria Amélia. *A Pedagogia como ciência da educação:* entre práxis e epistemologia. 2002. Tese (Doutorado em Educação) — Faculdade de Educação, Universidade de São Paulo, São Paulo, 2002.

FREIRE, Paulo. *Pedagogia da autonomia*. São Paulo: Paz e Terra, 1996.

_____. *Pedagogia da autonomia*: saberes necessários à prática educativa. 35. ed. São Paulo: Paz e Terra, 2007.

FREIRE, Paulo. *Pedagogia do Oprimido*. 33 ed. Rio de Janeiro: Paz e Terra, 1987.

FRIGOTTO, G. O enfoque da dialética materialista histórica na pesquisa educacional. In: FAZENDA, Ivani (Org.). *Metodologia da pesquisa educacional*. São Paulo: Cortez, 2000.

GAMBOA, Silvio Sanchez. *Pesquisa em educação*: métodos e epistemologias. Chapecó: Argos, 2007.

GARCÍA, J. E.; PORLÁN, R. Ensino de ciências e prática docente: uma teoria do conhecimento profissional. In: HARRES, J. B. S. (Org.). *Ensino de ciências*: teoria e prática docente. Lajeado: Univates Editora, 2000. p. 15-23.

GARRIDO, Elsa et al. A pesquisa colaborativa na escola como abordagem facilitadora para o desenvolvimento da profissão do professor. In: MARIN, Alda Junqueira (Org.). *Educação continuada*. Campinas: Papirus, 2000. p. 89-112.

GATTI, Bernadete. *Formação de professores e carreira*. Campinas: Autores Associados, 1997.

GAUTHIER, Clermont et al. *Por uma teoria da pedagogia*: pesquisas contemporâneas sobre o saber docente. Ijuí: Ed. da Unijuí, 1998.

GHEDIN, Evandro. Professor reflexivo: da alienação da técnica à autonomia da crítica. In: _____; PIMENTA, Selma Garrido (Orgs.). *Professor reflexivo no Brasil*: gênese e crítica de um conceito. São Paulo: Cortez, 2002. p. 129-50.

_____. *A filosofia e o filosofar*. São Paulo: Uniletras, 2003a.

_____. *O filosofar como práxis*: pressupostos epistemológicos e implicações metodológicas para seu ensino na escola média. 2004. Tese (Doutorado em Educação) — Faculdade de Educação, Universidade de São Paulo, São Paulo, 2004.

_____. A pesquisa como eixo interdisciplinar no Estágio e a Formação do Professor-pesquisador-Reflexivo. Ponta Grossa. *Revista Olhar de Professor*, n. 7, v. 2, p. 57-76, 2004.

_____. O professor do futuro. *Sinpro*, Sindicato dos Professores de São Paulo, Sinpro-SP, n. 79, 6 maio 2005.

_____. Professor reflexivo: da alienação da técnica à autonomia da crítica. In: _____; PIMENTA, S. G. (Orgs.). *Professor reflexivo no Brasil*: gênese e crítica de um conceito. 3. ed. São Paulo: Cortez, 2005. p. 129-150.

GHEDIN, Evandro. A formação continuada de professores(as)/educador(a) e as dimensões de sua profissionalidade. In: SOUZA, Cecília Rodrigues de. *Educação*: discurso e compromisso. Manaus: Valer, 2006. p. 93-130.

_____. A condição e o discurso da "pós-modernidade" à luz das exigências educativas contemporâneas. In: SOUZA, Cecília Rodrigues de. *Educação*: discurso e compromisso. Manaus: Valer, 2006. p. 135-187.

_____. *O estágio com pesquisa na formação inicial de professores*. São Paulo: FE-USP, 2010. (Relatório de pós-doutorado, sob supervisão de Selma Garrido Pimenta.)

_____ (Org.). *Perspectivas em formação de professores*. Manaus: Valer, 2007.

_____. *Educação do campo:* a epistemologia de um horizonte de formação. Manaus: Valer, 2007.

_____. Tendências contemporâneas na formação de professores na perspectiva da filosofia da educação. In: _____ (Org.). *Perspectivas em formação de professores*. Manaus: Valer, 2007. p. 65-85.

_____. As dimensões da prática profissional do professor/educador. In: BRITO, César Lobato (Org.). *Ética e formação de professores*. Manaus: UEA Edições/Editora Raphaela, 2008. p. 35-51.

_____. *Ensino de filosofia no ensino médio*. São Paulo: Cortez, 2009.

_____. O ensino com pesquisa como alternativa inovadora para o ensino médio. In:_____; BORGES, Heloisa (Orgs.). *Fundamentos para pensar o currículo*: formação continuada em pressupostos curriculares. Manaus: Travessia, 2010. p. 113-150.

_____. Demarcando linhas, percorrendo caminhos e situando horizontes. In: _____. *Perspectivas em formação de professores*. Manaus: Valer, 2007a. p. 11-36.

_____ (Coord.) et al. *Currículo e ensino básico*. Manaus: UEA Edições, 2007b.

_____; BRITO, Cesar Lobato; ALMEIDA, Luís Sergio. *O estágio na formação de professores*. Manaus: UEA Edições, 2006.

_____; LEITE, Yoshie U. F.; ALMEIDA, M. I. de. *Formação de professores*: caminhos da prática. Brasília: Líber Livro Editora, 2008.

_____; FRANCO, Maria Amélia Santoro. Refletindo sobre pressupostos da pesquisa em educação. In: GHEDIN, Evandro; GONZAGA, Amarildo Menezes. *Epistemologia da pesquisa em educação*. Manaus: BK Ed., 2006. p. 33-59.

GHEDIN, E.; FRANCO, M. A. *Questões de método na construção da pesquisa em educação*. São Paulo: Cortez, 2008.

GIROUX, Henry A. *Os professores como intelectuais*: rumo a uma pedagogia crítica da aprendizagem. Porto Alegre: Artes Médicas, 1997.

_____; McLAREN, Peter. Formação de professor como contra-esfera pública: a pedagogia radical como uma forma de política cultural. In: MOREIRA, Antonio Flávio; SILVA, Tomaz Tadeu. *Currículo, cultura e sociedade*. 8. ed. São Paulo: Cortez, 2005. p. 93-124.

GOMES, Jomara Brandini; CASAGRANDE, Lisete Diniz Ribas. A educação reflexiva na pós-modernidade: uma revisão bibliográfica. *Rev. Latino-Am. Enfermagem*, v. 10, n. 5, p. 696-703, set./out. 2002.

GOMES, Márcia Murinelly. *Oficinas com recursos expressivos*: espaços de interação para a expressão e a reflexão na formação de educador. Dissertação (Mestrado em Educação) — Faculdade de Educação, Universidade de São Paulo, São Paulo, 2000.

GOMES, Marcia Regina. *Estudo descritivo de uma prática interativo-reflexiva para professores em formação inicial*: subsídios para professores de crianças surdo-cegas e aquelas com deficiência múltipla. Dissertação (Mestrado em Educação) — Faculdade de Educação, Universidade Estadual do Rio Janeiro, Rio de Janeiro, 2006.

GOMES, Stella Grimaldi. *Gestão escolar democrática*: registros em vídeo ferramenta auxiliar à prática reflexiva. 2007. Dissertação (Mestrado em Educação) — Faculdade de Ciências, Unesp, Araraquara, 2007.

GONÇALVES, Rosalina Tellis. *Linguagem oral na educação infantil indígena*: a produção de gênero textual oral valorizado por uma prática reflexiva. Dissertação (Mestrado em Educação) — Faculdade de Educação, Universidade Federal do Espírito Santo, Vitória, 2007.

GONZAGA, Amarildo Menezes. *Educação por projetos*: pressupostos e experiências. Manaus: BK Editora, 2007.

_____. *Experiências Curriculares*: uma aproximação entre teoria e prática. Manaus: BK Editora, 2005.

GUIMARÃES, Laura de Toledo. *Concepção dos professores sobre os cursos de capacitação*: uma reflexão sobre sua prática. Dissertação (Mestrado em Educação) — Universidade de São Paulo, São Paulo, 2002.

GUIMARÃES, Valter. *Saberes docentes e identidade profissional*: um estudo a partir da Licenciatura. Tese (Doutorado em Educação) — Faculdade de Educação, Universidade de São Paulo, São Paulo, 2001.

HABERMAS, Jürgen. *Conhecimento e interesse*. Rio de Janeiro: Zahar, 1982.

_____. *Técnica e ciência como ideologia*. Lisboa: Edições 70, 2007.

HARGREAVES, Andy. *Profesorado, cultura y postmodernidad*. Madrid: Morata. 1996.

HEGENBERG, Leonidas. *Saber de e saber que*: alicerces da racionalidade. Petrópolis: Vozes, 2002.

HENGEMUHLE, Adelar. *Formação de professores*: da função de ensinar ao resgate da educação. Petrópolis: Vozes, 2007.

HOUSSAYE, Jean. Une illusion pédagogique? *Cahiers Pédagogiques*, Paris, INRP, n. 334, 1995, p. 28-31.

JAPIASSU, Hilton. *A crise da razão e do saber objetivo*: as ondas do irracional. São Paulo: Letra & Letras, 1996.

_____. *O sonho transdisciplinar*: e as razões da filosofia. Rio de Janeiro: Imago, 2006.

_____. *Um desafio à filosofia*: pensar-se nos dias de hoje. São Paulo: Letras & Letras, 1997.

JUNIOR, Francisco Vitorino de Andrade. *A (re)significação conceptual nas práticas colaborativas com professores do Ensino Fundamental*. 2005. Dissertação (Mestrado em Educação) — Faculdade de Educação, Universidade Federal do Rio Grande do Norte, Natal, 2005.

KANEOYA, Marta Lúcia Cabrera Kfouri. *O professor reflexivo*: uma proposta de encaminhamento à conscientização pedagógica contínua de professores atuantes em um centro de estudos de línguas do interior paulista. Dissertação (Mestrado em Educação) — Instituto de Biociências, Letras e Ciências Exatas, Unesp, São José do Rio Preto, 2001.

KINCHELOE, Joe. *A formação do professor como compromisso político*: mapeando o pós-moderno. Porto Alegre: Artes Médicas, 1998.

KONDER, Leandro. *O futuro da filosofia da práxis*. 2. ed. Rio de Janeiro: Paz e Terra, 1992.

KRASILCHIK, Myrian; MARANDINO, Martha. *Ensino de ciências e cidadania.* 2. ed. São Paulo: Moderna, 2007.

KUHN, Thomas S. *A estrutura das revoluções científicas.* São Paulo: Perspectiva, 1994.

_____. *A tensão essencial.* Lisboa: Edições 70, 1989.

LABURU, Carlos Eduardo; CARVALHO, Marcelo. *Educação científica*: controvérsias construtivistas e pluralismo metodológico. Londrina: Eduel, 2005.

LALANDA, Maria Conceição; ABRANTES, Maria Manuela. O Conceito de Reflexão em J. Dewey. In: ALARCÃO, Isabel (Org.). *Formação reflexiva de professores*: estratégias de supervisão. Porto: Porto Editora, 1996.

LAWN, M. Atrapados por el trabajo diario: las posibilidades de investigar de los professores. In: CARR, W. (Org.). *Calidad de la enseñanza e investigación--acción.* Sevilha: Díada, 1993.

LEITE, Regina Lucia Poppa Scarpa. *Formação do educador reflexivo*: análise de experiência realizada em creches de São Paulo. 1998. Dissertação (Mestrado em Educação) — Faculdade de Educação, Universidade de Campinas, Campinas, 1998.

LEITE, Yoshie Ussami Ferrari. *O lugar das práticas pedagógicas na formação dos professores.* São Paulo: Ed. da Unesp, 2007. (Relatório de Pós-Doutorado.)

_____; DI GIORGI, Cristiano Amaral Garboggini. Saberes docentes de um novo tipo na formação profissional do professor: alguns apontamentos. *Revista do Centro de Educação.* Disponível em: <http://coralx.ufsm.br/revce/revce/2004/02/010.htm>. Acesso em: 30 set. 2007.

LEITES, Sonia Maria Bernal. *A prática reflexiva compartilhada na formação contínua de uma equipe de professores de língua estrangeira.* Dissertação (Mestrado em Educação) — Programa de Pós-graduação em Educação, Pontifícia Universidade Católica, São Paulo, 2004.

LEMOS, Kátia Regina Figueiredo, FRANÇA, Sônia Maria Mendes; MACHADO, Vanda Moreira. Tornar-se professor: um olhar sobre a prática docente. In: BRZEZINSKI, Iria. *Profissão professor*: identidade e profissionalização docente. Brasília: Plano Editora, 2002. p. 145-57.

LESTEGÁS, F. R. La elaboración del conocimiento geográfico escolar: de la ciencia geografica y la geografia que se enseña o viceversa? *Iber-Didática de las Ciências Sociales, Geografia e História*, ano VII, n. 24, abr. 2000.

LIBÂNEO, José C. *Adeus professor, adeus professora?* São Paulo: Cortez, 1998.

LIMA, Maria Socorro L. *A formação contínua dos professores nos caminhos e descaminhos do desenvolvimento profissional*. Tese (Doutorado em Educação) — Faculdade de Educação, Universidade de São Paulo, São Paulo, 2001a.

_____. *A hora da prática*: reflexões sobre o estágio supervisionado e a ação docente. Fortaleza: Edições Demócrito Rocha/Ed. da UECE, 2001b.

_____; GOMES, Marineide de Oliveira. Redimensionando o papel dos profissionais da educação: algumas considerações. In: PIMENTA, Selma Garrido; GHEDIN, Evandro (Orgs.). *Professor reflexivo no Brasil*: gênese e crítica de um conceito. São Paulo: Cortez, 2002. p. 163-86.

LIMA, Soraiha Miranda de. *O professor como profissional crítico-reflexivo*: possibilidades e limites de um projeto de formação contínua na escola. Dissertação (Mestrado em Educação) — Faculdade de Educação, Universidade Federal de Goiás, Goiânia, 1998.

LISITA, Verbena; ROSA, Dalva; LIPOVETSKY, Noêmia. Formação de professores e pesquisa: uma relação possível? In: ANDRÉ, Marly. *O papel da pesquisa na formação e na prática dos professores*. 3. ed. Campinas: Papirus, 2004. p. 107-15.

_____. Formação de professores e pesquisa: uma relação possível. In: ANDRÉ, Marli (Org.). *O papel da pesquisa na formação e na prática dos professores*. 4. ed. Campinas: Papirus, 2005. p. 107-127.

LISTON, D. P.; ZEICHNER, K. *Formación del profesorado y condiciones sociales de la escolarización*. Madrid: Morata, 1993.

_____. *Formación del profesorado y condiciones de la escolarización*. Madrid: Morata, 1997. 277 p.

LOISELLE, J. A exploração da multimídia e da rede internet para favorecer a autonomia dos estudantes universitários na aprendizagem. In: ALAVA, S. (Org.). *Ciberespaço e formações abertas*: rumo a novas práticas educacionais. Porto Alegre: Artmed, 2002.

LOMBARDI, Lucia Maria dos Santos. *Jogo, brincadeira e prática reflexiva na formação de professores*. Dissertação (Mestrado em Educação) — Faculdade de Educação, Universidade de São Paulo, São Paulo, 2005.

LOPES, Amanda Cristina Teagno. *Registro de práticas*: formação de memória e autoria — análise de registros no âmbito da educação infantil. Dissertação (Mestrado em Educação) — Faculdade de Educação, Universidade de São Paulo, São Paulo, 2005.

_____. *Educação infantil e registro de práticas*. São Paulo: Cortez, 2009.

LÜDKE, Menga. Combinando pesquisa e prática no trabalho e na formação de professores. *Revista da Ande*, ano 12, n. 19, p. 31-38, 1993.

_____. A complexa relação entre o professor e a pesquisa. In: ANDRÉ, Marli. *O papel da pesquisa na formação e na prática dos professores*. 4. ed. Campinas: Papirus, 2005. p. 27-54.

_____ et al. *O professor e a pesquisa*. 3. ed. Campinas: Papirus, 2004.

_____; ANDRÉ, Marly. *Pesquisa em educação*: abordagens qualitativas. São Paulo: EPU, 1986.

LUFT, Pedro. *Minidicionário Luft*. 20. ed. São Paulo: Ática, 2000.

LURIA, Alexander Romanovich. *Pensamento e Linguagem*: as últimas conferências de Luria. Trad. Daiana M. Lichtenstein e Mario Corso. Porto Alegre: Artes Médicas, 1986. p. 7-118.

_____. *Desenvolvimento cognitivo:* seus fundamentos culturais e sociais. São Paulo: Ícone, 1990. p. 8-148.

MACHADO, A. M. N. A relação entre a autoria e a orientação no processo de elaboração de teses e dissertações. In: _____; BIANCHETTI, L. (Orgs.). *A bússola do escrever*: desafios e estratégias na orientação de teses e dissertações. Florianópolis/São Paulo: Ed. da UFSC/Cortez, 2002. p. 44-65.

MACHADO, Nilson J. *Epistemologia e didática*: as concepções de conhecimento e inteligência e a prática docente. São Paulo: Cortez, 1995.

MALDANER, Otávio Aloísio. *A formação inicial e continuada de professores de Química*. 3. ed. Ijuí: Ed. da Unijuí, 2006.

MARANDINO, M. Transposição ou recontextualização? Sobre a produção de saberes na educação em museus de ciências. *Revista Brasileira de Educação*, n. 26, maio/ago. 2004.

MARCON, Roberta Jung. *A avaliação no ensino superior*: por uma prática reflexiva. 2006. Dissertação (Mestrado em Educação) — Faculdade de Educação, Universidade Federal do Rio Grande do Sul, Porto Alegre, 2006.

MARIN, Alda J. Investigando com os professores na escola pública. In: ENDIPE, 9., *Anais...*, v. 1, n. 1, 1998.

MARION, Marcia Maria Costa. *Professor reflexivo e professor-pesquisador*: um estudo com formadores de professores. Dissertação (Mestrado em Educação) — Programa de Pós-graduação em Educação, Pontifícia Universidade Católica, São Paulo, 2001.

MARKERT, Werner. Formação de professores e reflexividade dialética à luz da teoria crítica GT. *Formação de Professores*, n. 8, s/d. Disponível em: <29reuniao.anped.org.br/trabalhos/trabalho/GT08-2403--Int.pdf>. Acesso em: 30 set. 2007.

MARTINS, Lílian Pereira. História da ciência: objetos, métodos e problemas. *Ciência & Saúde*, v. 11, n. 2, p. 305-317, 2005.

MATURANA, H. Romesin. *Cognição, ciência e vida cotidiana*. Belo Horizonte: Ed. da UFMG, 2001a.

_____. *A ontologia da realidade*. Belo Horizonte: Ed. da UFMG, 2001b.

_____. *Emoções e linguagem na educação e na política*. 4. ed. Belo Horizonte: Ed. da UFMG, 2005.

_____; NISIS, Sima. *Formação humana e capacitação*. Petrópolis: Vozes, 2000.

_____; VARELA, Francisco J. *A árvore do conhecimento*: as bases biológicas da compreensão humana. São Paulo: Palas Atena, 2001.

MEINICKE, Rosemeire de Lourdes Oliveira. *O professor de Matemática e a prática reflexiva*: estudo com professores da sétima série do ensino fundamental. 2005. Dissertação (Mestrado em Educação) — Programa de Pós-graduação em Educação, Pontifícia Universidade Católica, Campinas, 2005.

MELÃO, Claudia Cristina Cabreira. *Práticas discursivas em transformação*: aulas e sessões reflexivas. Dissertação (Mestrado em Educação) — Programa de Pós-graduação em Educação, Pontifícia Universidade Católica, São Paulo, 2001.

MELLO, G. N. de. Transposição didática: a mais nobre (e complexa) tarefa do professor. *Revista Nova Escola*, n. 178, dez. 2004.

MIRANDA, Marília Gouveia. O professor-pesquisador e sua pretensão de resolver a relação entre a teoria e a prática na formação de professores.

In: ANDRÉ, Marli (Org.). *O papel da pesquisa na formação e na prática dos professores*. 4. ed. Campinas: Papirus, 2005. p. 129-43.

MIZUKAMI, M. das Graças Nicoletti; RODRIGUES, Aline M. *Formação de professores*: práticas pedagógicas e escola. São Carlos: Edufscar, 2002.

MONTEIRO, Silas Borges. Epistemologia da prática: o professor reflexivo e a pesquisa colaborativa. In: PIMENTA, Selma Garrido; GHEDIN, Evandro (Orgs.). *Professor reflexivo no Brasil*: gênese e crítica de um conceito. São Paulo: Cortez, 2002. p. 111-127.

MORAES, Maria C. *Educar na biologia do amor e da solidariedade*. Petrópolis: Vozes, 2003.

MORAIS, Regis de. *Evoluções e Revoluções da ciência atual*. Campinas: Alínea, 2007.

MOREIRA, Antonio Flávio; SILVA, Tomaz Tadeu. *Currículo, cultura e sociedade*. 8. ed. São Paulo: Cortez, 2005.

MOREIRA, Marco Antonio. *A teoria da aprendizagem significativa e sua implementação em sala de aula*. Brasília: Ed. da UnB, 2006.

MORIN, Edgar. *Ciencia con conciencia*. Barcelona: Anthropos/Editorial del Hombre, 1994.

_____. *Ciência com consciência*. 5. ed. Rio de Janeiro: Bertrand Brasil, 2001.

_____. *Introdução ao pensamento complexo*. 3. ed. Porto Alegre: Sulina, 2007.

_____. *Os sete saberes necessários à educação do futuro*. 10. ed. São Paulo: Cortez, 2005.

_____; CIURANA, Emilio-Roger; MOTTA, Raúl Domingo. *Educar na era planetária*: o pensamento complexo como método de uma aprendizagem pelo erro e a incerteza humana. São Paulo: Cortez, 2003.

NASCIMENTO, Leoguineia; COSTA, Mauro Gomes; GHEDIN, Evandro. A prática pedagógica histórico-crítica e seu olhar sobre a dimensão política da educação. In: GHEDIN, Evandro; GONZAGA, Amarildo Menezes; BORGES, Heloisa da Silva (Orgs.). *Currículo e práticas pedagógicas*. Rio de Janeiro: Memvavmem, 2006. p. 170-87.

NETO, Marcolina Cândida de Jesus. *Da leitura reflexiva e sua contribuição para a cidadania*. Dissertação (Mestrado em Educação) — Faculdade de Educação, Universidade Federal de Uberlândia, Uberlândia, 2000.

NOGUEIRA, Renata de Menezes. *Reflexões sobre a política de formação docente e Guarulhos*: com a palavra os professores de EJA. Dissertação (Mestrado em Educação) — Pontifícia Universidade Católica, São Paulo. 2004.

NÓVOA, António (Coord.). *Os professores e sua formação*. Lisboa: Dom Quixote, 1997.

_____. *O pesquisador e reflexivo*. TVE Brasil.com.br/salto para o futuro/entrevista realizada no dia 13 de setembro de 2001.

OLIVEIRA, Caroline Barroncas de. *Professor-pesquisador-educação científica*: o estágio com pesquisa na formação de professores para os anos iniciais. Manaus: UEA Edições, 2010.

OLIVEIRA, Elisangela Silva. *O estágio vinculado a pesquisa na formação inicial de professores de ciências*. Manaus: UEA Edições, 2010.

OLIVEIRA, Norma Aparecida Lopes. *Criatividade no Ensino de Ciências*: uma prática docente. 2008. Dissertação (Mestrado em Educação) — Escola Normal Superior, Universidade do Estado do Amazonas, Manaus, 2008.

OLIVEIRA, Renato José. *A escola e o ensino de ciências*. São Leopoldo: Ed. da Unisinos, 2000.

PAAZ, Aneli. *Prática reflexiva*: fonte de (re)construção do saber profissional do professor. Dissertação (Mestrado em Educação) — Faculdade de Educação, Universidade Federal do Rio Grande do Sul, Porto Alegre, 1999.

PAIS, L. C. *Didática da Matemática*: uma análise da influência francesa. 2. ed. Belo Horizonte: Autêntica, 2002.

PATRÍCIO, Patrícia. *São deuses os professores?* O segredo dos professores de sucesso. Campinas: Papirus, 2005. (Col. Magistério: Formação e trabalho pedagógico.)

PEREIRA, Elizabete M. de Aguiar. Professor como pesquisador: o enfoque da pesquisa-ação na prática docente. In: _____; GERALDI, Corinta M. Grisolia; FIORENTINI, Dario. *Cartografias do trabalho docente*: professor(a)-pesquisador(a). 3. ed. Campinas: Mercado de Letras/Associação de Leitura do Brasil (ALB), 2003.

PÉREZ GOMEZ, Angel. Autonomía profesional del docente y control democrático de la práctica educativa. Volver a pensar la educación: prácticas y discursos educativos. In: CONGRESO INTERNACIONAL DE DIDÁCTICA, v. II, Madrid, Morata, 1995.

PÉREZ GOMEZ, Angel. O pensamento prático do professor: a formação do professor como profissional reflexivo. In: NÓVOA, António. *Os professores e a sua formação*. 2. ed. Lisboa: Publicações Dom Quixote, 1997.

PÉREZ, Gladys Viñas. *Metodos y tecnicas participativas en el proceso de enseñanza aprendizaje*. Havana: Universidade de Havana, 1999.

PERRENOUD, P. *Construir as competências desde a escola*. Porto Alegre: Artes Médicas Sul, 1999.

PERRENOUD, Philippe. *Práticas pedagógicas, profissão docente e formação*. Lisboa: Dom Quixote, 1992.

PERRENOUD, P. *A prática reflexiva no ofício de professor*: profissionalização e razão pedagógica. Porto Alegre: Artmed, 2002.

PETERS, O. *Didática do ensino a distância*. São Leopoldo: Ed. da Unisinos, 2001.

PETRILLI, Silvia Regina Pincerato. *A prática reflexiva na formação docente*: implicações na formação inicial e continuada. Dissertação (Mestrado em Educação) — Faculdade de Educação, Universidade de Campinas, Campinas, 2006.

PIAGET, Jean. *A epistemologia genética e a pesquisa psicológica*. Rio de Janeiro: Freitas Bastos, 1974.

PICONEZ, Stela C. Bertholo. *A prática do ensino e o estágio supervisionado*. 10. ed. Campinas: Papirus, 2002.

_____ et al. *Estudos sobre formação de professores na interface com as tecnologias da informação e comunicação*: desafios e demandas pós-LDB n. 9.394/96. São Paulo, 2006. (Texto Coletivo.)

PIMENTA, Selma G. *O estágio na formação de professores*: unidade teoria e prática? São Paulo: Cortez, l994.

_____. Formação de professores: saberes da docência e identidade do professor. *Revista da Faculdade de Educação da USP*, v. 22, n. 2, p. 72-89, 1996.

_____ (Org.). *Saberes pedagógicos e atividade docente*. São Paulo: Cortez, 1999.

_____. A didática como mediação na construção da identidade do professor: uma experiência de ensino e pesquisa. In: ANDRÉ, M.; OLIVEIRA, M. R. (Orgs.). *Alternativas do ensino de didática*. Campinas: Papirus, 1997. p. 37-70.

ESTÁGIO COM PESQUISA

PIMENTA, Selma G. A prática (e a teoria) docente ressignificando a didática. In: OLIVEIRA (Org.). *Confluências e divergências entre didática e currículo.* Campinas: Papirus, 1998. p. 153-76.

_____. *Saberes pedagógicos e atividade docente.* São Paulo: Cortez, 2000.

_____. Professor reflexivo: construindo uma crítica. In: PIMENTA, Selma Garrido; GHEDIN, Evandro (Orgs.). *Professor reflexivo no Brasil*: gênese e crítica de um conceito. 1. ed. São Paulo: Cortez, 2002. p. 12-52.

_____. Itinerário teórico-metodológico de uma pesquisadora. In: PIMENTA, S. G. *De Professores, pesquisa e didática.* Campinas: Papirus, 2002.

_____. *Saberes pedagógicos e atividade docente.* 4. ed. São Paulo: Cortez, 2005.

_____. Professor reflexivo: construindo uma crítica. In: PIMENTA, Selma Garrido; GHEDIN, Evandro (Orgs.). *Professor reflexivo no Brasil*: gênese e crítica de um conceito. 3. ed. São Paulo: Cortez, 2005. p. 17-52.

_____. Pesquisa-ação crítico-colaborativa: construindo seu significado a partir de experiências na formação e na atuação docente. In: PIMENTA, Selma Garrido; GHEDIN, Evandro; FRANCO, Maria Amélia Santoro (Orgs.). *Pesquisa em educação*: alternativas investigativas com objetos complexos. São Paulo: Loyola, 2006. p. 25-64.

_____; LIMA, Maria Socorro Lucena. *Estágio e docência.* 3. ed. São Paulo: Cortez, 2008.

_____; LIBÂNEO, José C. Formação dos profissionais da educação — visão crítica e perspectivas de mudança. In: PIMENTA, Selma G. (Org.). *Pedagogia e pedagogos*: caminhos e perspectivas. São Paulo: Cortez, 2002c. p. 11-58.

_____; GHEDIN, Evandro (Orgs.). *Professor reflexivo no Brasil*: gênese e crítica de um conceito. 4. ed. São Paulo: Cortez, 2006.

_____; GHEDIN, Evandro; FRANCO, Maria Amélia Santoro (Orgs.). *Pesquisa em educação*: alternativas investigativas com objetos complexos. São Paulo: Loyola, 2006.

PINHO, A. J. Regras da transposição didática aplicada ao laboratório didática. *Caderno Catarinense*, Florianópolis, 2001.

PIOVESAN, Juliane Cláudia. *A reflexividade e sua influência na formação profissional docente.* S/l.: s/d.

POLANYI, M. *The tacit dimension.* New York: Doubleday, 1967.

POPPER, Karl. *A lógica da pesquisa científica.* Sao Paulo: Cultrix, 2007.

PORLÁN, R. El maestro como investigador en el aula. Investigar para conocer, conocer para enseñar. *Investigación en la Escuela*, n. 1, p. 63-70, 1987.

PORTILLA, Irene Jorge; FOLLACA, Emma Hernández. *La didáctica grupal*: una via efectiva para elevar el nivel interativo del proceso de ensenãnza -aprendizaje. Havana: Universidade de Havana, 1999.

PUCCI, Bruno et al. *Teoria crítica e educação*: questão da formação cultural na Escola de Frankfurt. 2. ed. São Paulo: Vozes, 2003.

RIBEIRO, Rogério Marques. *O papel da reflexão sobre a prática no contexto da formação continuada de professores de Matemática.* Dissertação (Mestrado em Educação) — Programa de Pós-graduação em Educação, Pontifícia Universidade Católica, São Paulo, 2005.

RIOS, Terezinha Azeredo. *Ética e competência.* 14. ed. São Paulo: Cortez, 2004.

ROGERS, Carl. *Liberdade de aprender em nossa década.* Porto Alegre: Artes Médicas, 1985.

ROITMAN, Isaac. *Educação científica*: quando mais cedo melhor. Brasília: Ritla, 2007. Disponível em: <http://www.ritla.net/index.php?option=-com_content&task=view&id=2151&Itemid=23>. Acesso em: 24 jun.2009.

ROMANELLI, Otaiza de Oliveira. *História da educação no Brasil.* 28. ed. Petrópolis: Vozes, 2003.

RORTY, Richard. *Verdade e progresso.* São Paulo: Manole, São Paulo, 2005.

ROSA, Maria Inês Petrucci. *Investigação e ensino*: articulações e possibilidades na formação de professores de ciências. Ijuí: Ed. da Unijuí, 2004.

SACRISTÁN, Gimeno J. *Poderes Instáveis em Educação.* Porto Alegre: Artes Médicas, 1999.

_____. Tendências investigativas na formação de professores. Tradução de José C. Libâneo. In: PIMENTA, Selma Garrido; GHEDIN, Evandro (Orgs.). *Professor reflexivo no Brasil*: gênese e crítica de um conceito. 1. ed. São Paulo: Cortez, 2002.

_____. Tendências investigativas na formação de professores. In: PIMENTA, Selma Garrido; GHEDIN, Evandro (Orgs.). *Professor reflexivo no Brasil*: gênese e crítica de um conceito. São Paulo: Cortez, 2002.

SACRISTÁN, Gimeno J. Tendências investigativas na formação de professores. In: PIMENTA, Selma Garrido; GHEDIN, Evandro. *Professor reflexivo no Brasil*: gênese e crítica de um conceito. 4. ed. São Paulo: Cortez, 2006. p. 81-87.

SANTOS, Boaventura de Sousa. *Introdução a uma ciência pós-moderna*. 4. ed. São Paulo: Graal, 2003.

_____. *Um discurso sobre as ciências*. 5. ed. São Paulo: Cortez, 2008.

SANTOS, Célia Regina B. dos. *Formação de professores*: práticas reflexivas. Campinas, 2006. [Memorial.]

SANTOS, Lucíola. Dilemas e perspectivas na relação entre ensino e pesquisa. In: ANDRÉ, Marli (Org.). *O papel da pesquisa na formação e na prática dos professores*. 4. ed. Campinas: Papirus, 2005. p. 11-25.

SAVIANI, Demerval. *Educação*: do senso comum à consciência filosófica. 14. ed. Campinas: Autores Associados, 2002.

SCHON, Donald A. Formar professores como profissionais reflexivos. In: NÓVOA, Antônio (Coord.). *Os professores e sua formação*. Lisboa: Publicações Dom Quixote, 1992.

_____. *Educando o profissional reflexivo*: um novo design para o ensino e a aprendizagem. Porto Alegre: Artes Médicas Sul, 2000.

SERRÃO, Maria Isabel Batista. Superando a racionalidade técnica na formação: sonho de uma noite de verão. In: PIMENTA, Selma Garrido; GHEDIN, Evandro (Orgs.). *Professor reflexivo no Brasil*: gênese e crítica de um conceito. São Paulo: Cortez, 2002. p. 151-160.

SEVERINO, Antonio Joaquim. *Ensino e pesquisa na docência universitária*: caminhos para a integração. São Paulo: FE-USP, 2008.

SIGNORINI, Noeli Tereza Pastro. *A pesquisa na formação de professores*: a perspectiva do professor-pesquisador. Tese (Doutorado em Educação) — Faculdade de Educação, Universidade de Campinas, Campinas, 2006.

SILVA, Ezequiel Theodoro da. *Os (des)caminhos da escola*: traumatismos educacionais. 6. ed. São Paulo: Cortez, 2001. (Col. Questões da nossa época; v. 58.)

SILVA, Jozimeire Angélica Vieira da. *A reflexão do professor diante de sua prática*: um olhar Multirreferencial. Dissertação (Mestrado em Educação) — Universidade Metodista de São Paulo, São Paulo, 2002.

SILVA, Neucilene Maria Monteiro da; GHEDIN, Evandro. A questão da cientificidade da prática pedagógica escolar a partir da filosofia da educação de Anísio Teixeira. In: GHEDIN, Evandro (Org.). *Filosofia da educação brasileira*. Manaus: UEA Edições, 2008. p. 19-91.

SILVA, Sergio Luis Monteiro da. *O processo de observação de aulas e a busca de uma prática reflexiva*. Dissertação (Mestrado em Educação) — Faculdade de Educação, Universidade de São Paulo, São Paulo, 2006.

SILVA, Tomaz Tadeu da. *O sujeito da educação*: estudos foucaultianos. 5. ed. Petrópolis: Vozes, 2002.

SIMONS, Doris Castellano. *Los metodos participativos*: una nueva concepción de la enseñanza? Havana: Universidade de Havana, 1994.

SOARES, Magda. As pesquisas nas áreas específicas influenciando o curso de formação de professores. In: ANDRÉ, Marli (Org.). *O papel da pesquisa na formação e na prática dos professores*. 4. ed. Campinas: Papirus, 2005. p. 91-105.

SOL, Vanderlice dos Santos Andrade. *A natureza da prática reflexiva de uma formadora de professores e duas professoras em formação*. Dissertação (Mestrado em Educação) — Faculdade de Letras, Universidade Federal de Minas Gerais, Belo Horizonte, 2004.

SOUZA, Lúcia Helena Wulff Batista de. *O coordenador pedagógico e o professor*: formação continuada e reflexão conjunta. Dissertação (Mestrado em Educação) — Pontifícia Universidade Católica, Campinas, 2002.

SOUZA, Wanderlei de. *A formação em serviço do professor de inglês da rede estadual*: construindo atitudes reflexivas. Dissertação (Mestrado em Educação) — Faculdade de Educação, Universidade de Campinas, Campinas, 1998.

STENHOUSE, L. *La investigación como base de la enseñanza*. Madrid: Morata, 1987.

STENHOUSE, Lawrence. *Investigación y desarrollo del curriculum*. Madrid: Morata, 1991. 319 p.

_____. *La investigación como base de la enseñanza*. Madrid: Morata, 1998. 183 p.

SUZUKI, Rossana Tayra. *Ensino da Matemática*: reflexões sobre uma prática docente. Dissertação (Mestrado em Educação) — Pontifícia Universidade Católica, São Paulo, 2005.

SZYMANSKI, H. (Org.). *A entrevista na pesquisa em educação*: a prática reflexiva. Brasília: Líber Livro, 2004.

TAMINATO, Massako. *Prática reflexiva crítica no ensino fundamental*: saberes mobilizados. Dissertação (Mestrado em Educação) — Universidade Metodista de São Paulo, São Paulo, 2004.

TARDIF, Maurice. *Saberes docentes e formação profissional*. Petrópolis: Vozes, 2006.

TARDIF, Maurice; LESSARD, Claude. *O trabalho docente*: elementos para uma teoria da docência como profissão de interações humanas. 2. ed. Petrópolis: Vozes, 2005.

TATAGIBA, Maria Carmen; FILÁRTIGA, Vírgínia. *Vivendo e aprendendo com grupos*: uma metodologia construtivista de dinâmica de grupo. Rio de Janeiro: DP&A, 2001.

TAVARES, José; ALARCÃO, Isabel. Paradigmas de formação e investigação no Ensino Superior para o terceiro milênio. In: ALARCÃO, Isabel (Org.). *Escola reflexiva e nova racionalidade*. Porto Alegre: Artmed, 2001. p. 97-114.

TEPEDINO, Simone Abichara Santos. *A autoformação do professor para uso de tecnologias digitais na educação*. 2004. Dissertação (Mestrado em Educação) — Pontifícia Universidade Católica de Minas Gerais, Belo Horizonte, 2004.

THIOLLENT, Michel. *Metodologia da pesquisa-ação*. São Paulo: Cortez, 1998.

TOMAZETTI, Elisabete M. *A filosofia da educação*: um estudo sobre história da disciplina no Brasil. Ijuí: Ed. da Unijuí, 2003.

TORRES, Sylvia Carolina Gonçalves. *Portfólio como instrumento de aprendizagem e suas implicações para a prática pedagógica reflexiva*. Dissertação (Mestrado em Educação) — Pontifícia Universidade Católica, Campinas, 2007.

TOSCHI, M. S. *Formação de professores reflexivos e TV Escola*: equívocos e potencialidades em um programa governamental de educação à distância. Tese (Doutorado em Educação) — Faculdade de Educação, Universidade Metodista de Piracicaba, Piracicaba, 1999.

TRINDADE, Diamantino Fernandes. *O ponto de mutação no ensino de ciências*. São Paulo: Madras, 2005.

UTSUMI, Luciana Miyuki Sado. *Professoras bem-sucedidas são professoras reflexivas?!* A prática da reflexividade nas ações pedagógicas de professoras nos anos iniciais de escolaridade. Dissertação (Mestrado em Educação) — Universidade Metodista de São Paulo, São Paulo, 2004.

VALADARES, Juarez Melgaço. O professor diante do espelho: reflexões sobre o conceito de professor reflexivo. In: PIMENTA, Selma Garrido; GHEDIN, Evandro (Orgs.). *Professor reflexivo no Brasil*: gênese e crítica de um conceito. 3. ed. São Paulo: Cortez, 2005. p. 187-200.

VALE, José Misael Ferreira. Educação Científica e sociedade. In: NARDI, Roberto (Org.). *Questões atuais no ensino de ciências*. São Paulo: Escrituras, 2005.

VASCONCELLOS, Celso dos Santos. *Para onde vai o professor?* Resgate do professor como sujeito de transformação. 10. ed. São Paulo: Libertad, 2003. (Col. Subsídios Pedagógicos do Libertad; v. 1.)

VENTORIM, Silvana. *A formação do professor na produção científica dos encontros nacionais de didática e prática de ensino*: 1994-2000. Belo Horizonte: Endipe, 2004.

VIEIRA, Hostiza Machado. *Prática pedagógica do professor alfabetizador*: a reflexão crítica como mediadora do saber, do saber-ser e do saber-fazer. Dissertação (Mestrado em Educação) — Faculdade de Educação, Universidade Federal do Piauí, Teresina, 2007.

VIGNOLI, Rita Simone Soares. *Na prática a teoria é outra?* Tensões nas representações da disciplina práticas pedagógicas/Iniciação à pesquisa no curso normal de nível médio. Dissertação (Mestrado em Educação). — Faculdade de Educação, Universidade Federal Fluminense, Niterói, 2003.

VIGOTSKY, L. S. *A formação social da mente*. 7. ed. São Paulo: Martins Fontes, 2000.

WEBER, Max. *Economia e sociedade*. v. 2. Brasília: Ed. da UnB, 1999.

WEIMER, Mabel Strobel Moreira. *Uma interlocução entre Paulo Freire e Matthew Lipman na educação pública:* educar para pensar. Dissertação (Mestrado em Educação) — Faculdade de Educação, Universidade Federal de Mato Grosso, Cuiabá, 1998.

WERTHEIN, Jorge; CUNHA, Célio da. A Educação Científica como direito de todos. In: _____; _____. *Educação Científica e desenvolvimento*: o que pensam os cientistas. Brasília: Unesco/Instituto Sangari, 2005. p. 15-46.

WITTGENSTEIN, Ludwing. *Investigações filosóficas*. São Paulo: Loyola, 2000.

WORTMANN, Maria Lúcia Castagna; NETO, Alfredo Veiga. *Estudos culturais da ciência & educação*. Belo Horizonte: Autêntica, 2001.

ZANELLA, José Luiz. *O trabalho como princípio educativo do ensino*. Tese (Doutorado em Educação) — Universidade de Campinas, Campinas, 2003.

ZARAGOZA, José Manuel Esteve. *O mal-estar docente*: a sala de aula e a saúde dos professores. Bauru: Edusc, 1999.

ZEICHNER, Kenneth. El maestro como profesional reflexivo. *Cuadernos de Pedagogía*, n. 220, p. 44-49, 1993.

_____. *A formação reflexiva de professores*: ideias e práticas. Lisboa: Educa, 1993.

_____. Para além da divisão entre professor-pesquisador e pesquisador-acadêmico. In: FIORENTINI, Dario; GERALDI, Corinta M. G.; PEREIRA, Elisabete M. A. (Orgs.). *Cartografias do trabalho docente*. Campinas: Mercado de Letras, 1998.

_____. Uma análise crítica sobre a "reflexão" como conceito estruturante na formação docente. *Educação & Sociedade*, Campinas, v. 29, n. 103, p. 535-54, maio/ago. 2008.

_____; LISTON, Daniel P. *Formación del profesorado y condiciones sociales de la escolarización*. Madrid: Morata, 1990.

_____; PEREIRA Júlio Emílio Diniz. Pesquisa dos educadores e formação docente voltada para a transformação social. *Cadernos de Pesquisa*, v. 35, n. 125, p. 63-80, maio/ago. 2005.

ZIBETTI, Marli Lúcia Tonatto. *Analisando a prática pedagógica*: uma experiência na formação de professor na educação. 2000. Dissertação (Mestrado em Educação) — Faculdade de Educação, Universidade de São Paulo, São Paulo, 2000.